D1640862

Shasta,
mein treuer Husky

Christopher Ross gilt als Meister des romantischen Abenteuerromans. Durch Bestseller wie *Hinter dem weißen Horizont, Mein Beschützer, der Wolf, Geliebter Husky* und die Romane der *Clarissa*-Saga wurde er einem breiten Publikum bekannt. Während zahlreicher Reisen und längerer Aufenthalte in Kanada und Alaska entdeckte er seine Vorliebe für diese Länder, die bevorzugten Schauplätze seiner Romane.

Mehr über den Autor: www.christopherross.de

www.facebook.com/christopher.ross.autor

Christopher Ross

Shasta, mein treuer Husky

Roman

Weltbild

Besuchen Sie uns im Internet:
www.weltbild.de

Copyright der Originalausgabe © 2017 by Weltbild GmbH & Co. KG,
Werner-von-Siemens-Straße 1, 86159 Augsburg
Projektleitung: usb bücherbüro, Friedberg/Bay.
Redaktion: Ingola Lammers
Umschlaggestaltung: *zeichenpool, München
Umschlagmotiv: www.shutterstock.com (© chaoss; © Creative Travel Projects);
Getty Images, München (© JanekWD)
Satz: Datagroup int. SRL, Timisoara
Druck und Bindung: CPI Moravia Books s.r.o., Pohorelice
Printed in the EU
ISBN 978-3-95569-654-1

2021   2020   2019   2018
Die letzte Jahreszahl gibt die aktuelle Lizenzausgabe an.

1

»Eine Lieferung? Um diese Zeit?« Emma lief verwundert die Treppe hinab, als jemand an die Tür des Lieferanteneingangs klopfte. Sie arbeitete als Haushälterin für die Mayfields, ein wohlhabendes Ehepaar, das vor dem Bau der transkontinentalen Eisenbahn auf den Nob Hill gezogen war. Der Hügel nördlich der Market Street war die vornehmste Gegend von San Francisco kurz vor der Jahrhundertwende.

Als sie die Tür öffnete, weiteten sich ihre Augen. »Willie? Was machst du denn hier? Sag bloß, du steckst schon wieder in Schwierigkeiten!«

Draußen war es bereits dunkel, doch in dem elektrischen Licht, das aus dem Flur fiel, war das Gesicht ihres Bruders deutlich zu erkennen. Er sah ihr bis auf die braunen Augen kaum ähnlich, nur dass sie bei ihm nicht warmherzig, sondern nervös und furchtsam wirkten und er sich ständig umdrehte, als hätte er Angst, verfolgt zu werden. Auf seinem Gesicht glitzerten Schweißperlen, und er wirkte abgekämpft, wie nach einem langen Marsch. Er trug einen dunklen Anzug, der bei näherem Hinsehen reichlich abgetragen aussah.

»Kann ich reinkommen?« Seine Stimme klang hektisch.

»Meinetwegen. Aber nur für ein paar Minuten. Sei leise!«

Sie zog ihn in den Schatten der Wendeltreppe, die zu ihrem Dachzimmer führte. Selbst in dem düsteren Licht sah sie, wie verängstigt er war. Er war ein leichtsinniger Spieler und Frauenheld, der mehr als einmal von wütenden Gläubigern und Ehemännern verfolgt worden war. Dennoch hatte er es immer geschafft, einen neuen Kredit aufzutreiben oder sich auf andere Weise aus seiner Zwangslage zu befreien. So verzweifelt wie diesmal war er noch nie gewesen.

»Was gibt's?«, fragte sie ihn. »Hast du wieder Schulden?«

»Nein … das heißt, nur die paar Dollar, die ich beim Pokern gegen diesen Berufsspieler aus Cheyenne verloren habe, aber das kriege ich hin. Wenn du mich fragst, hatte der Kerl sowieso ein Ass im Ärmel. Tönte den ganzen Abend rum, er habe noch mit Doc Holliday gespielt und einmal sogar gegen ihn gewonnen. Du weißt schon, der schießende Zahnarzt, der beim Kampf im OK Corral dabei war.« Emma hatte über den berühmtesten Revolverkampf des Wilden Westens in der Zeitung gelesen. »Nein, also, es geht um meine Verlobte.«

»Du bist verlobt?«

»Ich *war* verlobt.« In seine Augen trat ein verzweifelter Ausdruck, und seine Stimme klang plötzlich weinerlich. Das übersteigerte Selbstbewusstsein, das er sonst immer an den Tag legte, war wie weggeblasen. »Ich weiß, ich war hinter jedem Rock her und hab kaum was ausgelassen, aber das mit Florence war was anderes. Ich habe sie geliebt. Ich liebe sie immer noch. Sie war die wunderbarste Frau, die ich jemals kennenlernen durfte, aber dann …« Er begann leise zu schluchzen. »Ich bin selbst schuld, Emma. Ich hätte nicht …«

In dem Schlafzimmer schräg über ihnen erklangen Schritte. Emma wartete, bis sie verstummten und sie sicher sein konnte, dass die Herrschaften nicht nach ihr riefen. »Was hättest du nicht?«, fuhr sie mit gesenkter Stimme fort. »Nun rede doch endlich, Willie! Oder willst du, dass sie uns erwischen?«

»Ich hab sie betrogen, Emma. Mit zwei Frauen.«

»Du hast was?«, fragte sie ungläubig.

»Ich konnte nichts dafür, Emma. Es ist einfach so passiert. Ich war bei diesem Pokerspiel im Spider Kelly, dem Saloon an der Barbary Coast. Du wirst es nicht glauben, ich hatte gewonnen, mit dem ersten Royal Flush seit Jahren, und bevor ich mich versah, hingen plötzlich diese beiden Turteltauben an mir. Ich kann mich nicht mal an ihre Namen erinnern. Sie überredeten mich, ihnen Champagner zu spendieren, und schleppten mich nach oben, obwohl ich viel zu betrunken war, um noch … na, du weißt schon. Bezahlen musste ich trotzdem. Halb so schlimm, dachte ich, aber dummerweise war ein Bekannter der Foresters im Saloon, als ich mit den Täubchen auf dem Zimmer verschwand. Der verdammte Kerl war selbst auf Florence scharf und hat mich verraten.«

Emma hatte sich schon einiges von ihrem Bruder anhören müssen, aber seine heutige Beichte übertraf alles. »Du verschwindest mit zwei leichten Mädchen im übelsten Viertel von San Francisco und wunderst dich, dass sie nichts mehr von dir wissen will? Was wollte denn der Bekannte im Saloon?«

»Der arbeitet für die Brauerei und hatte nichts Böses im Sinn.«

»Du bist ein Idiot, Willie!«

»Das war leider noch nicht alles.« Man sah ihm an, wie verzweifelt er war. »Sie behauptet, ich hätte …« Die Worte wollten nicht über seine Lippen. »… ich hätte sie vergewaltigt und ihren Schmuck gestohlen. Sie will sich an mir rächen, Emma! Sie will mich ins Gefängnis bringen! Nur wegen dieser Sache!«

»Du hast sie vergewaltigt?«

»Natürlich nicht«, erwiderte er so laut, dass sie rasch einen Finger auf seinen Mund legte. »Ich könnte ihr kein Haar krümmen. Sie ist ... sie war die Liebe meines Lebens!« Er zog ein Tuch aus seiner Tasche und wischte sich den Schweiß von der Stirn. »Sie hat sich das alles aus den Fingern gesogen, Emma. Ich habe sie weder vergewaltigt noch ihren Schmuck genommen.«

»Aber du hast mit ihr die Nacht verbracht.«

»Wir wollten es beide, Emma. Es war keine Vergewaltigung, obwohl ... obwohl sie ziemlich zur Sache ging und wie ein Maultier ... Entschuldigung!«

»Dann hat sie blaue Flecken, und unberührt ist sie auch nicht mehr. Das wären leider eindeutige Beweise, wenn sie dich vor Gericht bringen würden.«

»Und das werden sie, Emma! Ihre Eltern sind genauso reich wie deine Herrschaften und unsere Eltern damals. Die können sich die besten Anwälte leisten. Die machen mich fertig. Unter zwanzig Jahren komm ich bei denen nicht weg!« In seinen Augen standen Tränen. »Du musst mir helfen, Emma! Gib mir ein paar hundert Dollar, damit ich mich irgendwo verstecken kann.«

»Ein paar hundert Dollar? So viel habe ich nicht.«

»Was ist mit dem Geld von unseren Eltern?«

»Unsere Eltern waren bankrott, als sie den Unfall hatten. Du weißt doch, was nach dem Verkauf der Villa für uns übrig geblieben ist. Fünfhundert Dollar für jeden von uns. Meine fünfhundert liegen auf der Bank, da komme ich jetzt nicht ran. Außerdem brauche ich das Geld für später. Ich kann die Arbeit hier nicht ewig machen. Hast du denn nichts mehr von deinem Anteil übrig?«

»Ich hab das Geld investiert.«

»Und verloren«, erwiderte sie. »Beim Pokern, nehme ich an. Ich hab dich gewarnt. Oder hab ich dir nicht gesagt, dass dich deine Spielsucht und dein Weiberkram eines Tages in ernsthafte Schwierigkeiten bringen würden?«

»Ich hab sie nicht vergewaltigt! Und ich hab sie nicht bestohlen!«

Emma überlegte angestrengt. Von dem Geld, das sie sich mühsam von ihrem Lohn abgezweigt hatte, wollte sie sich eigentlich einen neuen Mantel und Schuhe kaufen und den Rest auf ihr Sparkonto legen. Aber ihr Bruder hatte recht. Wenn diese Florence mit ihren Lügen durchkam, und das war mehr als wahrscheinlich, würde er für lange Zeit ins Gefängnis wandern. »Ich kann dir hundert Dollar geben«, sagte sie schließlich, »mehr hab ich leider nicht hier.«

»Damit komme ich nicht weit«, erwiderte er. »Ich muss wahrscheinlich die Stadt verlassen und irgendwo neu anfangen. Am besten in einer anderen Stadt. Gib mir zweihundert, damit käme ich einige Zeit über die Runden.«

»Du könntest dir eine anständige Arbeit suchen.«

»Das tue ich auch, ganz bestimmt. Dass es mit den letzten Unternehmungen nicht geklappt hat, lag nicht an mir. Ich versuche was Neues, versprochen.«

Emma brachte es nicht fertig, ihren Bruder vor den Kopf zu stoßen. »Also gut, du kannst hundert sofort haben, und morgen Nachmittag gehe ich zur Bank und bringe dir nochmal hundert. Mehr kann ich nicht entbehren.«

Sie lief in ihr Zimmer hinauf, nahm hundert Dollar aus dem Lederbeutel, den sie in einer Schublade aufbewahrte, und zählte sie Willie in die Hand.

Seine Augen leuchteten dankbar. »Du bist ein Engel, Schwesterchen!«

»Zum allerletzten Mal, verstanden?«

»Verstanden.«

»Schreib mir, sobald du eine neue Bleibe gefunden hast.«

»Mach ich.« Er verabschiedete sich von ihr und verschwand in die hereinbrechende Nacht. Verstohlen wie ein Dieb, der nicht erwischt werden will.

Emma verschloss die Tür und kehrte in ihr Zimmer zurück. Es lag unter dem Dach, und die Wände waren so schräg, dass sie nur an wenigen Stellen aufrecht stehen konnte. Ursprünglich war es wohl als Abstellkammer gedacht gewesen. Aber das Bett war bequem, und von ihrem Fenster konnte sie die halbe Stadt überblicken.

Seit dem Tod ihrer Eltern war San Francisco noch einmal gewachsen. Unterhalb des Nob Hill erstreckte sich ein riesiges Lichtermeer nach allen Seiten, und der Lärm von der Barbary Coast, dem Rotlichtviertel der Stadt, drang bis zu den herrschaftlichen Villen nördlich der Market Street hinauf. Im Hafen leuchteten die Aufbauten mehrerer Dampfschiffe, die während der nächsten Tage nach Alaska aufbrechen würden. Aus allen Teilen des Landes strömten Menschen nach San Francisco und Seattle, um die beschwerliche Reise zu den Goldfeldern auf sich zu nehmen. Von Skagway, wo sie an Land gingen, mussten sie über die verschneiten Pässe und den reißenden Yukon River nach Dawson City ziehen – ein mehrwöchiges und äußerst gefährliches Unterfangen, hatte im *Chronicle* gestanden.

Sie wandte sich von den Lichtern ab und setzte sich auf

die Bettkante. Während sie ihre Schuhe auszog, dachte sie daran, welche seltsamen Wege das Schicksal manchmal geht. Als siebzehnjähriges Mädchen hatte sie mitansehen müssen, wie ihre Eltern von einem Fuhrwerk überrollt wurden. Ihre Mutter lag bereits tot unter den Rädern, als ihr Vater ihr zu Hilfe eilen wollte. Dabei wurde er von einem Pferdehuf getroffen. Er starb wenige Stunden später im Krankenhaus. Erst bei der Testamentseröffnung stellte sich heraus, dass ihre Eltern das ganze Geld, das ihnen während des Eisenbahnbaus zugeflossen war, bei einer gewagten Investition verloren hatten. Einige Leute vermuteten sogar, bei ihrem Unfall hätte es sich um Selbstmord gehandelt.

Willie war immer ein praktischer Mensch gewesen und hatte in unterschiedlichen Werkstätten gearbeitet, aber jedes Mal nach kurzer Zeit die Lust verloren. Seinen Anteil an dem geringen Erbe, die fünfhundert Dollar, hatte er beim Glücksspiel verloren. Emma hatte das Glück gehabt, von Bekannten ihrer Eltern als Haushälterin angestellt zu werden. Die Mayfields waren klüger und erfolgreicher als ihre Eltern, besaßen Anteile an einer erfolgreichen Reederei und hatten keine Kinder, vielleicht ein Grund, warum Emma die Stellung bekommen hatte.

Sie glaubte ihrem Bruder. Er war ein leichtsinniger Bursche, der keine Stellung halten konnte und ein viel zu großes Risiko beim Pokern einging. Sie wusste auch, dass er ein Weiberheld war und einer Frau das Blaue vom Himmel runterlog, um sie ins Bett zu bekommen. Nicht einmal vor verheirateten Frauen machte er Halt. Wahrscheinlich ließ er sogar mal ein paar Dollar mitgehen. Aber niemals würde er einer Frau ihren Schmuck rauben oder ihr Gewalt antun. So etwas brachte er nicht einmal fertig, wenn er betrunken war. Sie kannte ihren Bruder und wusste, wie weit sie ihm vertrauen konnte.

Am nächsten Morgen servierte sie den Herrschaften das Frühstück. Der chinesische Koch, einer von fünf weiteren Angestellten in der Villa, hatte es zubereitet. Normalerweise begrüßte William Mayfield sie mit einem aufmunternden Lächeln und einer Bemerkung über das meist kühle Wetter, und Hannah Mayfield sagte so etwas wie: »Du solltest mehr unter Leute gehen, Emma, sonst lernst du nie einen Mann kennen. In deinem Alter war ich schon sechs Jahre verheiratet.« Doch an diesem Morgen waren beide ernst.

»Setz dich, Emma!«, forderte Mayfield sie auf. Er war ein hagerer Mann mit einem dichten Schnurrbart und wachen Augen. Sein weilweise graues Haar war stets sauber gescheitelt. »Ich habe dir etwas Wichtiges zu sagen.«

Emma ahnte, was kommen würde, und setzte sich den beiden gegenüber. Durch die leicht geöffneten Fenster drang Vogelgezwitscher in den Raum. Ein sonniger Frühlingstag, wenn auch etwas kühl wie meist in San Francisco.

»Wann hast du das letzte Mal mit deinem Bruder gesprochen?«

»Das ist schon eine Weile her, Sir«, log sie.

»Du verstehst dich nicht besonders gut mit ihm, nicht wahr?«

»Er ist manchmal sehr leichtsinnig.«

»Nun«, fuhr Mayfield fort. Er trank einen Schluck Kaffee und setzte die Tasse behutsam wieder ab. »Wir waren gestern mit Bekannten zusammen, den Foresters. Sie wohnen nur ein paar Blocks von hier. John Forester ist Manager einer Werft, mit der unsere Reederei geschäftlich verbunden ist.«

»Ich habe den Namen schon mal gehört, Sir.«

Er überhörte ihre Bemerkung. »Leider hatte John … Mister Forester … mir etwas sehr Bedauerliches mitzuteilen, das auch dich, beziehungsweise deinen Bruder betrifft. Die Foresters haben eine Tochter. Sie heißt Florence. Sie wurde …« Er trank wieder von seinem Kaffee, schien Hemmungen zu haben, ihr von Florence zu berichten. »Nun … Florence wurde vergewaltigt, und man hat ihren Schmuck geraubt. Ich sage es nur ungern, aber sie gibt deinen Bruder als Schuldigen an. Weißt du davon?«

Emma täuschte Überraschung vor. »Das kann nicht sein!«

»Wieso?«

»Willie ist kein Verbrecher! Er ist ein leichtsinniger Bursche und führt die Frauen manchmal an der Nase herum, aber so etwas würde er niemals tun.«

»Florence ist bereit zu schwören, dass er es getan hat. Soweit ich weiß, ist die Polizei schon unterwegs, um ihn festzunehmen. Mister Forester ist sehr wütend. Tut mir leid, dass ich dir nichts anderes sagen kann, aber ich hielt es für meine Pflicht, dich darüber zu informieren. Wenn du willst, kannst du dir heute freinehmen. Geh ein wenig spazieren, das vertreibt den Kummer. Und egal, was dein Bruder tut, wir schätzen dich und deine Arbeit sehr.«

»Ich bemühe mich, Sir. Und ich bin Ihnen sehr dankbar.«

»Nach dem Frühstück kannst du gehen.«

Emma war froh, aus dem Haus zu kommen. Sie hatte sich nur notdürftig zurechtgemacht, trug einen wärmenden

Mantel über ihrem schwarzen Rock und der weißen Bluse, dazu einen schmucklosen Hut. Der kühle Wind spielte mit ihren blonden Haaren, die sie im Nacken zu einem Knoten gebunden hatte. Ihre Haut war blass und an manchen Stellen beinahe durchsichtig, doch wer in ihre dunklen Augen sah und die Entschlossenheit in ihrem Blick bemerkte, stellte bald fest, dass sie nicht zu den Frauen gehörte, die widerspruchslos taten, was die Männer von ihr verlangten, und durchaus in der Lage war, selbst Entscheidungen zu treffen. Vielleicht war sie deshalb nicht verheiratet.

Vom Nob Hill führte die Straße steil zur Innenstadt hinab. Wie jeden Morgen herrschte reger Betrieb auf der Market Street, der breiten Einkaufsstraße mit ihren Hotels und Kaufhäusern, die sich quer durch die Stadt zog und sie immer wieder beeindruckte, obwohl sie seit ihrer Geburt in San Francisco wohnte und die Entwicklung der Stadt hautnah miterlebt hatte. Elektrische Straßenbahnen und Pferdefuhrwerke waren sich gegenseitig im Weg, das Bimmeln der Bahnen konkurrierte mit den wilden Flüchen der Kutscher, und die Bürgersteige wimmelten von vielen Menschen. Es stank nach Pferdemist.

Ihr Bruder wohnte in einem heruntergekommenen Haus in der First Street, keine drei Blocks vom Hafen entfernt. Sie machte sich nicht die Mühe, die hundert Dollar von ihrem Konto abzuheben, denn sie glaubte bereits zu wissen, was sie bei ihrem Bruder erwartete. Wenn die Foresters gleich zur Polizei gegangen waren und Anzeige erstattet hatten, war er entweder verhaftet worden oder rechtzeitig geflohen. Die Foresters waren ein einflussreiches Ehepaar, das auch die Polizei mit großzügigen Geldspenden unterstützte, und die

Coppers würden bestimmt nicht zögern, ihren Bruder in eine Zelle zu sperren.

Doch als sie das Haus betrat, waren weder Polizisten noch ihr Bruder zu sehen. Sie glaubte schon, sich getäuscht zu haben, doch als sie an die Wohnungstür ihres Bruders klopfte, kamen zwei uniformierte Polizisten die Treppe herunter und versperrten ihr den Weg. »Sie wollen zu Willie Hansen?«

»Willie ist mein Bruder. Haben Sie ihn verhaftet?«

»Sie wissen von dem Haftbefehl?« Der ranghöhere der beiden Polizisten, ein Lieutenant, blickte sie forschend an. Er war kein Mann, der sich lange mit Nebensächlichkeiten aufhielt. »Sind Sie mit Ihrem Bruder verabredet?«

»Nein, ich wollte nur mal sehen, wie es ihm geht.«

»Sie wollten ihn warnen.«

»Ich wollte ihn bitten, sich zu stellen«, verbesserte sie den Polizisten. »Ich glaube nicht, dass er getan hat, was man ihm vorwirft. So einer ist mein Bruder nicht. Ich wollte ihm raten, sich einen Anwalt zu nehmen. Vor Gericht würde die Wahrheit schon herauskommen. Er hat es nicht getan, Officer.«

»Lieutenant.«

»Lieutenant.«

Der Polizist zog ein Notizbuch aus seiner Innentasche, notierte ihren Namen und ihre Adresse und die Antworten auf ein paar weitere Fragen. Wer hat Ihnen gesagt, was er getan hat? Wann haben Sie ihn zum letzten Mal gesehen? Hat er Ihnen von Florence Forester erzählt? Sie beantwortete alle Fragen wahrheitsgetreu, verriet ihm nur nicht, dass Willie sie aufgesucht hatte.

»Hat er schon öfter Frauen belästigt?«

»Willie belästigt keine Frauen«, antwortete sie. »Ich weiß, dass er sich manchmal mit zweifelhaften Damen herumtreibt, aber dazu, was Sie ihm vorwerfen, ist er gar nicht fähig. Willie behandelt Frauen mit Respekt.«

Das war ein wenig übertrieben, aber besser als jede andere Antwort.

»Und Sie haben keine Ahnung, wo er sich versteckt halten könnte?«

»Nein.« Sie musste nicht mal lügen. »Ich weiß es wirklich nicht.«

»Na, schön«, sagte der Lieutenant. »Ich hoffe, Sie sagen die Wahrheit. Wenn nicht, könnten Sie ernsthafte Schwierigkeiten bekommen.« Er war immer noch misstrauisch. »Falls ich noch weitere Fragen habe, melde ich mich.«

»Auf Wiedersehen, Officer … Lieutenant.«

2

Auf dem Rückweg ging Emma an den Docks vorbei. Ohne die Nebelschwaden, die sonst über dem Hafen lagen, wirkte alles noch viel größer und eindrucksvoller: die Masten der ankernden Segelschiffe, die sich wie kahle Bäume gegen den leicht bewölkten Himmel abhoben, die Dampfschiffe, die mit qualmenden Schloten an den Piers lagen, die Lagerhäuser und Bürogebäude.

Vor einem der Piers herrschte besonders viel Betrieb. Eine Vielzahl von Schaulustigen drängte sich vor der Anlegestelle der *Excelsior*, um die Passagiere zum Klondike zu verabschieden. Mehrere hundert, vor allem Männer, aber auch Frauen und sogar Kinder, waren an Bord gegangen, um in den Goldfeldern im Norden ihr Glück zu suchen. Menschen aus allen Schichten, Ärzte, Lehrer, Ladenbesitzer, Arbeiter, Farmer, Bäcker, sogar der Bürgermeister von Seattle war zum Klondike gezogen. Und Geschäftemacher, Abenteurer und leichte Mädchen, die auf den großen Reibach in Boomtowns wie Skagway und Dawson City hofften. Die Zeitungen waren voll mit ihren aufregenden Geschichten und übertrumpften einander in der Berichterstattung.

Aus den Kommentaren, die Emma in der Villa der Mayfields mitbekommen hatte, wusste sie, dass der Wert von Gold in den letzten Monaten stark gestiegen war. Vor zwei, drei Jahren hatte William Mayfield bei jedem Frühstück über fallende Aktienkurse und den Verfall des Papiergeldes geklagt, weil dieser vom Gold abhängig und das Edelmetall extrem knapp geworden war. Das Gold, das vom Klondike nach Amerika kam, war ein warmer Segen.

»Wenn ich zwanzig, dreißig Jahre jünger wäre, würde ich mir eine Ausrüstung besorgen und selbst zum Klondike aufbrechen«, hatte er gesagt. Stattdessen waren mehrere Angestellte und Vertraute in seinem Namen unterwegs. Die Chance, seinen Reichtum zu vermehren, war selten größer gewesen, vielleicht vor dreißig Jahren, als er in die Central Pacific investiert hatte. Obwohl bereits ein Jahr seit dem Beginn des Goldrauschs vergangen war, sollten immer noch faustgroße Nuggets in den Flüssen und Bächen liegen.

Emma blieb stehen und blickte an der *Excelsior* empor. Sie war weniger eindrucksvoll als die riesigen Drei- und Viermaster, die vor der Küste ankerten, und wirkte mit ihrem schwarzen Schornstein und den kahlen Masten eher wie ein Flussdampfer. Die Aufbauten mit den Kabinen verschwanden hinter einer dunklen Wand von Passagieren, die jeden Platz auf dem Deck besetzten und gegen alle Auflagen der Reederei verstießen, die nicht einmal die Hälfte der Menschen an Bord erlaubte. Das wusste Emma aus den Zeitungsberichten, die von lebensgefährlichen Bedingungen auf hoher See sprachen. Eines der Schiffe sollte angeblich nur knapp einer Katastrophe entgangen sein. Dennoch waren die Passagiere guten Mutes und winkten ihren Verwandten, Freunden und den Schaulustigen zu, die ihnen zum Teil neidvoll nachsahen. Die Fahrt war teuer, und nicht jeder konnte sich die Passage ins Alaska-Territorium leisten.

»Hilfe! Polizei!« Der laute Hilferuf eines Mannes riss

Emma aus ihren Gedanken. Einer der Schaulustigen fuchtelte wild mit den Armen herum und wusste in seiner Panik nicht, was er tun sollte. »Meine Brieftasche ist weg!«

Ein uniformierter Polizist bahnte sich einen Weg durch die Menge und hielt den Mann an den Oberarmen fest. »Man hat Sie bestohlen? Sind Sie sicher? Sehen Sie lieber gründlich nach, bevor wir einen Unschuldigen jagen.«

»Die Brieftasche! Sie war in meiner Jackentasche!« Er kramte noch einmal in seinen Taschen, ohne sie zu finden. »Sie ist weg! Man hat mich bestohlen! Ein Taschendieb! Unternehmen Sie was, Constable! Suchen Sie den Dieb!«

»Beruhigen Sie sich, Sir! Haben Sie ihn gesehen?«

»Wie denn? Ich hab nicht mal gemerkt, wie er mich bestohlen hat.«

»Und wann hatten Sie Ihre Brieftasche zum letzten Mal in der Hand?«

»Vor ungefähr einer Stunde«, antwortete der Mann, »in dem Laden, in dem ich mir die Zigarren gekauft habe.« Er legte eine Hand auf seine Brusttasche. »Aber wenn es auf offener Straße passiert wäre, hätte ich es doch gemerkt.«

»Und wie lange stehen Sie schon hier?«

»Ich bin von dem Laden auf direktem Weg hierher. Es muss hier passiert sein, in der Menge. Hätte ich die Brieftasche doch bloß zu Hause gelassen!«

»Wie viel Geld war denn drin?«

»Mehrere hundert Dollar.«

»Wollen Sie Anzeige gegen Unbekannt erstatten?«

»Würde das helfen?«

»Nicht viel«, antwortete der Polizist. »Der Dieb hat das Geld sicher eingesteckt und die Brieftasche weggeworfen.

Wenn er schlau ist. Aber schaden kann es auch nicht. Kommen Sie, ich bringe Sie zum Lieutenant aufs Revier.«

Emma beobachtete, wie der Polizist mit dem bestohlenen Mann in einer Seitenstraße verschwand, und ging kopfschüttelnd weiter. Wenn sie unterwegs war, hatte sie nie viel Geld dabei. Die wenigen Münzen trug sie offen in ihrer Manteltasche. Die Handtasche, die sie aus dem Nachlass ihrer Mutter gerettet hatte, trug sie nur zu besonderen Gelegenheiten, doch die ergaben sich seit dem Tod ihrer Eltern höchst selten. Als Haushälterin war sie auf der sozialen Leiter etliche Stufen nach unten gerutscht und konnte von Glück sagen, dass sie von den Mayfields mehr als jede andere Dienerschaft geschätzt wurde.

Das Nebelhorn der *Excelsior* erklang und zog über den Hafen hinweg. Die Passagiere waren alle an Bord, und einige Matrosen waren bereits damit beschäftigt, die Taue zu lösen. Aus dem Schornstein des Schiffes drang dunkler Qualm. Auf dem Pier stimmte ein Chor »The Girl I Left Behind Me« an, und ein Trompeter versuchte angestrengt, ihrem flotten Rhythmus zu folgen. Wären ihre Gedanken nicht so schwer gewesen, hätte sie wahrscheinlich gelacht.

Die *Excelsior* legte bereits ab, als sie ihren Bruder an der Reling entdeckte. Er stand zwischen einigen anderen Männern und unterschied sich kaum von ihnen, trug den gleichen dunklen Anzug und den gleichen Schnurrbart wie fast alle anderen. Doch sie kannte ihn lange genug, um ihn auch unter den vielen Passagieren und auf relativ große Entfernung zu erkennen. Das glaubte sie jedenfalls, bis sie von einem Schaulustigen angerempelt wurde, sich umdrehte und danach ihren Bruder vergeblich suchte. Hatte sie sich doch getäuscht? War sie dem fatalen Gedanken aufgesessen, dass Willie die Brieftasche gestohlen und mit dem Geld eine Passage zum Klondike gebucht hatte?

Sie wartete nervös, bis die *Excelsior* den Hafen verlassen hatte und sich die Menge der Schaulustigen langsam zerstreute, und ging zum Büro der Alaska Steamship Company im Lagergebäude neben dem Pier. Hinter dem Schreibtisch saß ein hagerer Mann, der sich gerade zum Gehen anschickte.

»Wenn Sie auf die *Excelsior* wollen, sind Sie leider zu spät«, sagte er, während er in seinen Mantel schlüpfte, »die hat den Hafen gerade verlassen.«

Sie bemühte sich um ein freundliches Lächeln. »Ich hätte nur eine kurze Frage, Sir«, sagte sie, »dann bin ich auch gleich wieder weg. Ich würde gern wissen, ob sich einer meiner Bekannten auf der *Excelsior* eingeschifft hat.«

»Das kann ich Ihnen leider nicht sagen, Miss.«

»Sie führen doch sicher Passagierlisten.«

»Natürlich, aber ich muss dringend zu einer Besprechung.«

Sie hatte eher den Eindruck, dass er in die Mittagspause wollte, ließ sich aber nichts anmerken. Ihr Lächeln wurde noch herzlicher. »Ach, bitte, tun Sie mir den Gefallen, Sir. Dauert doch nicht lange. Er heißt William Hansen.«

»Also gut, weil Sie's sind«, ließ er sich von ihrem Lächeln beeindrucken und zog die Passagierliste aus der Schublade. »William Hansen sagen Sie?«

Sie nickte. »William Hansen.«

Er ging die Namen der Reihe nach durch und schüttelte den Kopf. »Tut mir leid. Kein William Hansen. Nur ein Gunnar Hansen und sein Sohn Leif.«

»Kein William Hansen?« Sie beugte sich nach vorn.

Bevor sie auf die Liste blicken konnte, hatte er sie in die Schublade zurückgelegt. »Leider nein. Tut mir leid, dass ich Ihnen nicht helfen konnte, Miss.« Er griff nach seinem Bowler-Hut. »So, jetzt muss ich aber gehen.«

Er hielt ihr die Tür auf, und sie verließ widerwillig sein Büro. Auf dem Pier verabschiedete sich der Angestellte und beeilte sich, die Straße zu überqueren. Er drehte sich nicht nach ihr um und steuerte auf ein Lokal zu.

Emma wartete sicherheitshalber, bis er darin verschwunden war, und kehrte in das Büro des Mannes zurück. Die Tür war unverschlossen, eine Unachtsamkeit, die sie vielleicht ihrem freundlichen Lächeln zu verdanken hatte. Sie öffnete rasch die Schublade und ging die Namen auf der Passagierliste einen nach dem anderen durch. Ihr war eine Idee gekommen. Wenn Willie tatsächlich an Bord war und auf Nummer Sicher gehen wollte, hatte er bestimmt nicht seinen richtigen Namen angegeben. Dann hatte er vielleicht einen anderen Nachnamen benutzt, an den auch sie sich erinnern konnte. »William« war nicht gefährlich, der Name war so häufig wie »Jack« oder »John«, aber mit seinem richtigen Nachnamen hätte er nur die Polizei auf sich aufmerksam gemacht, falls sie auf dieselbe Idee kam und die Passagierlisten überprüfte.

»William I. Swenson«, flüsterte sie, »das muss er sein!« »Swenson« oder »Svensson« war der Mädchenname ihrer Mutter gewesen, Ilsa ihr Vorname. »Das kann kein Zufall sein. Du bist gerissener, als ich dachte, Bruderherz.«

Sie schob die Passagierliste eilig in die Schublade zurück und verließ das Büro. Nachdenklich überquerte sie den Pier.

Willie hatte sich also nach Alaska abgesetzt, jedenfalls sah es danach aus. Er machte sich zum Klondike auf, wo man ihn garantiert nicht finden würde, und versuchte dort, reich zu werden. Gestand er damit seine Schuld ein? War doch etwas an den Vergehen dran, die Florence Forester ihm vorwarf? Hatte Willie sie belogen?

Sie nahm den Cable Car, um nicht die steile California Street hinauflaufen zu müssen, und machte es sich auf der Holzbank bequem. Immer noch in Gedanken versunken, fuhr sie mit der Bahn den Hügel hinauf. Sie war schon als Kind gern mit den Cable Cars gefahren, fand die Fahrten über die steilen Hügel der Stadt aufregender als eine Karussellfahrt auf der County Fair. Als Kind hatte der Schaffner sie mal auf den Arm genommen und klingeln lassen.

Vor der Villa der Mayfields parkte eine Kutsche mit einem geschwungenen F und allerlei Verzierungen auf den Türen, das Wappen der Foresters, die anscheinend bei ihren Herrschaften zu Besuch waren. Sobald sie in ihrem Zimmer war, zog sie in einer Mischung aus Pflichtbewusstsein und Neugier ihre Dienstmädchenkleidung an und ging nach unten. Im Flur begegnete sie einer anderen Angestellten, die ihren Dienst übernommen hatte und gerade dabei war, eine Kanne mit frischem Kaffee in den kleinen Salon zu bringen. Sie nahm ihr das Tablett ab und sagte ihr, dass sie wieder übernehmen würde.

»Ma'am! Sir!«, begrüßte sie die Gäste und ihre Herrschaften, »ich bin wieder hier. Wenn Sie nichts dagegen haben, würde ich gern weiterarbeiten.«

»Danke, Emma, das ist sehr nobel von dir«, sagte William Mayfield.

»Sind Sie nicht mit diesem Willie verwandt?«, fragte Forester, als sie ihm Kaffee einschenkte. Man sah ihm den ehemaligen Soldaten an, einen sicher unnachgiebigen Offizier, der nicht nur bei seiner Kleidung auf äußerste Korrektheit achtete. »Willie Hansen, der Mann, der unsere Tochter ...« Er suchte nach dem passenden Wort. »... der Florence bestohlen und gedemütigt hat.«

»Willie ist mein Bruder, aber ...«

»Wo steckt er? Wo hält er sich versteckt?«

»Das weiß ich leider nicht, Sir.«

Forester war sichtlich verärgert und machte auch kein Hehl daraus. »Sie wissen nicht, wo sich Ihr Bruder aufhält? Das können Sie mir doch nicht im Ernst weismachen! Wo kommen Sie denn gerade her? Sie haben ihm doch sicher geholfen, ein Versteck zu finden. Also sagen Sie schon, wo hält Willie sich versteckt?«

»Tut mir leid, Sir. Ich weiß es wirklich nicht.«

Sie stellte die Kanne auf den Tisch und schickte sich an zu gehen, doch Forester hielt sie mit einem schroffen Einwand zurück. Er bezähmte seine Wut nur mühsam. »Bleiben Sie gefälligst hier!«, herrschte er sie an. »Wenn Sie es angeblich nicht wissen, haben Sie doch sicher eine Idee, wo er sein könnte. Der Polizei müssen Sie die Frage ohnehin beantworten, Miss!«

Emma sah in Gedanken, wie ihr Bruder an der Reling der *Excelsior* lehnte und zufrieden grinste, weil er wohl daran dachte, wie er dem Teufel ein Schnippchen geschlagen hatte. Sie war beinahe so wütend auf Willie wie Forester selbst, konnte sich aber immer noch nicht vorstellen, dass er Florence vergewaltigt hatte, und blieb standhaft. »Ich habe keine Ahnung. Ehrlich nicht!«

»Und wo kommen Sie jetzt her?«

»Ich war spazieren, Sir.«

»Spazieren …«

»Sei nicht ungerecht, John«, mischte sich Mayfield endlich ein. »Emma kann doch nichts dafür, dass ihr Bruder ein Verbrecher ist. Sie ist eine Frau von untadeligem Ruf. Ich bin sicher, dass sie die Wahrheit sagt.« Er nickte ihr freundlich zu und entließ sie mit einem Lächeln. »Ich danke dir, Emma.«

Emma war froh, den Salon verlassen zu können, und kam sich beinahe ein wenig schäbig vor, weil sie das Vertrauen von William Mayfield enttäuscht hatte. Sie wusste sehr wohl, wo sich ihr Bruder aufhielt. Und sie war sehr wütend auf ihn, weil er ihr zumindest nicht die ganze Wahrheit gesagt und offensichtlich einem Mann mehrere hundert Dollar abgenommen hatte. Auch dass er Florence wertvollen Schmuck gestohlen hatte, fand sie nicht mehr so abwegig. Nur vergewaltigt hatte er sie auf keinen Fall, dafür würde sie ihre Hand ins Feuer legen. Zu so einem Verbrechen war ihr Bruder nicht fähig.

Die nächsten Tage vergingen, ohne dass die Polizei einen Erfolg vermelden konnte. Im *Chronicle*, den sie jeden Abend zu sehen bekam, wenn sie die Bibliothek aufräumte, war zu lesen, dass man bisher vergeblich nach Willie Hansen gesucht hatte, und er wahrscheinlich längst in eine andere Stadt oder sogar nach Mexiko geflohen war. Gleichzeitig wurden immer mehr Details über die Verbrechen bekannt. Willie Hansen wäre äußerst brutal gegen Florence Forester vorgegangen, habe sie beinahe erstickt und unsittliche Handlungen an ihr vorgenommen, die sie für ihr ganzes Leben gezeichnet hätten.

Auch während der nächsten Tage waren ständig neue Vorwürfe zu hören, die anscheinend von Florence selbst kamen. Der Reporter, ein gewisser Edward Rankin, zitierte sie häufig und auch ihren Vater, der bereits eine Belohnung von tausend Dollar für die Ergreifung des Täters ausgesetzt hatte und ihn als »grausames Monster« beschimpfte, das den Tod verdient habe. Nur so könne man die Schmach und den Schmerz verringern, den er seiner Tochter zugefügt habe. Es schien fast, als habe man Willie Hansen bereits verurteilt.

Die Polizei ließ sich nur noch einmal bei Emma blicken. Der Lieutenant, der sie schon einmal befragt hatte, verhörte sie noch einmal, und sie gab ihm dieselben Antworten, die sie ihm vor dem Haus ihres Bruders gegeben hatte. »Ich habe keine Ahnung, wo er sich aufhält, Lieutenant. Glauben Sie mir, ich würde es selbst gern wissen. Nein, er hat sich nicht bei mir gemeldet.«

Bevor der Lieutenant ging, wollte sie es noch einmal genau wissen: »Sind Sie denn sicher, dass er die Tat wirklich begangen hat? Ich kann mir nicht vorstellen, dass mein Bruder zu so einer grausamen Tat fähig ist, niemals!«

»Und warum ist er dann geflohen?«, erwiderte der Lieutenant.

»Auch wenn man unschuldig ist, kann man Angst bekommen und in Panik geraten.« Eine solche Geschichte hatte sie mal in einem Magazin gelesen. »Vielleicht hat Florence Forester sich freiwillig mit ihm eingelassen und erzählt diese Schauergeschichten im *Chronicle* nur, weil sie die Sache bereut und Angst vor ihrem Vater hat. Vielleicht ist Willie auf sie hereingefallen.«

»Das würde ich nicht zu laut sagen, Miss«, erwiderte der

Lieutenant ernst. »Man könnte Sie wegen übler Nachrede belangen, und wie ich Florence Forester und ihren Vater kenne, würden sie auch keinen Augenblick zögern, dies zu tun. Florence ist eine respektable Lady, ein untadeliges Mitglied der Gesellschaft. Tut mir leid, wenn ich Ihnen das so offen sagen muss, aber ihr einziger Fehler war, sich mit einem Verbrecher wie Ihrem Bruder einzulassen.«

»Sie haben sich also auch schon festgelegt ... wie der *Chronicle*.«

»Es spricht leider alles dafür, Miss. Glauben Sie mir, ich sage Ihnen das nicht gern. Sie sind eine nette Frau, und Ihre Herrschaften haben mir versichert, dass sie sich keine bessere Haushälterin vorstellen könnten. Sie haben einen solchen Bruder nicht verdient. Ich kann Ihnen nur empfehlen, sich seinetwegen nichts zuschulden kommen zu lassen und mich sofort zu informieren, falls er sich bei Ihnen meldet. Kann ich mich darauf verlassen, Miss?«

»Natürlich, Sir«, erwiderte sie.

Der Lieutenant verabschiedete sich, und sie blieb eine Weile nachdenklich sitzen und überlegte, ob sie das Richtige tat. Sie hatte den Lieutenant belogen, sie wusste, wo sich ihr Bruder befand. Das war eine Straftat, für die sie ins Gefängnis kommen konnte. Sie hatte sich gegen das Gesetz gestellt und das Vertrauen der Mayfields enttäuscht, die sie gegen Forester verteidigt hatten.

Doch wie konnte sie die Wahrheit sagen, wenn sie wusste, dass ihr Bruder schon so gut wie verurteilt war und niemals eine Chance hätte, sich erfolgreich gegen die Vorwürfe zu verteidigen? Wie konnte sie ihn an die Polizei verraten, wenn sie wusste, dass er Florence niemals vergewaltigt hatte?

Sie stand auf und blickte entschlossen auf die Straße hinaus. Es musste ein Mittel geben, um Florence der Lüge zu überführen. Das angebliche Opfer müsste zugeben, dass sie die Vergewaltigung erfunden hatte. Aber wie sie Florence dazu bringen wollte, die Wahrheit zu sagen, wusste sie auch nicht.

3

Auch während der nächsten Tage berichtete der *San Francisco Chronicle* auf den ersten Seiten über das angebliche Verbrechen. Der Reporter hatte sich auf die Seite des angeblichen Opfers geschlagen und wartete in jedem Artikel mit einer neuen Enthüllung auf. Er machte das geschickt. Weil er Florence Forester nicht bloßstellen und ihr Schamgefühl nicht verletzen wollte, erging er sich in Andeutungen wie »Unter Tränen berichtete Florence von Ungeheuerlichkeiten, die ich unmöglich wiedergeben kann« oder »Was William Hansen dieser jungen Frau angetan hat, kann von keinem Gericht gesühnt werden.«

Emma wurde mit jedem Tag wütender. Sie wollte nicht länger zusehen, wie ein Reporter ihren Bruder für ein Verbrechen verurteilte, das noch nicht einmal bewiesen war. Die »unzähligen blauen Flecken«, die der Reporter mehrfach erwähnte, und die blutigen Schrammen an ihren Armen und Beinen verrieten gar nichts, die konnte sie sich auch selbst beigebracht haben, auch wenn Edward Rankin sie mit den Worten zitierte: »Glauben Sie, ich bringe mir diese Verletzungen selbst bei? So dumm bin ich nicht. Und ich gehöre auch nicht zu den Frauen, die ihre Leiden in allen grausamen Einzelheiten schildern. Ich will nur, dass der Mann, der das getan hat, seine gerechte Strafe erhält. Er hat mich bestohlen und erniedrigt, dafür muss er verurteilt werden.«

Nach einigen Tagen hielt Emma es nicht länger aus. Obwohl der Himmel bewölkt war und es nieselte, fuhr sie mit dem Cable Car zur Market Street hinab und lief zum bronzefarbenen Chronicle Building, dem zehnstöckigen Hochhaus der Zeitung. Schon im Flur vor dem Aufzug hörte sie das laute Klappern der Schreibmaschinen, ein Geräusch, das sie keine zehn Minuten ausgehalten hätte. Aber das regelte wohl die Gewohnheit. Die Leute, die an der Bahnstrecke wohnten, hörten das Rattern der Züge schon gar nicht mehr.

Eine Stenographin führte sie zu Edward Rankin, der vor einer Schreibmaschine in einem großen Büro saß und in seinen Notizen blätterte. »Miss Emma Hansen«, meldete die Stenographin, »sie möchte mit Ihnen sprechen.«

»Hansen?«, wunderte sich der Reporter, ein nachlässig gekleideter Mann in den Dreißigern mit etwas zu langen Haaren und einem gestutzten Bart.

»Willie Hansens Schwester«, erklärte sie. Sie musste laut sprechen, um das Klappern der Schreibmaschinen zu übertönen. Einige Redakteure beobachteten sie neugierig. »Ich würde gern über meinen Bruder mit Ihnen sprechen.«

»In Ordnung«, erklärte er sich einverstanden. Er griff nach Notizblock und Bleistift und stand auf. »Wir gehen am besten ins Archiv, da ist es ruhiger.«

Sie folgte ihm in den kleineren Raum nebenan. Das Klappern und die lauten Stimmen der Redakteure waren hier nur als dumpfes Hintergrundgeräusch zu hören. Sie setzte sich auf den angebotenen Stuhl und wartete.

»Nun?«, fragte er neugierig.

»Ich habe Ihre Artikel gelesen«, sagte sie, »und bin einigermaßen verwundert. Kann es sich eine angesehene Zeitung wie der *Chronicle* tatsächlich erlauben, einen Menschen schuldig zu sprechen, bevor er verurteilt wurde?«

»Tue ich das, Miss Hansen?« Er wirkte kalt und unnahbar.

»In den Artikeln, die ich über den Fall gelesen habe, ganz bestimmt.« Auch ihre Stimme klang seltsam gefühllos. »Sie beschreiben meinen Bruder als gnadenloses Monster, das nichts anderes im Kopf hatte, als eine ehrenhafte junge Frau grausam zu vergewaltigen und ihr den Schmuck zu rauben.«

Er ließ sich nicht aus der Ruhe bringen. »Ich beziehe mich lediglich auf die Antworten, die mir Florence Forester, immerhin die Tochter eines angesehenen Geschäftsmanns, während eines Interviews gegeben hat. Alle Zitate habe ich mir schriftlich genehmigen lassen. Was gibt es dagegen einzuwenden?«

»Dass Sie einseitig berichten«, widersprach sie. »Beim Lesen kam es mir beinahe so vor, als hätte Florence Foresters Anwalt die Artikel geschrieben.«

»Bezichtigen Sie die Lady der Lüge?«

»Ich sage nur, dass Sie einer Verurteilung durch das Gericht vorgreifen. Sie haben doch nicht den geringsten Beweis dafür, dass Willie die Tat begangen hat. Braucht man keine Beweise, wenn man solche Behauptungen in die Welt setzt? Es könnte immerhin sein, dass mein Bruder unschuldig ist und sich die ehrenvolle Miss Forester die Vorwürfe nur aus den Fingern saugt.«

»Warum sollte sie das tun?«

»Aus Eifersucht«, erwiderte sie, ohne nachzudenken. »Soweit ich weiß, hat sie herausbekommen, wie sich mein Bruder …« Sie war unsicher, wie immer bei so heiklen Themen. »Nun … wie er sich mit zwei leichten Damen vergnügte.«

Er wurde hellhörig und schrieb etwas auf seinen Block. »Woher wissen Sie das? Haben Sie mit Ihrem Bruder gesprochen?

Waren Sie in seinem Versteck? Verheimlichen Sie mir etwas? Sie haben ihn getroffen, nicht wahr?«

Emma erkannte ihren Fehler und hoffte, dass ihr das Blut nicht zu sehr ins Gesicht schoss. »Mein Bruder und ich haben keinen besonders engen Kontakt, aber man erzählt sich so einiges. Florence Forester war in meinen Bruder verliebt, und auch er hatte eine Menge für sie übrig. Wie ich ihn kenne, war die Sache mit den beiden Frauen nicht so dramatisch, wie sie sich anhört. Ich vermute, sie hat die Nerven verloren, und Willie hat sich von ihr getrennt.«

»Getrennt? Er hat sich an ihr vergangen!«

»Mein Bruder vergewaltigt keine Frauen!«

»Und warum hält er sich dann versteckt? Warum stellt er sich nicht der Polizei und lässt einen Richter entscheiden? Doch nur, weil er schuldig ist.«

»Weil er glaubt, keinen fairen Prozess zu bekommen.« Sie wäre am liebsten aufgebraust, blieb aber ruhig und wandte sich mit versöhnlicher Stimme an ihn. »Hören Sie, Mister Rankin, ich möchte doch nur, dass Sie nicht alle Aussagen von Miss Forester für bare Münze nehmen. Recherchieren Sie auch in die andere Richtung. Wer weiß, vielleicht erleben Sie eine Überraschung.«

»Für mich ist die Lage eindeutig«, blieb er bei seiner Meinung. »Und ich glaube Florence Forester. Bringen Sie mir handfeste Beweise dafür, dass Ihr Bruder unschuldig ist, dann ändere ich vielleicht meine Meinung, aber so …«

»Sie tun es für ihren Vater, nicht wahr?«

»Wie bitte?«

»Er schaltet teure Anzeigen in Ihrer Zeitung, und Sie haben Angst, ihn zu vergraulen.« Sie wollte gar nicht aggressiv werden, sondern ließ sich lediglich von der arroganten Haltung des Reporters provozieren. »Ist es so, Mister Rankin?«

»Nein, so ist es nicht! Und jetzt gehen Sie bitte!« Er führte sie in den Redaktionsraum zurück und wies ihr den Weg. Der hagere Mitarbeiter, der am Schreibtisch neben Rankin seine Artikel schrieb, beobachtete sie neugierig. »Auf Wiedersehen, Miss Hansen. Ich denke, Sie finden allein zum Ausgang.«

Emma verließ den Raum und fuhr ins Erdgeschoss. Bereits im Aufzug ärgerte sie sich darüber, im Gespräch mit Rankin die Nerven verloren zu haben. Wie sie ihn inzwischen kannte, würde er einige ihrer Vorwürfe aus dem Zusammenhang reißen und sie in einem seiner nächsten Artikel verwenden. Vor ihrem geistigen Auge tauchten schon Schlagzeilen wie »Deckt Emma Hansen ihren flüchtigen Bruder?«, »Willie Hansen vergnügt sich mit zwei leichten Mädchen« und »Emma Hansen nennt Florence Forester eine Lügnerin« auf. Ein Alptraum, der sie ihre Stellung kosten konnte. Wenn so etwas erschien, würde sie William Mayfield bestimmt nicht mehr verteidigen.

»Miss Hansen!«, tönte es hinter ihr, als sie die Straße erreicht hatte. Sie wandte den Kopf und erkannte den Redakteur, der am Schreibtisch neben Rankin gesessen hatte. »Miss Hansen! Warten Sie! Ich muss Sie sprechen!«

Sie blieb stehen und war einigermaßen erstaunt, als er sich verstohlen umdrehte, bevor er das Wort an sie richtete. »Randy Griffin«, stellte er sich vor. Er klang verschwörerisch. »Ich habe den Schreibtisch neben Edward Rankin.«

»Ja, bitte?«

»Ich wollte Ihnen nur sagen, dass nicht alle so denken wie

Rankin. Ich hätte die Artikel über das Verbrechen, in das Ihr Bruder verwickelt gewesen sein soll, sicher nicht so geschrieben wie er. In unserem Land gilt immer noch die Unschuldsvermutung, und es wäre nicht das erste Mal, dass es einen Unschuldigen erwischt. Das soll nicht heißen, dass ich Wille Hansen für unschuldig halte, aber genauso wenig glaube ich alles, was Florence Forester von sich gibt. Sie ist eine verzogene Göre, die das Glück hat, einen einflussreichen und wohlhabenden Vater zu haben. Sie verstehen, was ich meine?«

»Ich verstehe Sie sehr gut, Mister Griffin. Warum sagen Sie mir das?«

Der Redakteur drehte sich erneut um. Anscheinend hatte er große Angst, von einem anderen Mitarbeiter des *Chronicle* mit ihr gesehen zu werden. »Ich möchte nur, dass Sie keinen falschen Eindruck von uns gewinnen. Und ich wollte …« Er zögerte. »Und ich wollte Ihnen das hier geben.« Er zog einen Brief aus der Tasche und reichte ihn ihr. »Ein Leserbrief, den ich in Rankins Papierkorb gefunden habe.« Er sah, wie zwei steile Falten zwischen ihren Augen erschienen, und verzog das Gesicht. »Ja, ich hab ihm hinterherspioniert. Ich hab mich auch gewundert, warum er sich so für Florence Forester einsetzt. Zumindest kam es mir komisch vor. Ich gebe zu, ich mag ihn nicht besonders und würde ihm gern einen Knüppel zwischen die Beine werfen.«

Seine Beweggründe interessierten sie nicht. »Der Brief ist echt?«

»So wahr ich hier stehe«, versicherte er ihr. »Lesen Sie ihn später durch, wenn ich gegangen bin, und ziehen Sie selbst Ihre Schlüsse daraus. Ich kann nichts in dem Fall unternehmen, sonst bin ich meinen Job los. Rankin ist mein Vorgesetzter und würde niemals akzeptieren, dass ich ihn hintergangen habe. Halten Sie mich aus der Sache raus, Miss! Versprechen Sie mir das?«

»Natürlich, Mister Griffin, aber …«

»Auf Wiedersehen, Miss. Sie sind eine sehr nette Frau.«

Das schüchterne Kompliment berührte sie, aber als sie sich bedanken wollte, war er bereits gegangen. Sie ging ein paar Schritte und studierte den Brief noch, bevor sie in den Cable Car auf den Nob Hill stieg. Unter einer Markise vor einem Gemüsegeschäft las sie: »Sehr geehrter Redakteur, ich wollte Ihnen nur sagen, dass Florence Forester nicht so unschuldig sein kann, wie Sie schreiben. Wir sind der gleiche Jahrgang und waren zusammen auf der High School. Wir waren ineinander verliebt und wollten uns verloben, sobald wir alt genug waren, aber als meine Eltern es herausfanden, bekam ich kalte Füße und wollte Schluss mit ihr machen. Sie war sehr wütend und drohte mir, jedem zu erzählen, dass ich sie geschlagen habe. Sie begann sogar damit, sich das Gesicht zu zerkratzen und hörte erst auf, als ich ihr versprach, trotz allem bei ihr zu bleiben. Nur zwei Wochen später fing sie etwas mit einem anderen Jungen an und behandelte mich, als wäre nie etwas gewesen. Ich wollte eigentlich nie darüber sprechen, könnte mir aber vorstellen, dass sie es mit Willie Hansen genauso gemacht hat. Ich möchte nicht, dass er unschuldig verurteilt wird. Es grüßt sie A. Hunnicut.« Darunter hatte jemand mit Federhalter gekritzelt: »Albert Hunnicut, Lehrer, Mission.« »Mission« stand sicher für Mission High School. Offensichtlich hatte Randy Griffin bereits recherchiert.

Emma steckte den Brief in ihre Manteltasche und sah eine

Weile dem Verkehr auf der Market Street zu, ohne ihn wirklich zu sehen. Sicher, der Brief war kein Beweis, aber er könnte darauf hinweisen, dass Florence den gleichen Trick bei Willie angewandt hatte, und er tatsächlich unschuldig war. Vor Gericht könnte der Brief als bedeutsame Entlastung für ihn gelten. Wenn herauskam, dass Florence gelogen hatte, könnte man ihn noch immer für den Diebstahl am Hafen verurteilen, wenn er ihn begangen hatte, aber dafür käme er höchstens für ein paar Monate ins Gefängnis. Der Brief konnte lebenswichtig für ihren Bruder sein.

Sie hätte das wertvolle Indiz am liebsten zur Polizei gebracht, wollte aber ihr Versprechen halten und Griffin nicht belasten. Besser wäre es, wenn sich der Briefschreiber selbst bei der Polizei melden und dort seine Aussage machen würde. Ohne weiter nachzudenken, stieg sie in die nächste Straßenbahn nach Süden. Die Mission High School war auf mehrere Gebäude nahe der Mission Dolores verteilt, und leicht zu finden. In der Eingangshalle fragte sie einen Sekretär nach Albert Hunnicut und erhielt die Auskunft, er sei noch im Unterricht, komme aber in wenigen Minuten ins Lehrerzimmer. »Wenn Sie in meinem Büro warten möchten? Ich führe Mister Hunnicut dann zu Ihnen.«

»Vielen Dank.« Sie hatte ihren Namen absichtlich nicht genannt und war erleichtert, dass der Sekretär nicht nach dem Grund für Ihr Kommen gefragt hatte. Anscheinend hatte sie ihn mit ihrem freundlichen Lächeln verwirrt, ein Mittel, das sie für unredlich hielt, aber dennoch einsetzte, wenn es nötig war.

Albert Hunnicut war ungefähr im gleichen Alter wie ihr Bruder, wirkte aber schmächtiger und in seinem dreiteiligen

Anzug auch seriöser. Er benahm sich etwas unsicher und wusste nicht, was er von ihrem Besuch halten sollte.

»Albert Hunnicut«, stellte er sich vor. »Darf ich fragen …«

»Emma Hansen. Willies Schwester. Ich würde Sie gern um etwas bitten.«

Er hatte die Tür geschlossen, blickte sich aber dennoch um, beinahe so nervös wie der Redakteur vor dem Zeitungsgebäude. »Ich verstehe nicht …«

Sie zog den Brief aus ihrer Manteltasche und erklärte es ihm. »Aus irgendeinem Grund will der Reporter, der die Artikel schreibt, den Brief nicht verwenden. Ein Kollege hat ihn mir gegeben. Er würde sicher seine Arbeit verlieren, wenn er seinem Vorgesetzten in den Rücken fallen würde. Es wäre besser, wenn Sie zur Polizei gehen und dort Ihre Aussage machen würden.«

»Ich kann nicht. Ich …« Er wusste nicht, was er sagen sollte.

»Ich weiß, dass Ihnen das einige Umstände bereiten würde«, ließ Emma nicht locker, »aber Sie würden meinem Bruder sehr helfen. Er ist unschuldig. Er würde einer Frau nichts antun, niemals. Ihr Brief könnte einiges bewirken und ihn vielleicht vor einer langen Gefängnisstrafe bewahren.« Sie reichte ihm seinen eigenen Brief. »Tun Sie mir den Gefallen, Mister Hunnicut, bitte!«

Er überlegte noch immer. »Ich war in sie verliebt, sofern man das in dem Alter sagen kann. Ich war gerade mal achtzehn. Es war alles so, wie man es sich nicht schöner erträumen konnte. Wie sagt man so schön? Wir waren ein Herz und eine Seele.« Er lächelte schwach. »Aber sie war immer etwas arrogant und besitzergreifend, und als meine Eltern mir androhten, mich auf eine andere Schule zu schicken, war ich schon halb dazu entschlossen, mich von ihr zu trennen, und ihr Anstoß kam mir gerade recht. Inzwischen unterrichte ich an einer High School und weiß, wie schnell sich bei so jungen Leuten etwas ändern kann. Dass Florence so aggressiv reagiert, hätte ich niemals gedacht. Sie wurde regelrecht zur Furie.« Er schüttelte den Kopf und staunte wohl ein wenig darüber, dass er einer Fremden sein Herz ausschüttete. Anscheinend machte ihm die Erfahrung noch immer zu schaffen. »Vielleicht ... ja, vielleicht haben Sie recht, Miss Hansen«, sagte er nach einer ganzen Weile.

Emma bedankte sich und kehrte zur Haltestelle zurück. Während sie auf die Straßenbahn wartete, hatte sie das Gefühl, von zwei Männern auf der anderen Straßenseite beobachtet zu werden. Sie war eine ausgesprochen hübsche Frau, das sagten ihr nicht nur Verehrer, und wurde öfter von Männern angestarrt, aber nicht an einem Tag wie diesem, wenn es nieselte und jeder so schnell wie möglich ins Trockene wollte. Als sie einige Zeit später in die gleiche Richtung blickte, waren die Männer verschwunden.

Die Bahn kam und brachte sie in die Innenstadt zurück. Sie kehrte in einem Coffee Shop ein und bestellte eine Clam Chowder, blickte aus dem Fenster und glaubte ihren Augen nicht zu trauen, als sie die beiden Männer, die sie an der Haltestelle gesehen hatte, vor dem Lokal entdeckte. Sie stand auf und blickte genauer hin, als einige Passanten ihre Sicht behinderten und sie nichts mehr erkennen konnte. Später standen die Männer nicht mehr dort.

»Stimmt irgendetwas nicht?«, erkundigte sich der Wirt besorgt.

»Nein, nein, alles in Ordnung«, beeilte sie sich zu antworten.

Nach dem Essen ging sie ins Emporium, wie an beinahe jedem freien Tag, und betrachtete die Auslagen in dem mehrstöckigen Kaufhaus. Sie kaufte selten etwas im »Big E«, wie es liebevoll genannt wurde, und freute sich schon darauf, die vielen schöne Sachen anzusehen und im Restaurant im obersten Stockwerk einen Kaffee zu trinken. Einmal ertappte sie sich dabei, wie sie nach den beiden Männern suchte, vergeblich, sie waren nirgendwo zu sehen.

Am späten Nachmittag kehrte sie in die Villa der Mayfields zurück. Auch diesmal stand die Kutsche der Foresters vor dem Eingang und zwang sie, besonders leise zu sein, um nicht von ihnen oder den Herrschaften gehört zu werden. Auf der Treppe hörte sie die laute Stimme von William Forester.

»Mir dauert das alles viel zu lange«, polterte er. »Die Polizei hat bis heute keine Spur von Willie Hansen gefunden. Wenn das so weitergeht, kommt er nie vor Gericht. Aber damit kommt der Kerl nicht durch! Ich lasse nicht zu, dass der Dreckskerl, der sich an meiner Tochter vergangen und ihren Ruf durch den Dreck gezogen hat, ohne eine Strafe davonkommt. Wenn es die Polizei nicht schafft, muss ich eben andere Saiten aufziehen. Mit genug Geld lassen sich erstklassige Männer kaufen, die ihm selbst nach Kanada nachreisen würden. Ich werde erst Ruhe geben, wenn sie mir seinen Kopf gebracht haben!«

Emma war entsetzt und musste sofort an die beiden Männer denken, die sie in der Stadt beobachtet hatte. Waren sie etwa im Auftrag von William Forester unterwegs? Hofften sie, durch sie an ihren Bruder heranzukommen?

Mayfield erwiderte etwas, das sie nicht verstand.

»Und wenn es Killer wären«, sagte Forester, »wen würde es schon stören, wenn ein Vergewaltiger wie Hansen stirbt? Für eine Vergewaltigung hätte er sowieso die Todesstrafe verdient.« Wieder sagte Mayfield etwas, und Forester antwortete: »Auf die Kleine kann ich keine Rücksicht nehmen. Es geht um meine Tochter, William. Du weißt nicht, was sie alles durchmachen musste.«

Emma hatte genug gehört und stieg leise in ihr Zimmer hinauf. Noch im Mantel ließ sie sich leise stöhnend auf ihr Bett fallen. Sie werden ihn töten, schoss es ihr durch den Kopf, sie werden ihm bis nach Alaska nachfahren und ihn umbringen! Mit seinem vielen Geld kann Forester alles erreichen.

In der Gewissheit, dass sich Forester niemals umstimmen lassen würde, fasste sie einen wagemutigen Plan, der ihr ganzes Leben verändern sollte.

4

Emma verbrachte die nächsten Stunden damit, einen Brief an die Mayfields zu verfassen. Aus Angst, ihre Arbeitgeber könnten sie zurückhalten oder ihr Undankbarkeit vorwerfen, wollte sie noch vor Sonnenaufgang das Haus verlassen. Für einen tränenreichen Abschied hatte sie keine Kraft, und sie würde hoffentlich etwas Zeit gewinnen und vermeiden, dass Forester seine Männer alarmierte und herausbekam, dass ihr Bruder nach Alaska unterwegs war.

In ihrem Brief bedankte sie sich noch einmal für die Aufnahme und Hilfe nach dem Tod ihrer Eltern und bat um Verzeihung für den überstürzten Abschied. »Die Sorge um meinen Bruder lässt mich nicht mehr ruhen«, schrieb sie, und sie würde alles daran setzen, ihn zu finden und seine Unschuld zu beweisen. »Ich hoffe sehr, dass sich unsere Wege eines Tages wieder kreuzen werden, und verabschiede mich in tiefster Dankbarkeit. Ihre Emma Hansen.«

Sie legte den Brief auf die Kommode und beschwerte ihn mit einem Glas. Ihre Sachen waren schnell gepackt. Sie füllte den Rucksack, den sie sich vor einem Jahr für einen Ausflug in die Redwoods gekauft hatte, mit ihren Kleidern und ihrer Wäsche und den wenigen Habseligkeiten, die sie ihr Eigen nannte. Dazu gehörte auch eine Fotografie ihrer Eltern, die wenige Wochen vor ihrem Tod in einem Fotostudio in Mendocino aufgenommen worden war. Voller Zuversicht hatten sie in die Kamera geblickt, fest entschlossen, alle Widrigkeiten des Lebens zu meistern. Ihr Vater hatte sein ganzes

Vermögen an der Börse verwettet und war gerade wieder dabei, eine neue Firma zu gründen.

An Schlaf war in dieser Nacht kaum zu denken. Sie war viel zu aufgeregt und voller Angst, ihre unerwartete Reise könnte in eine Katastrophe münden. Forester und seine Männer durften auf keinen Fall erfahren, wohin sie unterwegs war. Selbst wenn sie ihren Bruder einholte und ihn rechtzeitig warnen konnte, war es nicht sicher, dass seine Flucht ein glückliches Ende fand. Der Arm des Gesetzes reichte weit, sogar bis nach Alaska. Seitdem Gold am Klondike entdeckt worden war, gab es auch Telegrafenlinien in den Hohen Norden, über die man eine Beschreibung ihres Bruders schicken konnte.

Es war noch dunkel, als sie sich anzog, das bequeme Reisekleid, den Mantel, die festen Stiefel. Den sportlichen Strohhut mit den Bändern, die man unter dem Kinn verknoten konnte. Ein letzter Blick auf den Brief, der unberührt auf der Kommode lag, und das Gemälde einer ländlichen Flusslandschaft, das die Mayfield von einem Bekannten geschenkt bekommen, aber nie besonders gemocht hatten, dann stieg sie leise die Treppe hinunter und verließ die Villa.

Aus Angst, sie könnte den beiden Männern vom Nachmittag begegnen, nahm sie den Hinterausgang. Er führte in einen Garten, den sie mit hastigen Schritten durchquerte und im Schutz einiger Büsche verließ. Über eine sandige Gasse erreichte sie die California Street. Sie stieg in die Innenstadt hinab und ging in ein belebtes Frühstückslokal, in dem es einen abgetrennten Raum für weibliche Gäste gab, und bestellte Rühreier mit Schinken und Kaffee. Von einem Zeitungsjungen kaufte sie die neue Ausgabe des *Chronicle*.

Nach dem neuen Artikel über ihren Bruder brauchte sie nicht lange zu suchen. Edward Rankin hatte ganze Arbeit geleistet. »Deckt Emma Hansen ihren Bruder?«, lautete die Schlagzeile, und darunter stand unter anderem: »Emma Hansen besuchte die Redaktion des *Chronicle* und hielt ein flammendes Plädoyer für ihren Bruder, ohne stichhaltige Beweise vorlegen zu können. Im Gegenteil, bei ihren Ausführungen verstrickte sie sich derart in Widersprüche, dass sich der Verdacht erhärtet, sie könnte ihn in seinem Versteck aufgesucht haben und dieses vor der Polizei geheim halten. Leider erklärt sie sich nicht bereit, bei der Aufklärung des Verbrechens mitzuhelfen. So sehr auch wir Verständnis für die familiären Bande zwischen ihr und ihrem Bruder haben, verurteilen wir doch ganz entschieden ihre Weigerung, seinen Aufenthaltsort preiszugeben. Wir appellieren eindringlich an Sie, Miss Hansen: Denken Sie auch an das bemitleidenswerte Opfer und helfen Sie den Behörden, dieses unvorstellbar grausame Verbrechen aufzuklären und zu sühnen.«

Ich denke nicht daran, hätte sie am liebsten so laut gerufen, dass es auch der Reporter im Chronicle Building hörte. Ich verrate meinen Bruder nicht! Er ist unschuldig! Und solange Sie keine Beweise haben, bleibt er das auch! Doch sie reagierte gar nicht und blätterte rasch weiter, um auf andere Gedanken zu kommen. Der starke Kaffee mit viel Milch und Zucker half ihr dabei.

Die beiden Männer vom vergangenen Nachmittag ließen sich nicht blicken. Sie hatte wieder einen Platz am Fenster gewählt, durch das sie auf die Straße hinaussehen konnte, und entdeckte lediglich ein Ehepaar, das ausgerechnet vor dem Lokal stehen geblieben war und sich so lautstark stritt, dass ihre Stimmen bis in den Gastraum zu hören waren. Die Frau warf ihrem Mann vor, bei einer zweifelhaften Dame an der Barbary Coast gewesen zu sein, und sparte auch nicht mit Kraftausdrücken, bis sie merkte, dass ihre Stimme zu weit trug, und sie ihren Mann am Ärmel packte und weiterzog.

Emma war viel zu angespannt, um der Situation etwas Lustiges abzugewinnen, und blätterte stattdessen in der Zeitung, fand einen längeren Artikel über den Goldrausch am Klondike und vertiefte sich darin. Der Reporter hatte mit Rückkehrern von den Goldfeldern gesprochen und erstaunliche Antworten bekommen. Es gäbe im fernen Norden so viel Gold, dass man wahrscheinlich mehrere Schiffe bräuchte, um es nach San Francisco zu transportieren, aber an dieses Gold heranzukommen, sei mit unendlichen Mühen verbunden. Ungefähr zehn Tage würde die beschwerliche Schiffsreise bis nach Skagway oder Dyea dauern, zwei gesetzlose Siedlungen, wie man sie nur noch im Wilden Westen gefunden hätte. Von dort müsste man mit seinem Gepäck steile Pässe überwinden und im Boot durch die Stromschnellen des Yukon River nach Dawson City fahren, eine Reise von mehreren Wochen.

Sie las den Bericht eines Goldsuchers, der am Klondike reich geworden war und sich am Bau mehrerer Kaufhäuser beteiligt hatte, ein wahrer Glückspilz, der als beinahe mittelloser Arbeiter losgezogen und als Millionär zurückgekehrt war. Ein anderer Artikel handelte von einem Unglücksraben, einem erfolgreichen Geschäftsmann aus New York, der nicht einen Nugget gefunden und nach seiner Rückkehr vergeblich nach seiner Frau und seiner Tochter gesucht hatte. Die Liebste hatte seine Konten leergeräumt und war mit ihrer Tochter ausgezogen. Er hatte keine Ahnung, wo sie sich aufhielten.

Als es draußen hell wurde und die Geschäfte öffneten, verließ sie das Lokal und ging zu ihrer Bank. Sie kam gerade rechtzeitig, um zu sehen, wie einer der Angestellten die Tür entriegelte, auf den Bürgersteig trat, um etwas frische Luft zu schnappen, und wieder in der Bank verschwand. Sie beobachtete den Eingang aus sicherer Entfernung und überprüfte die nähere Umgebung, bis sie sicher sein konnte, dass ihre Verfolger nicht auf sie warteten, erst dann überquerte sie die Straße und betrat die Bank. Nervös trat sie an den Schalter, darauf gefasst, im nächsten Moment die Männer in ihrem Rücken zu spüren. Doch außer ihr betraten nur noch einige unverdächtige Passanten den Raum.

Bis auf zwanzig Dollar hob sie ihr gesamtes Geld ab. Knapp fünfhundert Dollar, die hoffentlich ausreichen würden, um ihre Reise zu finanzieren. Wenn Albert Hunnicut zur Polizei ging und seine Aussage gegen Florence Forester machte, würde sie vielleicht mit Willie nach San Francisco zurückkehren können. Auf keinen Fall würde sie in Alaska bleiben. Sie war in San Francisco aufgewachsen und konnte sich nicht vorstellen, in der Wildnis zu leben. Sie brauchte den Rummel, das Stimmengewirr, das Klingeln der Bahnen wie hier auf der Market Street.

Nachdem sie die Bank verlassen hatte, ging sie zum Hafen. Sie wollte San Francisco so schnell wie möglich verlassen, bevor Forester auf die Idee kam, ihr Bruder könnte nach Alaska geflohen sein. Lange würde es nicht dauern. Sie zweifelte längst nicht mehr daran, dass sie verfolgt wurde, war beinahe sicher, dass die beiden Männer im Auftrag von Forester unterwegs waren. Der Unternehmer liebte seine Tochter, sorgte sich um ihre Gesundheit und ihren Ruf. Und um sein Geschäft, auch wenn er das niemals zugeben würde.

An diesem Morgen war sie den Männern zuvorgekommen, aber spätestens, wenn die Mayfields sie vermissten und den Brief vorfanden, würden ihre Verfolger erfahren, dass sie weggelaufen war, und in der Innenstadt nach ihr suchen. Sie konnte nur hoffen, dass sie nicht auf die Idee kamen, ihr bis zur Anlegestelle zu folgen. Wenn es ihr nicht gelang, vor ihnen bei ihrem Bruder zu sein, war sein Leben in Gefahr. Ein mächtiger Unternehmer wie Forester machte keine halben Sachen. Seine Männer hatten sicher den Auftrag, Willie zu töten. Nur so konnte er die vermeintliche Ehre seiner Tochter wiederherstellen. Die Wahrheit würde er sowieso nicht akzeptieren.

Im Hafen herrschte ähnlicher Trubel wie bei ihrem letzten Besuch. Zahlreiche Schiffe lagen am Pier, darunter auch die *Humboldt*, kleiner als die *Excelsior* mit einem Schornstein und zwei Masten. Sie betrat das Büro der Alaska Steamship Company und traf denselben hageren Angestellten wie neulich an.

Er erkannte sie sofort. »Haben Sie Ihren Bekannten gefunden, Miss?«

»Äh … ja, er ist wohl in Seattle an Bord gegangen. Ich muss dringend zu ihm, Sir. Geben Sie mir ein Billet für den nächsten Dampfer nach Alaska.«

»Das wäre die *Galena* in vier Tagen.«

»In vier Tagen?« Sie schrie die Worte fast.

»Es sei denn, Sie gehen in Seattle an Bord. Tut mir leid.«

Sie blickte aus dem Fenster. »Was ist mit der *Humboldt?* Soweit ich weiß, fährt die auch nach Alaska. Sieht so aus, als würde sie bald in See stechen.«

»In zwei Stunden, Miss. Die Billetts sind seit Langem ausverkauft.«

Sie setzte ihr freundlichstes Lächeln auf und erinnerte sich nur ungern daran, dass es bei ihrem letzten Anliegen wenig genützt hatte. »Für eine Passagierin wird doch sicher noch Platz sein. Wie viel kostet denn so ein Billett?«

»Hundertdreißig Dollar.«

»Und wenn ich Ihnen hundertfünfzig gebe?«

Er gab vor, seine Unterlagen zu studieren. »Ich sehe gerade, für hundertachtzig Dollar hätte ich noch einen Platz frei. Einfache Passage bis Skagway in einer der Kabinen im Heckbereich. Allerdings müssten Sie sich den Raum mit drei anderen Damen teilen. Oder wollen Sie lieber an Deck schlafen?«

»Geben Sie mir die Passage für hundertachtzig Dollar.«

»Name?«

»Emily Roberts«, log sie.

Er schrieb den Namen auf die Passagierliste und händigte ihr das Billett aus. Sein zufriedenes Lächeln verriet ihr, dass er sicher nicht die ganzen hundertachtzig Dollar notieren würde. Mindestens achtzig Dollar wanderten in seine eigene Tasche. »Ich hoffe, Sie haben eine angenehme Reise, Miss!«

Emma bedankte sich und ging an Bord. Sie hielt ihren Kopf gesenkt, in der Hoffnung, nicht erkannt zu werden, falls ihre beiden Verfolger in der Nähe waren. Ein Steward nahm sie in Empfang und führte sie zu der Kabine in dem einstöckigen Aufbau, einen kleinen Raum mit vier Pritschen und einer Kommode, die gerade mal für eine Passagierin ausgereicht hätte. Auf dem Boden standen eine Waschschüssel und ein Eimer. Wie sie später erfuhr, hatte man die Zwei-Personen-Kabinen aller Alaska-Schiffe leergeräumt und in Vier-Personen-Kabinen verwandelt. Kein unnützer Luxus, keine überflüssigen Möbel, jeder freie Platz wurde für Passagiere und Fracht genutzt.

Unter drei Pritschen lagen Koffer und Taschen. Ihre Mitbewohnerinnen waren ausgeflogen. Sie legte ihren Rucksack auf die freie Pritsche und trat ebenfalls auf das Deck hinaus. Fast alle Passagiere hatten sich dort versammelt, standen an der Reling und blickten auf den Pier hinab. Andere hatten sich bereits ihren Lagerplatz gesichert oder sogar kleine Zelte aufgeschlagen, und am Heck waren einige Männer damit beschäftigt, die Pferde und sogar ein paar Ochsen, die sie an Bord gebracht hatten, mit Ketten und Stricken zu sichern und zu beruhigen. Einige Hunde rannten bellend auf dem Deck herum.

Spätestens jetzt erkannte Emma, dass die zehntägige Reise nach Skagway kein Zuckerschlecken werden würde. An Bord der *Humboldt* musste sie unter einfachsten Bedingungen leben und konnte froh sein, wenn unterwegs nichts passierte. Die *Humboldt* war hoffnungslos überladen. Erst vor wenigen Wochen hatte ein Schiff vor Vancouver Island einen Felsen gerammt und war zwei Stunden später gesunken. Nur weil das Schiff vor der Küste lag, konnten Fischer mit ihren Booten alle Passagiere in Sicherheit bringen.

Der Kapitän ließ das Nebelhorn ertönen und kündigte die bevorstehende Abfahrt an. Einige Seeleute waren bereits damit beschäftigt, die Gangway einzuholen und die Taue zu lösen. Aus dem Schlot stiegen schwarze Rauchwolken. Von ihrem Platz an der Reling sah Emma, wie einige der Schaulustigen winkten oder Taschentücher schwenkten. Eine Frau, die mit ihren Kindern gekommen war, weinte bitterlich. Anscheinend war ihr Ehemann unter den Passagieren. Wahrscheinlich sah sie ihn erst in einigen Jahren wieder.

Aus Mitleid ließ sie ihren Blick länger auf der Frau und den Kindern verweilen und sah die beiden Männer erst, als das Nebelhorn sie mit einem weiteren Tuten aus ihren Gedanken riss. Sie standen ungefähr zwanzig Schritte hinter der Frau und sahen sie im gleichen Augenblick. Nur für den Bruchteil einer Sekunde trafen sich ihre Blicke, lange genug, um Emma einen eisigen Schauer über den Rücken zu jagen. Sie trat von der Reling weg und versteckte sich hinter den anderen Passagieren, war erleichtert, dass die *Humboldt* bereits ablegte und an den ankernden Segelschiffen vorbei in die Bucht fuhr. Nicht auszudenken, was passiert wäre, wenn sie an Bord gekommen wären.

Aber ihr Vorsprung war nicht mehr groß, er betrug höchstens noch vier Tage. Wenn die beiden Männer sie gesehen hatten, würden sie das nächste Schiff nehmen und ihr in Skagway dicht auf den Fersen sein. Warum brachte sie ihr Bruder nur ständig in Schwierigkeiten? Er hatte sich schon häufiger Geld von ihr geliehen und niemals zurückgezahlt, doch in einer so verzweifelten Lage wie diesmal war er noch nie gewesen. Mit seiner Spielsucht und seiner Vorliebe für schöne Frauen brachte er sich ständig in Schwierigkeiten.

Er hätte niemals mit den beiden leichten Mädchen aufs Zimmer gehen dürfen. Irgendwann musste er einmal an die

Falschen geraten. Einen Schuldeneintreiber, der ihm keinen Aufschub gab oder eine Frau wie Florence, die ihn aus Eifersucht und Rachsucht eines üblen Verbrechens beschuldigte und sogar ins Gefängnis brachte.

Sie blieb eine Weile an Deck und winkte einigen Fischern zu, die durch das Goldene Tor in die Bucht fuhren. Sie waren guter Laune, hatten anscheinend einen guten Fang gemacht, und winkten lachend zurück. Als sie sich von der Reling abwandte, spürte sie etwas Weiches an ihren Beinen und blickte erstaunt auf einen schwarz-weiß gemusterten Hund. Einen dieser stämmigen Schlittenhunde, die sie bisher nur von Zeichnungen kannte, kräftig und muskulös und mit weichem Fell, das sie sogar durch ihren Mantel zu spüren glaubte.

»Hey«, begrüßte sie ihn fröhlich. Sie ging in die Hocke und kraulte ihn im Nacken. »Wo kommst du denn her? Bist du mit deinem Herrn hier?« Sie blickte sich suchend um, sah aber niemanden näher kommen. »Hast dich wohl irgendwo losgerissen. Sag bloß, du bist auf einem kleinen Erkundungstrip.«

Der Husky winselte zufrieden und bewegte den Kopf unter ihren Liebkosungen. Sie schienen ihm zu gefallen. Emma hatte schon mehrmals festgestellt, dass sie gut mit Tieren zurechtkam. Auf ihren sonntäglichen Spaziergängen kam es sehr oft vor, dass sie Hunden das Fell kraulte oder mit ihnen spielte, sehr zur Verwunderung der Hundehalter, die ganz andere Erfahrungen mit Passanten gemacht hatten. »Seltsam! Die Leute, denen wir gerade begegnet sind, hat er wütend angebellt«, hörte sie häufig. Oder: »Sie können wunderbar mit Tieren umgehen. Arbeiten Sie in einem Zoologischen Garten? Ich glaube, Sie könnten auch einen Löwen zähmen.«

Doch diesmal ließ sich niemand blicken, und ehe sie sich versah, war der Husky wieder verschwunden. Auf dem Deck waren so viele Menschen, dass sie ihn schon nach wenigen Augenblicken nicht mehr fand. Sie richtete sich auf und schüttelte lachend den Kopf. Sie sollte sich einen Wachhund anschaffen, einen von diesen Bullterriern, die auch mit gefährlichen Spitzeln fertigwurden.

Oder einen treuen Weggefährten wie den Husky, den sie gerade im Nacken gekrault hatte. Manchmal schien es ihr, als käme sie mit Tieren besser zurecht als mit vielen Menschen. Seit sie für die Mayfields arbeitete, hatte sie weder Freundinnen noch einen Mann kennengelernt, der es wert gewesen wäre, sich näher mit ihm zu beschäftigen. Sie hatte oftmals darüber nachgedacht und war zu dem Schluss gekommen, dass es an ihr liegen musste. Nach dem Tod ihrer Eltern hatte sie so viel mit sich zu tun gehabt, dass keine Zeit für andere Menschen geblieben war. Ein Fehler, wie sie wusste, denn eigentlich sehnte sie sich nach einem Menschen, mit dem sie alles teilen konnte.

5

Sie hielt ihren Hut fest, weil der Wind außerhalb der Bucht heftiger wurde, und beeilte sich, in ihre Kabine zu kommen. Ihre Mitbewohnerinnen saßen auf ihren Pritschen und blickten ihr neugierig entgegen. »Und ich dachte, wir sind hier nur zu dritt«, sagte die rundliche Frau mit den rosafarbenen Bäckchen, die bei ihnen das Sagen hatte. Sie trug einen dunklen Pullover über ihren gewaltigen Brüsten und hatte eine Wollmütze über ihre Haare gezogen. »Machen Sie sich bloß nicht zu breit, sonst schlafen Sie morgen auf dem Deck!«

Emma quittierte ihren vorwurfsvollen Ton mit einem Lächeln. »Keine Angst, ich brauche nicht viel Platz.« Sie streckte ihre Hand aus, und wartete, bis die Alte einschlug. »Emma«, stellte sie sich mit ihrem richtigen Namen vor. Sie legte ihren Rucksack ab. »Und mit wem habe ich das Vergnügen?«

»Mary Beth«, sagte die Dicke. Sie deutete auf ihre Begleiterinnen, eine unscheinbare Frau, die ständig an ihren Haaren herumfingerte, und ein ungefähr fünfzehnjähriges Mädchen mit langen blonden Zöpfen. »Meine Tochter und meine Enkelin. Wir eröffnen ein Lokal in Dawson. Ich koche, Abigail spült, und Cherry bedient. Cherry ist die jüngste und hübscheste von uns, der liegen die Männer zu Füßen.« Sie lachte. »Wir werden ein Vermögen machen.«

»Sie sind mutig«, erwiderte Emma.

»Und Sie? Sie sehen nicht so aus, als wollten Sie nach Gold graben.«

»Ich suche meinen Bruder. William I. Swenson.«

»Nie gehört. Ist er mit Ihren Ersparnissen durchgebrannt?«

Sie zwang sich zu einem Lachen. »Er hat nur vergessen, einige wichtige Dinge mit mir abzuklären. Er ist ein wenig unzuverlässig, wissen Sie? Ich muss unbedingt nochmal mit ihm sprechen, sonst bekommt er Ärger.«

»Und deswegen fahren Sie bis nach Alaska?«

»Vielleicht will ich ja auch ein Vermögen verdienen.«

»Was haben Sie für die Passage bezahlt?«

»Mehr als Sie, das ist mal sicher«, erwiderte Emma. »Sonst hätten sie mich nicht an Bord gelassen. Tut mir leid, wenn ich Ihnen einen Platz wegnehme.«

»Schon gut, Schätzchen. Die *Humboldt* ist kein Grand Hotel.«

»Dem Preis nach schon.«

Mary Beth kicherte leise. Sie schien umgänglicher zu sein, als es den Anschein hatte. »Können Sie kochen? Backen? Gemüse putzen und schälen?«

»Kann das nicht jede Frau?« Tatsächlich hatte sie während ihrer Jugend kaum Zeit in der Küche verbracht, gerade lange genug, um die Grundbegriffe zu erlernen, und sich erst beim chinesischen Koch der Mayfields einige Fertigkeiten wie das Schnippeln von Gemüse angeeignet. »Ich war Haushälterin bei einer vornehmen Familie und hab öfter mal in der Küche mitgeholfen.«

»Machen Sie bei uns mit. Wir können noch Hilfe gebrauchen.«

»Danke für das Angebot, aber ich habe genug damit zu tun, meinen Bruder zu suchen. Ich muss ihn sobald wie möglich finden und werde ständig unterwegs sein. Da bleibt wenig Zeit für was anderes, schon gar nicht für die Arbeit in einem Lokal. Ich wäre doch von morgens bis abends im Einsatz.«

»Denken Sie in Ruhe darüber nach«, erwiderte Mary Beth. »Mag sein, dass Sie Glück haben und Ihr Bruder noch in Skagway festhängt, aber wenn er es bis Dawson geschafft hat, sind Sie echt gefordert. Wissen Sie, was die Hotels in Dawson kosten? Ein Laib Brot? Ein Teller Suppe? Ich hab's mir sagen lassen, ein Vermögen. Ohne ein paar hundert Dollar sind Sie in dem Nest bald am Ende.« Sie deutete auf den Rucksack. »Damit kommen Sie sowieso nicht weit. Was ist da drin? Ein paar Vorräte? Ihre Kleider? Nach viel Geld sehen Sie nicht aus. Was machen Sie dann? Sie könnten draufgehen, Schätzchen.«

Emma blickte die zukünftige Wirtin entsetzt an. Sie besaß nur noch etwas über dreihundert Dollar und weder Schmuck noch sonst etwas, was sich zu Geld machen ließ. Geschweige denn eine Schiffspassage für die Rückfahrt.

»Mal davon abgesehen, dass Sie es sowieso nicht bis Dawson schaffen würden«, fuhr Mary Beth fort. Anscheinend fand sie Gefallen daran, ihr die Wahrheit vor Augen zu führen. »In den Wäldern gibt es Wölfe und Bären, und wenn Sie über den Yukon wollen, brauchen Sie ein Boot. Die meisten Männer bauen sich eins am Seeufer und verlangen ein halbes Vermögen, wenn Sie mitfahren wollen. Oder wollen Sie nach Dawson schwimmen?«

Auch Emma hatte schon etliche Artikel über den Klondike gelesen, aber alle Warnungen verdrängt und keine Zeit gehabt, darüber nachzudenken, nachdem ihr Bruder verschwunden war. Wenn Foresters Männer ihn fanden, war er so gut wie tot, denn die Mühe, ihn den langen Weg nach San Francisco zurückzubringen, würden sie sich bestimmt nicht machen. Vielleicht hatten sie sogar den Auftrag, ihn in der Wildnis verschwinden zu lassen. An die Möglichkeit, die Polizei in San Francisco könnte die North West Mounted Police gebeten haben, ihn festzunehmen, wollte sie gar nicht denken. Sie musste ihn finden, egal, welche Hindernisse sich ihr in den Weg stellten. Sie durfte nicht zulassen, dass ihr Bruder für etwas starb, was er nicht getan hatte.

»So ein Angebot bekommen Sie nicht wieder«, insistierte Mary Beth. »Sie würden sich gut machen in unserem Lokal. Und Sie sehen gut genug aus, um Cherry beim Anwerben der Gäste zu helfen. Männer stehen auf hübsche Frauen, das wissen Sie doch. Und einsame Männer erst recht. Einige der Männer haben seit Monaten keine Frau mehr gehabt, die schätzen sich schon glücklich, wenn Sie ihnen ein Lächeln schenken. Die sagen bestimmt nicht nein, wenn Sie ihnen anbieten, noch einen Kaffee oder ein Stück Kuchen zu servieren. Und die fragen auch nicht nach dem Preis. Denken Sie an das viele Geld, das Sie bei uns verdienen können! Überlegen Sie in Ruhe!«

Emma verzichtete darauf, ihr eine Antwort zu geben, und verließ die Kabine. Sie brauchte dringend frische Luft, um sich auf andere Gedanken zu bringen, sonst hätte sie Mary Beth noch eine patzige Antwort gegeben. Sie war schließlich keine Animierdame, die männliche Kunden überredete, ihr schwer verdientes Geld auszugeben, und ihnen vielleicht noch ganz andere Dienste anzubieten, die ein Vielfaches von einer Restaurantzeche einbrachten. Denn darauf könnte Mary Beths Angebot hinauslaufen, falls es ihr nicht gelang, mit dem Lokal genug Geld zu verdienen. Ob Cherry damit rechnete?

An Deck war wenig los. Die meisten Passagiere hatten sich in ihre Kabinen oder auf das Unterdeck zurückgezogen, obwohl dort drangvolle Enge herrschen sollte. Immer noch besser, als auf dem Oberdeck zu stehen und sich den kühlen Wind um die Nase wehen zu lassen. Ihr kam er gerade recht. Nach den Aufregungen der letzten Tage tat es gut, sich an der Reling festzuhalten und auf das Meer hinauszublicken. So hatte sie es schon in San Francisco gehalten. Immer wenn sie Probleme beschäftigt hatten und sie etwas Ruhe brauchte, war sie zur Küste gelaufen und hatte zum Horizont geblickt. Das Meer hatte etwas Beruhigendes, es schien über die magische Kraft zu verfügen, ihre Gedanken zu reinigen und für etwas vollkommen Neues öffnen zu können.

Die beiden Betrunkenen entdeckte sie erst, als sie neben ihr auftauchten, einer links und einer rechts von ihr, und ihr die Schnapsfahnen ins Gesicht wehten. Der Ältere der beiden, ein blasser Mann in einer neuen Wolljacke, hielt eine Flasche in der Hand. Der andere, ein junger Bursche mit geröteten Augen, trug eine Wollmütze. Beide konnten sich kaum auf den Beinen halten.

»Einen … einen wunderschönen guten Tag«, stammelte der Ältere.

»Hallo Ma'am«, nuschelte der Jüngere.

»Lassen Sie mich bitte in Ruhe!«, erwiderte Emma bestimmt. Sie bekam es nicht zum ersten Mal mit aufdringlichen Verehrern zu tun und ließ sich nicht so schnell einschüchtern. »Ich bin an Deck gekommen, um allein zu sein.«

»Ich wollte … ich wollte Ihnen gerade einen … einen

Schluck von meinem Whiskey … anbieten …« Er hielt ihr die Flasche hin. »Trinken Sie mit uns!«

»Ja, Ma'am … trinken Sie mit uns!«, sagte der Jüngere.

»Ich denke nicht daran. Sie sind betrunken! Lassen Sie mich allein, oder ich melde Sie dem Captain, dann ist die Reise im nächsten Hafen für Sie zu Ende!«

»Wow! Sie sind aber streng!«, erwiderte der Ältere.

»Aber hübsch«, sagte der Jüngere.

Er wollte sie gerade an der Schulter berühren, als wütendes Knurren hinter ihnen ertönte. Wie aus dem Nichts tauchte der Husky auf und brachte ihn mit einem Biss in die Wade zur Räson. Der junge Mann schrie vor Schmerzen auf und wich humpelnd zurück, verlor das Gleichgewicht und stürzte zu Boden.

Der Husky wollte sich auf ihn stürzen, aber die Stimme eines Mannes hielt ihn zurück: »Zurück, Shasta! Ich glaube, er hat genug!« Zu den beiden Männern sagte er: »Und Sie verschwinden besser, bevor er sich anders überlegt.«

Der Ältere schien plötzlich nüchtern geworden zu sein und beeilte sich, seinem Freund aufzuhelfen. Ohne sich auf eine Diskussion einzulassen, verschwanden sie im Niedergang und stiegen ins Unterdeck hinab.

»Vielen Dank«, sagte sie. »Ich bin Emma Hansen.«

»Paul Corbett«, antwortete er.

Später würde sie behaupten, dass sie sich schon in diesem Augenblick in ihn verliebt hatte. Obwohl er sich alles andere als entgegenkommend benahm. Eher wie jemand, der mit anderen Menschen wenig zu tun haben und am liebsten allein gelassen werden will. Entsprechend mürrisch klang er, als er seinen Namen sagte. Nur die Höflichkeit verbot ihm, sich sofort wieder umzudrehen und zu verschwinden. Er war ein Einzelgänger, ein Fallensteller, vermutete sie, der die meiste Zeit des Jahres allein in den Bergen verbrachte.

Das verlegene Schweigen, das sich zwischen ihnen ausbreitete, durchbrach der Husky, indem er sich erneut an ihren Beinen rieb und schwanzwedelnd zu ihr emporblickte. Seine Augen leuchteten blau, selbst im fahlen Licht des bedeckten Himmels. Sie beugte sich zu ihm hinunter und kraulte sein Fell. »Das hast du gern, nicht wahr? Danke, dass du die beiden angeknurrt hast. So hat mich noch niemand verteidigt. Ich glaube, die haben jetzt genug.«

»Shasta mag Sie. So zutraulich ist er sonst nie«, sagte Paul.

»Shasta … ein schöner Name. Was bedeutet er?«

»Keine Ahnung«, erwiderte er. »So heißt ein Indianerstamm in Kalifornien, aber mit dem hat er nichts zu tun. Ich hab ihn einem *Tlingit* in Alaska abgekauft. Der hatte überhaupt keinen Namen für ihn. Shasta klang passend.«

»Ich glaube, er ist zufrieden damit. Stimmt's, Shasta?«

»Sieht so aus, als würde er Ihnen zustimmen«, sagte Paul.

»Seit wann gehört er Ihnen?«

»Er gehört mir nicht.«

Emma richtete sich auf und blickte ihn fragend an. »Aber Sie haben gesagt, Sie hätten ihn einem Indianer abgekauft. Oder habe ich mich verhört?«

»Ich habe für ihn bezahlt«, stellte er richtig, »aber gehören wird er mir wohl nie. Dazu ist er viel zu unabhängig. Er liebt seine Freiheit und würde sich mir niemals unterordnen. Sibirische Huskys sind keine zahmen Haustiere.«

»Er sieht stolz aus.«

»Er mag mich«, fuhr Paul fort, »und verbringt viel Zeit

mit mir. Wenn ich in Not wäre, würde er wahrscheinlich alles tun, um mich zu retten. Von anderen Menschen hält er sich fern. Ich wundere mich jetzt noch, warum er mit mir auf das Schiff gekommen ist. Wenn wir in Skagway oder Dawson sind, macht er sich meistens aus dem Staub. Er mag keine Menschen. So freundlich wie zu Ihnen war er noch zu keinem Zweibeiner. Sie müssen etwas ganz Besonderes sein, Miss. Haben Sie mit Hunden zu tun? Mit Huskys?«

»Nein, ich komme aus San Francisco. Da gibt's kaum Huskys.«

»Dort waren wir nur einen Tag. Er blieb nur bei mir, weil er wohl ahnte, dass wir am nächsten Morgen zurück nach Alaska fahren würden. Es war keine gute Idee, in die Staaten zu fahren. Gar keine gute Idee, das ist sicher.«

Sie wollte nicht unhöflich sein und verzichtete darauf, ihn nach dem Grund zu fragen. Stattdessen betrachtete sie ihn verstohlen. Er war ein beeindruckender Mann, das hatte sie längst bemerkt. Ungefähr einen Kopf größer als sie, breite Schultern, sehr muskulös, und die Haut in seinem Gesicht war verwittert wie bei vielen Menschen, die ihre meiste Zeit im Freien verbringen. Seine dunkelbraunen Augen schimmerten grün, als er den Kopf drehte und die Helligkeit auf ihn fiel, als würde sich ein Edelstein darin spiegeln. Er trug einen Mantel aus Waschbärenfellen und eine Wollmütze.

»Sie sehen wie ein Fallensteller aus«, sagte sie.

Er überlegte lange, ob er etwas erwidern sollte. »Viele Leute halten mich für einen Indianer«, sagte er dann, »wegen meiner schwarzen Haare und der dunklen Haut. Und wenn sie meine blauen Augen sehen, denken sie, ich wäre ein Halbblut. Dabei sind meine Eltern weiß. Meine Großmutter war Indianerin.« Er zögerte. »Ich lege Fallen aus, das stimmt. In den Ogilvie Mountains.«

»In Kanada?«

»Am Yukon River, östlich von Dawson City.«

»Da, wo sie das Gold gefunden haben?«

»Weit davon entfernt. Zu viele Menschen.«

»Ich war noch nie in Alaska und Kanada«, erwiderte sie. »Ich bin in San Francisco aufgewachsen und selten rausgekommen. Wohnen Sie schon immer in der Wildnis? Ist es Ihnen dort nicht zu einsam? Entschuldigen Sie, wenn ich frage. Ich möchte Ihnen auf keinen Fall zu nahetreten. Ich dachte nur … es interessiert mich eben, Paul. Ich darf doch Paul zu Ihnen sagen?«

Er ging nicht auf ihre Frage ein. »Minnesota, ich komme aus Minnesota. Aus dem Norden, an der Grenze nach Kanada. Ich habe lange bei den Indianern gewohnt. Nach Alaska hat's mich vor einigen Jahren verschlagen.« Er zögerte eine Weile und blickte Shasta nach, der sich von Emma gelöst hatte und mit hastigen Schritten hinter einigen Aufbauten verschwand, als hätte er es besonders eilig. Paul wandte sich ebenfalls von ihr ab. Ihre Anwesenheit schien ihm auf einmal unangenehm zu sein. »Ich muss jetzt gehen, Miss.«

Paul verließ sie genauso plötzlich wie sein Husky und ohne sich noch einmal nach ihr umzudrehen. Sie blickte ihm erstaunt nach und musste lächeln. Er war ein mürrischer Bursche und ein wenig verschroben, so wurde man wohl, wenn man die meiste Zeit allein in den Bergen verbrachte. Aber er sah verwegen aus, wie ein Mann, in dessen Armen eine Frau sich wohlfühlen konnte, und seine Stimme klang angenehm sanft und warm. Sie konnte ihn sich gut vorstellen, wie er auf einsamen Trails durch verschneite Täler zog, sich auf Schneeschuhen und mit seinem Hundeschlitten durch den Tiefschnee kämpfte und den Leithund seines Gespanns anfeuerte: »Vorwärts, Shasta!«

Sie hielt sich an der Reling fest und blickte wieder auf das Meer hinaus. Obwohl der Himmel grau und verhangen war und der kühle Nordwind aufgefrischt hatte, fror sie nicht. Der Gedanke an den Fallensteller erwärmte sie und gaukelte ihr Fantasien vor, die nichts mit ihrer Wirklichkeit zu tun hatten. Zwei Menschen in einer einsamen Blockhütte, im offenen Kamin ein knisterndes Feuer, auf dem Ofen eine Kanne mit heißem Tee, die Nähe eines Menschen, den man über alles liebte, seine warme Stimme, das grüne Funkeln in seinen Augen, die Grübchen neben seinen Mundwinkeln, wenn er lächelte oder sich über sie amüsierte. Umgeben von einer majestätischer Natur mit Bergen, Tälern und Flüssen, weit entfernt von menschlichen Siedlungen.

Ein Traum nur, der sofort platzte, als sich ihr Bruder in ihre Gedanken stahl. Was war bloß mit ihm los? Warum geriet er ständig in scheinbar ausweglose Situationen? Wie oft hatte sie Schuldeneintreiber überredet, ihm Aufschub zu geben? Wie oft hatte sie für ihn bezahlt? Als sie noch in der Villa ihrer Eltern gelebt hatten, war sie ihm bis in eine Opiumhöhle in Chinatown gefolgt und hatte ihn buchstäblich an Armen und Beinen ins Freie gezogen. Da passte es, dass er sich auch dann noch in Schwierigkeiten brachte, wenn er ausnahmsweise mal redliche Absichten hatte. Kaum hatte er sich wirklich in eine Frau verliebt, geriet er an eine skrupellose Lügnerin, die nicht davor zurückschrecken würde, ihn ins Gefängnis zu bringen. Obwohl sie zugeben musste, dass ihr Bruder sich nicht gerade wie ein Gentleman verhalten hatte.

Als es zu nieseln begann, kehrte Emma in ihre Kabine zurück. Mary Beth, Abigail und Cherry saßen auf ihren Pritschen und löffelten Eintopf aus ihrem Blechgeschirr. Auf dem Ofen kochte Tee. Mary Beth war gerade dabei, etwas Brandy in ihren Tee zu gießen. »Da sind Sie ja«, grüßte sie mit einem anzüglichen Grinsen, »das geht ja mächtig schnell bei Ihnen. Kaum sind Sie an Bord, haben Sie sich schon einen Kerl angelacht. Sie haben Talent, Emma.«

»Ich hab mir niemanden angelacht. Zwei Betrunkene wollten mich in die Enge treiben, und sein Husky ging dazwischen und biss einem der Männer in die Wade. Ich habe mich bei seinem Herrchen bedankt … mehr war nicht.«

»Ach ja?« Mary Beth grinste. »Das sah von hier aber anders aus. Wenn Sie mich fragen, waren Sie dem Kerl verdächtig nahe, und das verliebte Glänzen in Ihren großen braunen Augen hab ich bis hierher gesehen. Stimmt's nicht?«

»Und ob«, meldete sich Abigail. »So sehen Verliebte aus, ganz recht.«

»Und der Kerl, den Sie sich angelacht haben, machte die gleiche Miene«, sagte Mary Beth. »Der ist in Sie verschossen, Schätzchen, und Sie bräuchten wahrscheinlich nur mit den Fingern zu schnappen, um ihn in die Koje zu bekommen. Trotzdem sage ich: Lassen Sie die Finger von dem Burschen! So wie der aussieht, ist er ein Fallensteller. Der wohnt irgendwo in der Wildnis und lebt von der Hand in den Mund. Mit dem können Sie keinen Staat machen. Warten Sie, bis wir am Klondike sind, und suchen sich einen der glücklichen Burschen, die auf Gold gestoßen sind. Alles andere ist für die Füchse.«

»Wer sagt denn, dass ich einen Mann suche?«, fragte Emma.

»Jede Frau sucht einen Mann, glauben Sie mir, und jeder Kerl ist glücklich, wenn er ein hübsches Ding wie Cherry oder Sie findet. Nicht jede kann so viel Pech haben wie ich. Ich war auch mal hübsch, ob Sie's glauben oder nicht, und die Männer standen Schlange bei mir, aber gleich der Erste, den ich vor den Altar schleppte, starb an der Cholera, und der zweite wurde von einem Grizzly angefallen und war danach kaum noch zu erkennen. Und der dritte, nun ja, der betrog mich mit einer Kusine und konnte froh sein, dass ich nur eine Bratpfanne zur Hand hatte, als ich ihn erwischt hab. Keine Ahnung, wo er sich verkrochen hat. Wenn er schlau ist, tritt er mir nie mehr unter die Augen.« Sie lachte. »Ihre Chancen sind besser, das spüre ich. Lassen Sie den Waldschrat zurück in seine Wälder ziehen, und bleiben Sie bei uns! In unserem Lokal sind die Chancen, einen reichen Mann zu finden, am allerbesten.«

»Ich will keinen Mann«, erwiderte Emma. »Aber gegen einen Teller von Ihrem Eintopf hätte ich nichts einzuwenden. Haben Sie was für mich übrig?«

»Zwei Dollar«, verlangte Mary Beth und füllte einen Teller.

6

Die erste Nacht auf der *Humboldt* war eine einzige Qual. Mary Beth und Abigail schnarchten so aufdringlich, dass Emma sich die Ohren zuhalten musste, und als sie für einen Augenblick innehielten, fing Cherry an, im Schlaf zu reden und sich über einen aufdringlichen Liebhaber zu beschweren.

Emma hielt es nicht einmal bis Mitternacht aus. Genervt schlüpfte sie in ihren Mantel und ihre Stiefel und schlich aus der Kabine. Als zusätzlichen Schutz legte sie sich die Wolldecke, die auf der Pritsche gelegen hatte, über die Schultern. Die Nacht war kühl und ungemütlich. Es nieselte nicht mehr, aber der Wind hatte aufgefrischt und brachte kalte Luft aus dem Norden mit. Der Himmel war wolkenverhangen, und das einzige Licht kam von den hellen Fenstern auf der Brücke und den Öllampen, die jemand auf dem Oberdeck entzündet hatte. Die Maschinen stampften im gleichförmigen Rhythmus und so laut, dass man kaum noch das Rauschen des Meeres hörte.

Das Unterdeck musste überfüllt sein, sonst hätten sich bestimmt nicht so viele Männer im Freien niedergelegt. Sie lagen auf Decken, Fellen und zerfledderten Matratzen, und nur wenige hatten vorgesorgt und kleine Zelte aufgestellt, die notdürftig Schutz gegen den Wind boten. Einige schützten sich, indem sie hinter Aufbauten oder zwischen Kisten und Säcken lagerten.

Sie blieb an der Reling stehen und atmete die würzige Seeluft ein. Ein Arzt, der bei den Mayfields zu Besuch gewesen war, hatte behauptet, sie wäre der Gesundheit förderlich. Sie genoss sogar die eisige Gischt, die vom Wind über das Deck getrieben wurden. Der Captain hatte das Schiff auf das offene Meer gesteuert, um sicher vor den Felsen in Küstennähe zu sein. Die *Humboldt* lag wesentlich unruhiger im Wasser, schwankte in der unruhigen See und schien Mühe zu haben, auf Kurs zu bleiben. Ein paar Männer waren von dem Schaukeln aufgewacht und lehnten ächzend an der Reling, sie hielten sich mit beiden Händen fest und übergaben sich, bereuten wohl jetzt schon, die lange Reise angetreten zu haben. Emma machte die Schaukelei wenig aus. Ihr Vater hatte ein Segelboot besessen, und sie waren oft unterwegs gewesen.

Nach einer Weile fuhren sie an ein paar vorgelagerten Inseln vorbei, und der Seegang wurde ruhiger. Emma nützte die Zeit, um spazieren zu gehen und sich zu bewegen, zu unbequem war die bisherige Nacht auf der Pritsche gewesen. Sie stieg über einen Mann hinweg, der schnarchend auf einer Wolldecke lag, die leere Whiskeyflasche im Arm, und hielt sich am vorderen Mast fest. Alle Segel waren gerefft, die *Humboldt* verließ sich allein auf ihre Dampfkessel und durfte auch nicht zu schnell fahren, weil ungefähr doppelt so viele Passagiere an Bord waren, wie die Reederei erlaubt hatte.

Ein leises Jaulen ließ sie in das Halbdunkel am Bug blicken. Im schwachen Licht einer schaukelnden Positionslampe erkannte sie Shasta, der eingerollt neben seinem zweibeinigen Freund lag und sie gewittert haben musste.

Sie näherte sich ihm vorsichtig, ging in die Knie und tätschelte ihn. »Hallo, Shasta!«, begrüßte sie ihn leise. »Kannst du auch nicht schlafen? Zu wenig Auslauf, stimmt's? Tröste dich,

ich hab's auch nicht besser. In meiner Kabine ist es zwar mollig warm, aber die Damen schnarchen wie Maultiertreiber.«

Shasta leckte ihre Hand und blickte sie an. Sein Blick hatte etwas Treuherziges und Liebevolles, wirkte aber auch entschlossen und ließ erkennen, dass er gerne das Sagen hatte und nicht mit sich spaßen ließ. Er war ein Leader, ein geborener Anführer, der sich niemals an die Leine nehmen lassen würde.

Sie blickte auf Paul. Er lag angezogen auf Decken, seine Umhängetasche in Greifweite und die rechte Hand auf dem Kolben des Revolvers hinter seinem Gürtel. Seine Augen waren geschlossen. »Emma«, sagte er, ohne sie zu öffnen. »Was tun Sie denn hier? Hier draußen ist es mächtig kalt.«

»Das hab ich schon gemerkt«, sagte sie, »aber an Schlaf ist in der Kabine nicht zu denken. Die Frauen schnarchen so laut, dass ich mir die Ohren zuhalten muss. Wenn das so weitergeht, suche ich mir hier draußen einen Platz.«

Er öffnete die Augen und setzte sich auf. »Keine gute Idee«, erwiderte er. »In diesen Breiten geht es noch, aber weiter nördlich wird es bitterkalt, und wenn es dann noch regnet oder schneit, wird es ungemütlich. So ein Wetter ist nur was für Shasta.« Er blickte den Husky an. »Der hat ein dickes Fell.«

»Und Sie?«

»Ich bin einiges gewöhnt. Am Klondike wird's so kalt, dass sich manche Goldgräber den ganzen Winter in der Erde eingraben, weil sie sonst erfrieren würden. Ich kenne einen, der ein halbes Vermögen für drei Bärenfelle bezahlt hat, nur damit er sich zudecken konnte. Alle anderen hocken um ihre Kanonenöfen herum und warten darauf, dass wieder Frühling wird.« Er grinste beinahe schadenfroh. »Leider wissen viele nicht, dass unsere Winter neun Monate dauern. Du musst einige Jahre da oben wohnen, bis du dich daran gewöhnt hast.« Er stopfte sich eine kurzstielige Pfeife, riss ein Streichholz an und schützte die Flamme mit der anderen Hand. »Was führt Sie nach Alaska?«

»Ich suche meinen Bruder.«

»Ist er mit dem Familiensilber durchgebrannt?«

»So ähnlich«, wich sie aus. »Ich muss ihn unbedingt sprechen, sonst bekommt er großen Ärger.« Sie wollte ihm nicht mehr erzählen und beschäftigte sich mit dem Husky, kraulte ihn am Kinn und ließ sich die Hand ablecken. »Und Sie?«, fragte sie ihn nach einer Weile. »Warum haben Sie Ihre Berge verlassen? Haben Sie noch Verwandte in San Francisco?« Sie erkannte ihre Neugier und errötete. »Verzeihen Sie, ich wollte nicht aufdringlich werden.«

Er zog ein paarmal an seiner Pfeife. Seine plötzliche Offenheit war verflogen, und er gab sich wieder wortkarg und geheimnisvoll. Sein Besuch auf dem Festland schien unter keinem guten Stern gestanden zu haben. »Schon gut«, sagte er, »wenn Sie es unbedingt hören wollen? Ich war am Lake Ness in Minnesota … bei meinen Eltern. Ich hab sie ein paar Jahre nicht gesehen.«

»Sie haben sich bestimmt gefreut.«

»Sie wissen nicht, dass ich bei ihnen war«, gestand er. »Ich hab sie nur aus der Ferne beobachtet. Sie kamen aus der Kirche mit all den anderen Leuten, die ich von früher kannte, und ich wollte nicht … ach, was weiß ich. Ich hab mich nie besonders mit meinen Eltern verstanden und wollte keine alten Wunden aufreißen. Ich gehöre nicht nach Minnesota.

Dort hat man mich längst vergessen. Ich hätte gar nicht hinfahren sollen. War ein großer Fehler.«

Emma blickte ihn verwundert an. »Sie haben die lange Schiffsreise auf sich genommen und sind quer durch die Staaten gefahren, nur um Ihre Eltern aus der Ferne zu sehen? Das ist doch … warum haben Sie das getan, Paul?«

»Keine Ahnung. Ich hätte am Yukon bleiben sollen.«

Sie schwieg eine Weile. Ihr dämmerte, dass es noch einen anderen Grund für sein seltsames Verhalten geben musste, ein dunkles Geheimnis, das ihn daran hinderte, seinen Eltern unter die Augen zu treten. Darüber sprach man nicht mit einer Fremden, so wenig, wie sie über die Vergehen ihres Bruders berichtete. Ihn hatte es wahrscheinlich schon Überwindung gekostet, überhaupt darüber zu sprechen. »Tut mir leid«, sagte sie, »das tut mir sehr leid.«

Er klopfte den verbrannten Tabak aus seiner Pfeife und verstaute sie in seiner Manteltasche. Jede seiner Bewegungen wirkte bedächtig und überlegt, und ähnlich sorgfältig ging er auch mit seinen Worten um. »Sie sollten wieder in Ihre Kabine gehen, Emma. Es sieht nach Regen aus. Wenn Sie noch lange hier draußen bleiben, holen Sie sich eine Erkältung. Sie müssen schlafen.«

Sie richtete sich langsam auf. »Sie haben recht. Die Damen in meiner Kabine denken wahrscheinlich schon, ich wäre durchgebrannt und hätte mir einen Platz unter Deck gesucht. Soll ich Ihnen morgen früh heißen Tee bringen?« Sie erschrak selbst über ihren Mut, so ein Angebot auszusprechen. In den Kreisen ihrer Eltern hätte sie dafür missbilligende Blicke geerntet.

Er störte sich nicht daran. »Klingt gut. Ich habe Kekse und Pemmikan.«

»Pemmikan?«

»Getrocknetes Fleisch mit Beeren. Hab ich von den Indianern.«

»Dann sehen wir uns morgen.«

Sie errötete und beeilte sich, von dem Fallensteller wegzukommen. Sie wusste auch nicht, was mit ihr passiert war, aber ihm fühlte sie sich schon nach wenigen Begegnungen nahe, und ebenso vertraut war ihr sein Husky. Hatte Mary Beth etwa recht? Hatte sie sich in ihn verliebt? Ausgerechnet sie, die während der letzten Jahre stets Abstand zu den Männern gehalten hatte?

Auf dem Meer tauchten Lichter auf, und sie trat an die Reling, um nachzusehen, ob sie zu einem Schiff gehörten. Einige Augenblicke später fuhr ein Fischerboot in einiger Entfernung vorbei. Die beiden Männer an Deck sah sie nur schemenhaft. Sie winkte dennoch und fragte sich, warum Fischerboote meist in aller Herrgottsfrühe ausliefen? Gingen die Fische morgens wirklich leichter ins Netz? Oder konnten es die Männer nicht abwarten, wieder aufs Meer hinauszukommen? So wie Paul, der sich wahrscheinlich schon seit Tagen danach sehnte, in die Wildnis zurückzukehren. Männer wie er waren nicht dazu geschaffen, in Städten zu wohnen und irgendwo in einem Büro oder einer Werkstatt einem biederen Beruf nachzugehen. Sie wollten draußen sein und sich den Wind um die Nase wehen lassen.

Ein seltsames Geräusch drang an ihre Ohren. Zuerst hörte sie es kaum, weil die Männer, die einige Schritte von ihr entfernt lagen, laut schnarchten, doch als sie weiter ging, war deutlich heftiges Stöhnen zu hören. Es kam von den Kisten und Koffern, die im Heck des Schiffes gestapelt lagen. Sie ahnte nichts Gutes, folgte aber ihrer Neugier und blieb abrupt stehen, als sie das Ende der Aufbauten erreichte und einen Mann und eine Frau zwischen dem Gepäck ausmachte. Obwohl sie die beiden in dem Halbdunkel kaum erkannte, waren ihre Bewegungen und ihr mühsam unterdrücktes Stöhnen so eindeutig, dass es keiner Fantasie bedurfte, um zu erkennen, was sie trieben.

Emma hielt sich an einer Kiste fest und spürte, wie ihr das Blut ins Gesicht schoss. Die beiden schienen die Welt um sich herum vollkommen vergessen zu haben und liebten sich so ungehemmt wie zwei Tiere. Sie war auf seltsame Weise so fasziniert von dem Anblick des stöhnenden Paares, dass sie weder schrie noch sonst etwas von sich gab und wie gebannt stehen blieb, bis die beiden voneinander abließen, der Mann seine Hose hochzog und die Frau ihren Rock nach unten schob. Der Mann zündete sich eine Zigarette an, und sie sah im flackernden Feuerschein, wer die junge Frau war.

»Cherry!«, flüsterte sie entsetzt. Sie war doch höchstens fünfzehn!

Aber es kam noch schlimmer. Sie wollte gerade aufstehen, als der Mann in seine Tasche griff und ihr eine Münze in die Hand drückte. »So gefällst du mir, Kleines«, sagte er. »Wenn du willst, treiben wir es morgen wieder. Sorg dafür, dass wir in die Kabine können, dann zahl ich das Doppelte.«

»Das geht nicht«, erwiderte sie leise.

»Wieso nicht? Hast du Angst vor deiner Mama?«

»Vor meiner Mutter und meiner Großmutter.«

Der Mann lachte abfällig. »Die wissen wohl nicht, was du nachts treibst. Wen die wüssten, was du mit mir anstellst, würden sie dir einen Kranz flechten. Du bist die Beste, Kindchen, so wild geht nicht mal Chen Lu in Chinatown ran, und sie war die beste Nutte, mit der ich es jemals treiben durfte.«

»Morgen Nacht«, sagte sie nur und huschte davon.

Emma stahl sich ebenfalls davon und wartete geduldig an der Reling, bis Cherry in der Kabine verschwunden war. Als der Mann an ihr vorbeiging und ihr einen neugierigen Blick zuwarf, gab sie vor, ihn nicht zu beachten, und blickte aufs Meer hinaus. Über dem Wasser schwebten düstere Nebelfetzen.

»Wo kommst du denn her?«, hörte sie eine verschlafene Stimme.

»Das geht dich nichts an. Schlaf weiter!«

»Sag bloß, du hast dir eine von den Frauen geschnappt!«

»Nicht dein Bier, Buddy.«

»Und ob es mein Bier ist«, regte sich der andere Mann auf. Er war plötzlich hellwach. »Wir brauchen das Geld für die Ausrüstung! Du hast doch gelesen, wie viel das Zeug kostet! Verprass das Geld nicht mit deinen Nutten!«

»Ich brauch das ab und zu.«

»Und deine Frau?«

»Die hockt in Nebraska.«

Emma hatte keine Lust, sich die hässlichen Worte noch länger anzuhören, wollte aber auch nicht in die Kabine kommen, wenn sich Cherry noch auszog, und wartete ein paar Minuten, bis sie sich auf den Weg machte. Ihr war übel. Die Bilder des liebenden Paares gingen ihr nicht aus dem Kopf, und sie wäre am liebsten umgedreht, als ihr klar wurde, dass die Frauen, deren Kabine sie teilte, nicht nur mit einem Lokal reich werden wollten. Die hübsche Cherry, wie jung sie auch sein mochte, kannte noch eine bessere Methode, ihre

Kasse aufzubessern. Darauf hätte sie auch früher kommen können. Mit dem Hunger nach Liebe ließen sich noch bessere Geschäfte als in einem Lokal machen.

Emma öffnete vorsichtig die Tür und huschte in die Kabine. Im Dunkeln zog sie ihren Mantel und die Stiefel aus und rollte sich in ihre Decken. Erst jetzt in der beheizten Kabine merkte sie, wie kalt es draußen war. Doch ihre Hoffnung, ihr Ausflug könnte unentdeckt bleiben, erwies sich als trügerisch.

Mary Beths Schnarchen verstummte. »Wie viel?«, fragte sie.

»Fünf Dollar«, antwortete Cherry.

»Das ist viel. In San Francisco waren es zwei.«

»Morgen kriege ich zehn.«

Eine Weile war Stille, und Emma wartete bereits darauf, das vertraute Schnarchen zu hören, als Mary Beth fragte: »Sie waren lange weg, Emma. Sagen Sie bloß, Sie haben es auch getrieben. Waren Sie bei Ihrem Freund?«

»Ich hab keinen Freund.«

»Der Fallensteller. Sie sind doch nicht schwach geworden?«

»Ich brauchte nur etwas frische Luft. Hier stinkt's wie in einem Löwenkäfig, und Ihr Schnarchen ist auch nur schwer zu ertragen. Ist das immer so?«

»Keine Ahnung. Ich hab mich nie schnarchen gehört.«

»Wenn's so wäre, wüssten Sie, warum ich draußen war.«

»Sie haben Cherry gesehen, was? Wie sie … na, Sie wissen schon.«

»Wie kommen Sie denn darauf?«

»Das höre ich doch an Ihrer Stimme, Schätzchen.« Mary Beth amüsierte sich anscheinend über sie. »Sie sind ein braves Mädchen. Spielen das Hausmütterchen für irgendwelche reichen Leute, halten sich von bösen Buben fern und würden sich wahrscheinlich zu Tode erschrecken, wenn Sie jemand ordentlich rannimmt. Und das mit diesem Engelsgesicht! Haben Sie denn noch nicht gemerkt, wie sehr die Männer auf so was stehen? Sie könnten ein Vermögen machen, wenn Sie nur lockerer und nicht so verdammt prüde wären.«

Emma war entsetzt. »Ich bin doch kein …«

»… leichtes Mädchen?« Mary Beth lachte. »Andere Frauen lassen sich zum Essen einladen oder ein Leben lang aushalten. Wo ziehen Sie da die Grenze, Schätzchen? Ich sage nur, es muss nicht immer die große Liebe sein, wenn sich zwei Menschen näherkommen. Denken Sie darüber nach, meine Liebe.«

»Cherry ist doch höchstens fünfzehn.«

»Gerade fünfzehn geworden, aber was macht das für einen Unterschied? Bei ihr ist alles so, wie es bei einer Frau sein soll, und im Umgang mit Männern ist sie einfach unschlagbar. Wenn sie was von ihr wollen, sollen sie auch dafür bezahlen. Meine Tochter, meine Enkelin und ich haben oft genug was von Männern einstecken müssen, da ist es nur recht und billig, dass wir den Spieß umdrehen, in der Liebe und in unserem Lokal, so viel ist mal sicher.«

»Ohne mich!«, entschied Emma.

»Niemand sagt, dass Sie vögeln sollen.«

»Gute Nacht, Mary Beth.«

»Gute Nacht, Schätzchen.«

Emma drehte sich um und war schon eingeschlafen, als Mary Beth die Decken bis zum Kinn hochzog und lachend die Augen schloss. »Sie werden es auch noch lernen, Schätzchen«, sagte sie, aber das hörte Emma nicht mehr.

7

Mary Beth und Abigail grinsten über das ganze Gesicht, als Emma ihnen am nächsten Morgen mitteilte, dass sie woanders frühstücken würde, und einen Topf mit kochendem Wasser vom Ofen nahm. Cherry war noch zu müde und lag gähnend auf ihrer Pritsche. »Sieh einer an«, lästerte Mary Beth. Immer wenn sie grinste, bildeten sich tiefe Falten um ihre Mundwinkel. »Unsere Lady frühstückt auswärts. Dreimal dürft ihr raten, wohin sie geht.«

»Zu dem Waldschrat im Pelzmantel?«, fragte Abigail. Sie schien etwas zurückgeblieben und sprach nur selten. »Das ging aber schnell, Mary Beth!«

Mary Beths Grinsen verstärkte sich. »Solange sie sich nicht in den Kerl verliebt, ist alles gut. Für ein kleines Abenteuer an Bord taugt er allemal, aber dann würde ich ihn ziehen lassen und mir einen reichen Goldgräber suchen. Einen, der mit vollen Taschen vom Klondike kommt und mich mit Gold und Edelsteinen überschüttet. Wäre ich doch nur dreißig Jahre jünger, dann hätte ich selbst auf die Pirsch gehen können, dann wären wir als stinkreiche Ladys nach Hause gekommen, so hab ich nur dich, Cherry.« Sie verfolgte Emma mit ihren Blicken bis zur Tür. »Überlegen Sie sich's nochmal, Emma. Sie brauchen nicht aufs Ganze zu gehen. Ein kleiner Flirt tut's auch schon. Wenn die Männer erst mal am Haken hängen, trennen sie sich auch von ihrem Gold.«

»Ich hab andere Pläne«, erwiderte Emma.

Wie diese Pläne aussahen, hätte sie nicht genau sagen können.

Sie musste ihren Bruder finden, ihn vor den beiden Killern verstecken, die sicher bald auftauchen würden, und dafür sorgen, dass sie unverrichteter Dinge wieder nach San Francisco zurückkehrten. Wenn sie Glück hatten, sagte Albert Hunnicut vor Gericht aus, und es meldeten sich vielleicht noch andere Männer, die von Florence Forester hereingelegt worden waren. War ihr Ruf erst mal ruiniert, würde sie vielleicht zusammenbrechen und die Wahrheit sagen. Es war nur eine vage Hoffnung, das wusste sie auch. Viel wahrscheinlicher war, dass Willie gezwungen war, länger in Alaska oder Kanada zu bleiben, denn selbst, wenn Florence weich wurde, musste er sich immer noch für den Diebstahl im Hafen verantworten. Ein paar Jahre Gefängnis waren ihm auf jeden Fall sicher.

Sie hatte keine Ahnung, wie sie vorgehen sollte. Zuerst einmal galt es, ihren Bruder zu finden. Wenn sie nur daran dachte, welche Mühen damit verbunden sein könnten, wurde ihr flau im Magen. In den Unterhaltungen, die sie an Deck mitbekommen hatte, war oftmals vom Chilkoot Pass die Rede, dem steilen Pfad und den ins Eis geschlagenen Treppen, über die man sich bis zum Pass hochquälen musste, wenn man den Yukon River erreichen wollte. Nahm ihr Bruder diese gefährliche Herausforderung an, um die Grenze nach Kanada zu überqueren und dort sicherer zu sein? War er überhaupt in der Lage dazu? Und was würde sie tun, wenn sie zu dem Marsch gezwungen war?

Irgendwann in nächster Zukunft musste sie sich etwas einfallen lassen. Für ihr weiteres Vorgehen, wenn sie in Skagway an Land gegangen war, und für ihr Verhalten gegenüber Paul. Sie gehörte nicht zu den Frauen, die sich in der

Gegenwart eines eher zurückhaltenden Mannes kokett gaben und mit ihm spielten, zufrieden damit zu sein, sich mit einem Mann zu vergnügen, wie es wohl Mary Beth getan hatte, als sie noch jünger gewesen war. Sie würde sich niemals wegen des Geldes an einen Mann heranmachen. Was immer sie mit dem Fallensteller verband, hatte sich so ergeben. Sie wusste selbst nicht, was sie davon halten sollte, spürte nur diese seltsame Beschwingtheit, als sie sich seinem Lagerplatz näherte und schon aus der Ferne sein Strahlen bemerkte.

»Sie kommen wirklich«, wunderte er sich. »Ich dachte, das hätten Sie nur so dahingesagt, und ich müsste mir das heiße Wasser im Maschinenraum besorgen.« Er bemerkte ihren suchenden Blick. »Shasta ist unterwegs, sich sein Fressen besorgen. In der Mannschaftsküche haben sie jede Menge Abfälle.«

Sie schüttete etwas von dem Tee, den Paul in einem Beutel mit sich führte, in die Kanne und stellte sie auf den Boden. Nicht gerade die Methode, die der chinesische Koch in der Villa der Mayfields bevorzugt hätte, und auch nicht die kostbaren Teeblätter, die er aus China bezog. Nachdem der Tee durchgezogen war, teilten sie sich den Becher, den er in seiner Umhängetasche mitführte. Sogar Zucker hatte er dabei. Das versprochene Pemmikan, eine Art Dauerwurst, legte er auf die Kekse, die er in San Francisco gekauft hatte.

»So ein gutes Frühstück hatte ich schon lange nicht mehr«, freute sie sich. Das war natürlich gelogen, denn Tee und die Kekse mit dem Pemmikan waren nicht gerade das, was sie in dem Frühstückslokal an der Market Street bekommen hatte. Aber sie hatte sich schon lange nicht mehr so wohlgefühlt, auch wenn der Wind aus dem Norden leichten Schneeregen mitbrachte und es an diesem Morgen empfindlich kalt war. »Pemmikan hatte ich noch nie.«

»Ohne Pemmikan ging kein Indianer auf einen längeren Ritt.«

»Haben Sie bei den Indianern gelebt?«, fragte sie.

Er trank einen Schluck von dem Tee und schien eine Weile überlegen zu müssen. »Drei Jahre, bei den Anishinabe, dem Stamm meiner Großmutter. Bei den Weißen heißen sie Ojibway. Ihr Dorf lag nur ein paar Meilen von unserer Farm entfernt. Ich habe viel von ihnen gelernt, nicht nur Bogenschießen, Spurenlesen und solche Dinge. Sie sehen das Leben anders. Alles ist lebendig und hat eine Seele, sagen sie, auch Tiere und Pflanzen, sogar Steine am Wegesrand. Sie würden niemals die Erde aufreißen, um dort nach Gold zu suchen. Manchmal denke ich, wir sind den Indianern nicht so überlegen, wie wir immer tun. Wir sind zahlreicher und haben die besseren Waffen, das ist alles.«

Darüber hatte Emma nie nachgedacht. Sie hatte noch nicht mit Indianern zu tun gehabt, kannte sie nur von Bildern und aus Geschichten. Vor ein paar Jahren hatte man ihr von Geronimo erzählt, einem Anführer der Apachen, der sich erst nach einem langen Kampf der Armee ergeben hatte. Inzwischen lebte er mit vielen anderen Indianern in einem Reservat im Oklahoma-Territorium. »Waren Sie gern bei den Indianern? Hatten Sie denn nie Heimweh?«

Er reichte ihr den Becher weiter und aß von dem Pemmikan. Während er kaute, überlegte er. Er antwortete nie spontan, überlegte jedes Mal lange, als hätte er Angst, ein Geheimnis auszuplaudern. »Mir ging es gut bei den Anishinabe«, sagte er.

»Mein Großvater, ein weißer Missionar, war an der Cholera gestorben, und meine Großmutter hat einen *Mide* geheiratet, einen heiligen Mann, der zwischen den Geistern und den Menschen vermittelt. Die meisten Leute, denen ich davon erzählt habe, halten das für heidnischen Unsinn, aber ich sehe das anders. Es gibt viel zwischen Himmel und Erde, das wir nicht verstehen.«

Shasta kehrte von seinem Erkundungsgang zurück und schien sich zu freuen, sie zu sehen. Seine Augen strahlten, auch wenn das nur an der Positionslampe liegen konnte, deren Licht sich darin spiegelte. Mit einem leisen Jaulen, bei ihm eher ein Ausdruck der Freude, begrüßte er sie und streifte sie mit seinem Körper, als er auf seinen Platz zurückkehrte. Sie konnte nicht anders, sie musste ihn liebevoll tätscheln und ihm ein Kompliment ins Ohr flüstern.

Während der folgenden Tage wurde das gemeinsame Frühstück mit Paul zu einer lieben Gewohnheit. Er teilte seine Vorräte mit ihr, und sie brachte das heiße Wasser und spendierte die Schokolade, die sie in ihrer Umhängetasche gefunden hatte. Sie hatte die Tafel vor einigen Tagen gekauft und vollkommen vergessen. Sie blieb immer länger bei ihm, genoss den würzigen Duft des Tabaks, wenn er seine Pfeife rauchte, und auch er wurde bald so mit ihr vertraut, dass er kaum noch zögerte, bevor er eine Antwort gab. Doch das Geheimnis, das ihn und seine Familie zu umgeben schien, verriet er nicht.

Vor der kanadischen Küste wurde die Fahrt noch ruhiger. Die vorgelagerten Inseln, nicht nur die legendären Queen Charlottes, hielten die starken Wellen ab und waren manchmal so nahe, dass sie glaubte, nach den Bäumen am Ufer greifen zu können. Das Wetter hatte sich verschlechtert. Die Morgen waren kühl und windig, und Emma hätte wahrscheinlich besser daran getan, in der warmen Kabine zu bleiben, wollte aber auf die Treffen mit Paul nicht verzichten. Was sie mit ihm verband, und warum sie plötzlich so vertraut miteinander waren, ohne ihre letzten Geheimnisse zu enthüllen, wusste sie nicht. Genauso wenig ahnte sie, warum Shasta sich von ihr streicheln ließ und andere Passagiere feindselig anknurrte, wenn sie nur in seine Nähe kamen.

In Port Essington, einer kanadischen Küstenstadt, die im Vergleich zu San Francisco wie ein armseliges Dorf wirkte, legte die *Humboldt* an, um Brennholz und Vorräte zu laden. Vor der Küste waren die Kanäle zwischen den Inseln kaum breiter als ein Fluss und verlangtem dem Steuermann alles ab. Nur weil der Dampfer einen geringen Tiefgang hatte, gelang es ihm, an dem weit in den Skeena River ragenden Anlegesteg festzumachen. Mit dem Nebelhorn begrüßte der Captain die Bewohner, die wie bei jeder Ankunft eines Schiffes neugierig in den Hafen strömten. In der Stadt gab es wenig Abwechslung.

Zwei Stunden würden sie in Port Essington bleiben, verkündete der Maat durch sein Sprachrohr, Zeit genug für Emma, ihren Rucksack mit Vorräten für die Weiterreise zu füllen. Während die meisten Männer die Saloons stürmten und sich schales Bier und überteuerten Whiskey und Brandy gönnten, zog es sie in den Handelsposten am westlichen Ende der Stadt. Sie ging allein, hatte vergeblich nach Paul gesucht und Mary Beth, Abigail und Cherry bereits auf der Gangway aus den Augen verloren. Schon in der Kabine hatten sie darüber gesprochen, wie sehr sich die Männer in Port

Essington nach einer weißen Frau sehnten. Es gab vor allem Indianerinnen in der Stadt und doppelt so viele Männer, die vor allem in den Konservenfabriken arbeiteten.

Die Häuser standen dicht nebeneinander, und auf den hölzernen Gehsteigen drängten sich die Menschen. Als weiße Frau, die noch dazu einen modischen Strohhut trug, erregte sie einiges Aufsehen bei den Männern, die zu dieser Zeit nicht arbeiteten und in kleinen Gruppen vor den Türen standen. Sie kümmerte sich nicht um die neugierigen Blicke, war aber froh, als sie den Handelsposten erreichte und von der Straße kam. Im Laden blieb sie abwartend stehen.

Mit einem Laden in San Francisco hatte er nur wenig gemein. Der Verkaufsraum in dem zweistöckigen Blockhaus war bis in den letzten Winkel vollgepackt mit Waren, vor allem Ausrüstung und Kleidung, aber auch Lebensmitteln wie Mehl, Kaffee, Tee, Zucker und Konserven. Hinter dem langen Tresen vor der Treppe in den ersten Stock, die in die Privaträume der Besitzer führte, erschien ein beleibter Mann in einer grünen Schürze. Mit seinem eingefrorenen Lächeln war er der geborene Verkäufer. »Willkommen in Joe und Sarah Keeler's Trading Post!«, begrüßte er sie mit der Freundlichkeit eines Mannes, der auf einen guten Umsatz hofft. »Womit kann ich dienen?«

Emma hatte auf dem Schiff eine Liste angefertigt, erkundigte sich aber vorher nach den Preisen und strich einige Artikel, bevor sie dem Händler ihre Wünsche nannte. Ein Brot, eine Packung Tee, ein paar Konserven, darunter eine Dose Pfirsiche, etwas Zucker, eine Dose Kondensmilch, eine Tafel Schokolade und Tabak für Paul sowie einen Teil der Ausrüstung, die sie in Skagway brauchen würde, vor allem festere und bequemere Stiefel, eine gefütterte Jacke, wie sie viele Männer trugen und eine Pelzmütze, die sie nicht wie eine verirrte Städterin aussehen ließ. Den Rest würde sie in Skagway besorgen, in der Hoffnung, dass die Preise dort einigermaßen erträglich waren.

Inzwischen ahnte sie, dass sie länger im Norden bleiben würde. Ein Gedanke, der sie erschreckte, aber wenn ihr Bruder nicht in Skagway war, blieb ihr gar nichts anderes übrig, als ihm zu folgen, so sehr sie sich auch danach sehnte, nach San Francisco zurückzukehren. Es dauerte sicher einige Zeit, bis sie Willie aufgespürt hatte, und sie war vielleicht sogar gezwungen, mit den Goldsuchern bis zum Klondike zu ziehen.

Emma hatte ihre Einkäufe bereits im Rucksack verstaut und war gerade dabei, ihre neue Jacke anzuziehen, als vor dem Laden wütende Stimmen laut wurden. Sie bezahlte die unverschämte Summe, die der Händler forderte, auch wenn er immer noch freundlich lächelte, und hängte sich den Rucksack über die Schultern, wollte sich rasch davonmachen, als sie Paul in der aufgebrachten Menge sah. Sie bahnte sich einen Weg durch die schaulustigen Männer und sah, wie sich einer der Goldsucher, die sie an Bord des Schiffes gesehen hatte, einem verängstigten Chinesen näherte. Er hielt einen Knüppel in der Hand und sah so aus, als hätte er keine Hemmungen, ihn zu benutzen.

»Rück den Beutel raus!«, rief der Goldsucher. Auf seiner Stirn hatten sich dicke Zornesadern gebildet. »Her mit dem Geld, oder ich schlag dich tot!«

Der Chinese war verzweifelt. »Ich hab es nicht genommen!«

»Das kannst du den Unsterblichen erzählen, oder wie immer ihr eure Götter sonst noch nennt. Wer soll den Beutel denn sonst genommen haben?« Er rückte näher an den Chinesen ran. »Oder soll ich dir erst eine überziehen?«

Unter den Schaulustigen machte sich Häme breit. »Nun schlag schon zu!«, rief jemand, und ein anderer: »Wird höchste Zeit, dass diesen Chinks mal jemand sagt, wo es langgeht. Die haben sich viel zu breitgemacht bei uns!«

»Ja, schlag ihn tot! Mach schon, Mann!«

Emma stieß einen verzweifelten Schrei aus, als der Goldsucher mit seinem Knüppel ausholte und den hilflosen Chinesen erschlagen hätte, wäre Paul nicht rechtzeitig zur Stelle gewesen und hätte ihn daran gehindert. Er schlug ihm den Knüppel aus der Hand und packte ihn am Kragen. »Auch wenn's ein Chinese ist«, fuhr Paul ihn an, »wenn du ihn erschlägst, bist du ein Mörder.«

»Was geht's dich an? Was hast du mit den Chinks zu schaffen?«

»Gar nichts«, räumte Paul ein, »aber ich kann's nicht leiden, wenn man einen Unschuldigen bestraft. Der Chinese hat deinen Beutel nicht genommen.«

»Und woher willst du das wissen?«

»Weil ich gesehen habe, wie ihn der Junge vom Boden aufgehoben hat.« Er deutete auf einen ungefähr zehnjährigen Jungen, der in einiger Entfernung an einer Hauswand lehnte und neugierig in den Beutel sah. »Du hast ihn fallen lassen und kannst froh sein, dass ihn der Junge gefunden hat. Ein anderer hätte ihn eingesteckt und wäre verschwunden. Wenn ich du wäre, würde ich mich bei dem Chinesen entschuldigen und dem Jungen einen Finderlohn geben, und dann würde ich mich aufs Schiff verziehen und die Klappe halten.«

Der Goldsucher lachte spöttisch. »Du hast eine verdammt große Klappe, weißt du das? Kommst hierher und spielst den Moralapostel, als gäbe es nichts Wichtigeres, als diesen Chink zu beschützen. Hast du auch einen in der Familie?« Er blickte seine Kumpane beifallheischend an. »Wer sagt dir denn, dass wir einen Chinesenfreund wie dich nicht teeren und federn und an den nächsten Baum hängen? Hier gibt's keine Polizei, hab ich mir sagen lassen, hier regeln sie ihre Streitigkeiten selber. Na, immer noch das große Maul?«

Als hätte er auf sein Stichwort gewartet, tauchte plötzlich Shasta auf und knurrte so bösartig wie ein aufgebrachter Wolf. Er hatte seine Reißzähne entblößt und ließ keinen Zweifel daran, dass er sie auch benutzen würde. In geduckter Haltung blieb er stehen, wie eine Raubkatze, die zum Sprung ansetzt.

Der Goldsucher wollte sich nach seinem Knüppel bücken.

»Das würde ich hübsch bleiben lassen«, sagte Paul. »Shasta kann es gar nicht leiden, wenn jemand mit einer Waffe auf ihn losgeht. Er ist ein streitbarer Bursche, weißt du? Es sei denn, du hast die Absicht, mit durchgebissener Kehle im Dreck zu landen. In dieser Hinsicht versteht Shasta keinen Spaß.«

»Schon gut. Pfeif deinen Köter zurück.«

»Nicht nötig«, sagte Paul. »Shasta weiß selbst, was er zu tun und zu lassen hat. Ich denke, wir verstehen uns jetzt. Willst du dein Geld wiederhaben?«

»Ja, Mann! Gib schon her!«

Paul winkte den Jungen heran. Er bedankte sich bei ihm,

nahm den Beutel und reichte ihn dem Goldsucher. »Man hat dich nicht bestohlen. Du hast ihn fallen lassen. Sehr leichtsinnig von dir, dein Geld so rumzutragen. Die Chinesen können nichts dafür, wenn du nicht auf dein Zeug aufpasst.« Er warf ihm den Beutel zu und blickte ihn abwartend an. »Was ist mit dem Trinkgeld?«

Der Goldsucher zog widerwillig eine Münze aus dem Beutel und gab sie dem Jungen. Der zog freudestrahlend davon. »Wäre nicht das erste Mal, dass ein verdammter Chink einen Weißen beklaut«, kartete der Goldsucher nach. »Ich wohne in der Nähe von Chinatown, ich weiß, wovon ich rede. Wir haben viel zu viele von den Schlitzaugen in San Francisco, und hier scheint's nicht anders zu sein. Chinks und Indianer, wenn das so weitergeht, haben wir Weißen hier kaum noch was zu sagen.« Er funkelte den Chinesen an. »Mach, dass du wegkommst, oder ich zieh dir doch noch eine über! Du kannst dich bei diesem Waldläufer bedanken, sonst lägst du längst in einem Abfalleimer.«

Der Chinese hastete davon und wurde von seinen Landsleuten in Empfang genommen, die ihn sofort in eines der Häuser drängten. Nur weg von der Straße und den feindseligen Männern. Anscheinend hatten die Chinesen eine Heidenangst vor den Weißen, auch wenn sie in Port Essington sehr zahlreich vertreten waren. Normalerweise ging man sich aus dem Weg.

Emma atmete erleichtert auf. Sie war in einer behüteten Umgebung aufgewachsen und konnte Gewalt nicht ausstehen. Sie würde sich wohl noch an einiges gewöhnen müssen, wenn sie ihrem Bruder bis zum Klondike folgte. In einer Goldgräbersiedlung ging es sicher rau zu, und man musste einiges ertragen, wenn man dort überleben wollte. Oder man hatte einen vierbeinigen Freund wie Shasta, der sich immer in der Nähe aufhielt und einen entschlossen verteidigte, wenn man mal in ernsthafte Bedrängnis geriet.

Sie ging zu Paul, der sie gar nicht bemerkt hatte und verlegen lächelte, als er sie kommen sah. »Das haben Sie gut gemacht, Paul!«, sagte sie. »Ich weiß nicht, wie der Streit ausgegangen wäre, wenn Sie sich nicht eingemischt hätten.« Sie suchte nach dem Husky, fand ihn aber nicht. »Und Shasta natürlich.«

»Er ist ein guter Hund. Was haben Sie da alles in Ihrem Rucksack?«

»Unser Frühstück«, antwortete sie lächelnd, »und ein paar andere Sachen, die ich in der Eile nicht mitnehmen konnte.« Sie griff in eine Seitentasche des Rucksacks und zog den Tabak hervor. »Und das hier. Als kleines Dankeschön dafür, dass Sie mich vor dem Ruin gerettet haben. Bei Mary Beth und ihrer Verwandtschaft hätte ich mindestens fünf Dollar für ein Frühstück bezahlt.«

Paul nahm den Tabak und starrte ihn an. »Vielen Dank, Emma.«

8

Emma stand an der Reling, als die *Humboldt* den Hafen verließ und sich mit einem zweimaligen Tuten der Dampfpfeife von der Stadt verabschiedete. Nur langsam, um in den schmalen Kanälen zwischen den vorgelagerten Inseln nicht vom Kurs abzukommen, lenkte der Kapitän das Schiff in sichere Gewässer hinaus. Möwen begleiteten es, bis die Stadt nicht mehr zu sehen war, ließen sich dann fallen und kehrten zu ihren Beutegründen im Hafen zurück. Eine Schar Delfine löste sie ab und schwamm mit der *Humboldt* nach Norden.

Nach Paul und seinem Husky hielt Emma vergeblich Ausschau. An ihrem Stammplatz an der Reling waren sie nicht, dort lagen nur noch die Decken, in die Paul sich nachts gerollt hatte. Sie suchte das ganze Deck nach ihnen ab, sah auch zwischen der Fracht auf dem Achterdeck nach, stieß dort nur auf einige junge Männer, die Karten spielten und sie in ein Gespräch verwickeln wollten. Sie ließ sich nicht darauf ein und kehrte an die Reling zurück. Sie redete sich ein, dass sie aufs Unterdeck gezogen waren, denn wo sollten sie sonst sein, aber ihre Unruhe blieb, und ihr stiegen sogar Tränen in die Augen.

Gegenüber Mary Beth ließ sie sich nichts anmerken. Ihren Spott würde sie noch früh genug ertragen müssen, falls Paul tatsächlich nichts mehr mit ihr zu tun haben wollte. Aber warum sollte er eine Beziehung abbrechen, bevor sie richtig begonnen hatte? Hatte er ihr nicht allein durch seine Blicke und seine Gesten bedeutet, dass sie ihm nicht gleichgültig war?

Auch um lästigen Fragen auszuweichen, verbrachte sie den halben Abend auf Deck, ließ sich den frischen Wind ins Gesicht wehen, ungeachtet der Kälte, die er aus dem Hohen Norden mitbrachte. Ihre neue Jacke und die Fellmütze schützten sie perfekt.

An diesem Abend brauchte sie die beruhigende Wirkung des Meeres, nicht nur, weil Paul und Shasta verschwunden waren. Die Auseinandersetzung mit dem Chinesen war ihr stärker an die Nieren gegangen, als sie angenommen hatte. Sie mochte gar nicht daran denken, was geschehen wäre, wenn der Goldsucher mit seinem Knüppel zugeschlagen hätte. Sie hätte sich eine Mitschuld an seiner Verletzung oder seinem Tod gegeben, obwohl sie nicht die geringste Chance gehabt hätte, den Mann daran zu hindern. Sie hatte weder etwas gegen Chinesen noch gegen Indianer. Mit dem chinesischen Koch bei den Mayfields war sie bestens ausgekommen. Wie die meisten Asiaten war er sehr freundlich und zurückhaltend gewesen. Wenn ihre Herrschaften etwas Exotisches essen wollten, war sie mit ihm nach Chinatown gefahren und hatte dort bei seinen Verwandten eingekauft, alle waren sie nett und zuvorkommend.

Sie stützte sich auf die Reling. Die Wolken waren abgezogen, und der volle Mond stand am Himmel und spiegelte sich als heller Fleck im dunklen Wasser. Der Wind ließ ihn auf den Wellen schaukeln. Das Meer dehnte sich bis zum fernen Horizont aus, eine scheinbar endlose Wasserwüste, die sich in der Dunkelheit verlor. In ihrer Nähe schnarchten Goldsucher in ihren Zelten und Decken, nur übertönt vom Stampfen der Maschinen, die das Schiff unermüdlich nach Norden trieben. Skagway war nur wenige Tage entfernt, ein

Mekka für die Goldsucher, die von dort ihre Reise ins vermeintliche Paradies antraten. Der Goldrausch hatte der ganzen Nation den Kopf verdreht.

Am nächsten Morgen ging sie mit Brot, Käse und heißem Tee zu ihrem alten Treffpunkt, in der Hoffnung dort Paul anzutreffen, aber er war nirgendwo zu sehen, und an seiner Stelle lagen dort drei junge Männer und schnarchten friedlich. Sie blickte sich suchend um und stieg sogar zum Unterdeck hinab und suchte dort nach ihm, blieb aber auch dort erfolglos. Entweder hielt er sich irgendwo versteckt, oder er war gar nicht an Bord gekommen. Aber warum bloß? Warum sollte er in Port Essington geblieben sein, wenn er es doch eilig gehabt hatte, wieder in die Einsamkeit des Nordens zu kommen? Ihretwegen? Sie hatten sich gut verstanden. Hatte es etwas mit dem Geheimnis zu tun, das er vor ihr zu verbergen schien? Gab es etwas, das ihn in der Küstenstadt zurückhielt, von dem sie nichts wissen durfte? Hatte er Angst, sie könnte diesem Geheimnis auf die Spur kommen? Was war bloß mit ihm los?

Sie kehrte auf das Oberdeck zurück und nahm ihr Frühstück auf dem Frachtdeck ein. Eine Kiste diente ihr als Tisch und Windfang. Sie hatte keinen großen Hunger mehr, begnügte sich mit einer halben Scheibe Brot und etwas Käse und nippte lediglich an dem inzwischen lauwarmen Tee. Du hast ihn verloren, sagte ihr eine innere Stimme. Finde dich damit ab. Um ehrlich zu sein, kannst du ihn gar nicht verlieren, denn du hast ihn nie besessen. Er ist ein Fallensteller, ein Eigenbrötler, der seit Jahren allein in der Wildnis lebt und kaum noch mit Menschen zusammenkommt. Er ist gar nicht mehr fähig, eine Beziehung einzugehen. Schlag ihn dir lieber aus dem Kopf, bevor du dich in ihn verliebst und nicht mehr über ihn hinwegkommst!

Hinter ihr erklang ein vertrautes Jaulen. Sie drehte sich um und sah Shasta vor einer Kiste stehen und fröhlich mit dem Schwanz wedeln. »Shasta!«, rief sie überrascht. »Wo kommst du denn her? Ich hab dich überall gesucht!«

Der Husky kam näher und drängte sich gegen ihre Beine.

Sie ging in die Hocke und umarmte ihn liebevoll. Er war nicht wie ein Schoßhund auf Zärtlichkeiten aus, zeigte seine Zuneigung nur durch sein leises Jaulen und indem er sie aus seinen blauen Augen anblickte. »Wo hast du denn dein Herrchen gelassen? Ich weiß, du bist unabhängig und gehörst keinem. Ich meine den Mann, der mit dir an Bord war. Paul … ist er bei dir?«

Shasta schien sie verstanden zu haben und lief davon. Sie ließ ihr halbes Frühstück stehen und folgte ihm bis zu Pauls ehemaligem Lagerplatz, wo sie auch diesmal nur die drei jungen Männer antraf. Sie schliefen immer noch in Pauls Decken. Shasta erkannte den Geruch und schnüffelte daran, knurrte ein paarmal, weil er wohl annahm, die jungen Männer hätten Paul bestohlen, und drehte sich verwirrt im Kreis. Einer der drei Männer erwachte und fuhr erschrocken zurück, als er den Husky sah, beruhigte sich erst, als Emma ihm versicherte, dass er nichts zu befürchten hatte. Shasta legte sich neben ihnen auf den Boden und schloss die Augen, als wollte er nichts mehr mit ihr zu tun haben.

Emma war klar, was das bedeutete. Der Husky hatte bereits das ganze Schiff nach Paul abgesucht und ihn nicht gefunden. Kein Problem für ihn, nahm sie an. Wenn er wirklich so ungebunden war, wie der Fallensteller gesagt hatte, kam er auch allein zurecht. Oftmals ging er allein auf Erkundungsjagd und kehrte erst nach Tagen zurück, hatte Paul berichtet. Und umgekehrt war es genauso. Wenn Paul ihn allein ließ, wurde auch er nicht nervös und wartete geduldig, bis er wieder auftauchte. Huskys waren anders als gewöhnliche Hunde, halbe Wölfe, noch in der Wildnis verhaftet. Kein Hund, den man an einer Leine über die Market Street führte.

Sie empfand anders, war traurig und auch ein bisschen wütend, weil sie sich keinen Reim darauf machen konnte, warum Paul zurückgeblieben war. Ob er nachkommen würde? Der Gedanke, dass sie ihn vielleicht niemals wiedersehen würde, machte ihr zu schaffen und ließ ihre Augen feucht werden. Sie ließ die Tränen vom Wind trocknen, holte dann ihre Frühstücksreste und kehrte widerwillig zur Kabine zurück. Bevor sie die Tür öffnete, blickte sie noch einmal zum Bug und sah Shasta friedlich schlafen. Vorbei die Hoffnung, er könnte weiter nach Paul suchen. Er war nicht mehr auf dem Schiff.

Ihre Mitbewohnerinnen waren bereits angezogen und saßen auf ihren Pritschen, als sie die Kabine betrat. Mary Beth verpestete die Luft mit einer schlampig gedrehten Zigarette. Sie grinste spöttisch. »Na«, konnte sie sich eine Spitze nicht verkneifen, »hat dich dein Waldschrat schon im Stich gelassen? Hab ich dir nicht gleich gesagt, dass du bei dem nicht weit kommst? Ich kenne die Männer. Das ist keiner, den man von einem Schiff wegheiratet.«

»Ich habe nie gesagt, dass ich ihn heiraten will«, erwiderte sie.

»Aber gedacht.« Sie zog grinsend an ihrer Zigarette. »Du

bist keine wie wir, die sich einen Mann schnappt, ihren Spaß mit ihm hat und ihn dann wieder fallenlässt. Wie ich dich kenne, hast du noch nicht mal mit einem geschlafen. Du wartest auf den edlen Ritter aus deinen Träumen. Mit allen anderen, die dir den Hof machen, fängst du erst gar nichts an. So weit richtig?«

Sie musste zugeben, dass Mary Beth den Nagel auf den Kopf getroffen hatte. In ihrem früheren Leben, als sie noch zu den wohlhabendsten Familien von San Francisco gehört hatten, waren junge Frauen noch von ihren Eltern verheiratet worden. Als Ehemann kam nur ein Sohn reicher Eltern infrage, der in der Lage war, seiner Frau den gleichen Wohlstand wie ihre Eltern zu bieten. Emma hatte sich immer gegen diese Abmachungen gewehrt. Wären ihre Eltern nicht verarmt, hätte sie ihren Wünschen vielleicht nachgeben müssen, allein schon, um sie nicht öffentlich zu kompromittieren.

»Ich mach dir keinen Vorwurf«, fuhr Mary Beth fort. »Frauen wie dich muss es auch geben, die sind sogar heiß begehrt. Aber wenn sie einen Mann lieben, lieben sie ihn mit Haut und Haaren und wollen ihn für immer haben. Dann gehen sie aufs Ganze. Du hast dir leider den Falschen ausgesucht.«

Sie setzte sich. »Woher willst du das wissen?«

»Weil ich etwas weiß, das dir das Herz brechen wird. Ich sag's dir trotzdem. Wenn ich's dir jetzt sage, kapierst du es vielleicht noch rechtzeitig und schlägst dir den Burschen aus dem Kopf. Abigail hat ihn gesehen, bevor wir zum Schiff zurückgegangen sind. Ihn und eine junge Indianerin. Die beiden liefen aus der Stadt.« Sie blickte ihre Tochter an. »So war's doch, Abigail?«

Abigail nickte. »Der Waldschrat und eine junge Indiane-rin. Sie gingen auf den Wald zu. Wenn du mich fragst, hat-ten die irgendeine Schweinerei vor …«

»Abigail!«, brachte Mary Beth sie zum Schweigen. Sie zog nochmal an ihrer Zigarette, ließ sie fallen und trat sie mit dem Stiefel aus. »So was darfst du nicht sagen! Du hast doch keine Ahnung, was die beiden im Wald wollten.«

»Was sollen sie da schon gewollt haben.« Abigail gehörte nicht zu den einfühlsamsten Frauen. »Indianerfrauen treiben es am liebsten im Freien, das weiß doch jeder. Warum sollte der Waldschrat sonst mit ihr gehen?«

»Dafür kann es hundert andere Gründe geben«, sagte Emma.

»Und welche?«, fragte Mary Beth. »Meinst du, die wollten sich die schöne Gegend ansehen oder ein Picknick veranstal-ten?« Sie verkniff sich weiteren Spott und legte tröstend eine Hand auf Emmas Schultern. »Hör zu, Schätzchen. Ob du's glaubst oder nicht, ich mag dich, und deshalb nehme ich auch kein Blatt vor den Mund. Alles andere würde dir nur schaden. Dein Fallensteller hat sich verabschiedet. Er hat einen Narren an dieser Indianerin gefressen und ist mit ihr in die Büsche verschwunden, und weil's so schön war, bleibt er noch ein paar Tage bei ihr. Sie hat ihm gleich gegeben, wozu du wahrscheinlich einen langen Anlauf gebraucht hättest. Darauf können einsame Waldschrate wie der nicht warten. Vergiss ihn einfach, und kümmere dich um deinen Bruder, das ist sowieso wichtiger. Er war nicht der edle Ritter, für den du ihn gehalten hast.« Sie zog eine Flasche unter ihrer Prit-sche hervor. »Wie wär's mit einem Schluck? Billiger Brandy aus dem Saloon, aber der wirkt sicher. Drei, vier Schluck, und du hast den Waldschrat vergessen.«

Emma lehnte dankend ab und starrte ins Leere. Sie hätte Mary Beth gern widersprochen, ihr gesagt, dass Paul sie liebte und es eine andere Erklärung für sein Verschwinden geben musste. Dass er nicht mal im Traum daran denken würde, sich mit einer anderen Frau einzulassen. Doch sie musste zugeben, dass alles dafür sprach. Und wenn sie ehrlich war, musste sie auch einräumen, dass er ihr bei keiner Gelegenheit seine Liebe gestanden hatte. Sie hatten sich ein paarmal zum Frühstück getroffen und sich freundschaftlich unterhalten, mehr nicht. Sie hatte kein Anrecht auf ihn, auch wenn sie sein Verschwinden schmerzte, und ihr langsam klar wurde, dass sie ihn liebte.

»Vielleicht kommt er ja zurück«, sagte sie.

»Mach dir nichts vor!«, beraubte Mary Beth sie jeder Hoffnung. »Die Liebe, nach der du dich sehnst, gibt's nur in kitschigen Büchern. Im wirklichen Leben geht es anders zu. Schlag dir den Burschen aus dem Kopf, und lebe weiter. Du fährst doch nicht nach Alaska, um den Mann fürs Leben zu finden.«

Das sah Emma ein, doch der Schmerz blieb und nagte so stark an ihr, dass sie weinen musste. Sie floh nach draußen und hielt ihr Gesicht in den Wind, bis es beinahe gefühllos war. Erschöpft von den bitteren Wahrheiten, die Mary Beth ihr unverblümt gesagt hatte, lehnte sie sich an die Reling und blickte in die Ferne. Ein Rezept, das bisher gewirkt hatte, sie aber jetzt kaum noch beruhigte. Zu schmerzvoll war der Gedanke, ihn niemals mehr wiederzusehen.

Aus dem dunklen Rauch, der in diesem Augenblick von den Schornsteinen über das Deck geweht wurde, tauchte Shasta auf. Er ließ nicht erkennen, ob er sich um Paul sorgte.

Ob er damit rechnete, ihm wieder zu begegnen? Sie ging neben ihm in die Hocke und umarmte ihn. »Wenigstens du bist noch bei mir«, sagte sie zu ihm. »Weißt du, was mit Paul los ist? Macht er sich so wenig aus mir, dass er sich einfach davongestohlen hat?« Sie kraulte den Husky im Nacken, spürte sein Fell, dicht genug, um ihn gegen arktische Kälte zu schützen. »Schade, dass du nicht reden kannst. Du könntest mir sicher einiges über Paul erzählen. Weiß er eigentlich, dass du allein weitergefahren bist? Interessiert es ihn überhaupt? Oder ist es dir egal, was mit ihm passiert? Du hättest dieser Indianerin ruhig mal in den Hintern beißen können!«

Sie wusste nicht, ob sie weinen oder lachen sollte und seufzte stattdessen. »Ist das nicht verrückt, Shasta? Da kenne ich Paul erst seit wenigen Tagen, hab ein paarmal mit ihm gefrühstückt und glaube schon, er und ich würden zusammengehören. Ist das nicht komisch?« Sie löste sich von ihm und sah ihm nach, als er verschwand.

Sie stand auf und hielt sich an der Reling fest. Der Kapitän hatte zwei Segel setzen lassen und nützte den böigen Wind, der gedreht hatte und jetzt aus Südwesten kam. Der Wellengang war stärker geworden. Die *Humboldt* lag unruhig im Wasser und ließ salzigen Sprühregen über das Deck niedergehen, wenn sie mit ihrem Bug das schäumende Wasser zerteilte. Nebliger Dunst war über dem Meer aufgezogen, und mehrmals während ihres Aufenthalts an Bord tönte das dumpfe Signal des Nebelhorns über das graue Meer. Sie hielten respektvollen Abstand zur Küste, ein ungewohntes Gefühl für zahlreiche Passagiere, die Angst vor dem offenen Meer hatten und vielleicht jetzt schon verfluchten, auf die beschwerliche Reise zum Klondike gegangen zu sein.

Zu ihrem eigenen Erstaunen teilte Emma diese Angst nicht. Sie war beeindruckt von der scheinbar endlosen Weite und der Erhabenheit des Meeres, die man beim Blick über die Bucht von San Francisco nur ansatzweise gespürt hatte. Hier draußen zeigte sich die Natur mit urwüchsiger Kraft, wirkten die Berge und Wälder an der Küste wie die natürliche Kulisse einer Welt, die schon vor vielen tausend Jahren existiert hatte und sich niemals der Zivilisation ergeben würde. Eine Wildnis, in der Menschen lebten, die von dem Luxus, den es in San Francisco gab, keine Ahnung hatten und von belebten Straßen mit mehrstöckigen Häusern und Drahtseilbahnen nichts wissen wollten. Mit Seen, Flüssen und Wasserfällen, felsigen Steilhängen und vereisten Gletschern.

Sie ließ sich stärker vom Anblick dieser Natur beeindrucken, als sie gedacht hatte, fühlte sich auf sonderbare Weise sogar wohl in dieser Umgebung und war inzwischen richtig neugierig darauf, dieses Alaska kennenzulernen, das ihr bisher wie eine menschenfeindliche Wildnis vorgekommen war, ähnlich dem Dschungel in Afrika oder Asien, die man nur aus Büchern und von Bildern kannte. Ein Land, das am Ende der Welt lag, näher an der Arktis und dem Nordpol als jeder Zivilisation, ein feindliches Reich, in dem man auf keinen Fall sein wollte. So dachten wohl auch viele Goldsucher, die reglos an der Reling standen und sichtlich nervös auf die verschneiten Berge starrten.

»Fürchtet euch nicht«, erkannte auch ein Reverend, den sie zum ersten Mal auf dem Oberdeck sah, ein hagerer Mann in einem langen schwarzen Mantel, mit stechenden Augen, kräftiger Adlernase und dünnen Lippen. »Denn bald werdet ihr in Bächen waten, in denen faustgroße Nuggets im Wasser schimmern, die nur darauf warten, von euch aufgehoben zu werden. Ihr werdet als reiche Männer nach Hause zurückkehren, doch denkt auch an die vielen Gefahren, die in der Wildnis auf euch warten. Satan selbst wartet in den Bergen, dazu bereit, euch durch das Tor der Hölle zu führen und in den Flammen umkommen zu lassen. Nur mit Gottes Hilfe werdet ihr den Höllenfürsten besiegen und euer Glück finden, nur mit Gebeten werdet ihr einen sicheren Weg durch die Wildnis finden und mit den Taschen voller Gold nach Hause zurückkehren. Aus diesem Grund will ich eine Kirche in Skagway bauen, einen geschützten Ort, an dem wir Gläubige uns versammeln und den Herrn um Beistand bitten können. Ein Haus des Friedens und der Einkehr. Noch fehlen mir die Mittel, um diesen Traum verwirklichen zu können, doch ich weiß, dass ihr mir helfen werdet, mit euren Gebeten, eurem Zuspruch und mit einer Geldspende, die uns allen zugutekommen wird. Erlaubt mir, meinen Hut kreisen zu lassen, und seid gewiss, dass mein Traum in Erfüllung gehen wird. Schon in wenigen Tagen werden wir mit dem Bau beginnen. Öffnet eure Herzen und eure Geldbeutel, liebe Freunde, denn so will es unser Herr.«

Die Männer spendeten tatsächlich, einer warf sogar einen Golddollar in den Hut, und als der Reverend das Heck erreicht hatte, quoll sein Hut beinahe über. Auch Emma hatte einen Dollar gespendet, doch irgendetwas sagte ihr, dass etwas faul mit dem Prediger war. Vielleicht lag es auch an Shasta, der wieder auf dem Deck aufgetaucht war und den Reverend knurrend verfolgte.

9

Die *Humboldt* erreichte Skagway am späten Nachmittag.
Der Juneau Pier ragte bis weit in die Bucht hinein und erlaubte auch größeren Dampfschiffen, dort anzulegen, ohne
dass die Passagiere in kleineren Booten ans Ufer gerudert
werden mussten. Trübe Nebelfetzen hingen über dem Schuppen der Werft und dem langen Holzsteg, der von der Stadt
zum Ankerplatz führte.

Vor dem Schuppen parkten zahlreiche Fuhrwerke. Die
Kutscher boten den Passagieren an, sie und ihr meist schwe-
res Gepäck in die ungefähr eine Viertelmeile entfernte Stadt
zu fahren, und verlangten dafür unverschämte Preise. Emma
war einem Fußmarsch nach der langen Fahrt nicht abgeneigt
und sparte sich die Ausgabe, wurde aber schon nach wenigen
Schritten von einem der Fuhrwerke eingeholt. Der Kutscher
hatte noch einen Platz frei und bot an, sie zum Sonderpreis
mitzunehmen. Sie war einverstanden. Der Rucksack war
schwer und der Wind, der über den Pier fegte, stärker als gedacht.

Skagway bot keinen schönen Anblick, es bestand aus zahlreichen Bretterhütten, Zelten und notdürftigen Unterkünften, die zu beiden Seiten des Broadways emporragten. So
hieß die Hauptstraße der Stadt. Nicht so breit wie der be-
rühmte Broadway in New York, den sie von einem farbigen
Stich in der Villa der Mayfields kannte, aber beinahe genauso geschäftig. Zahlreiche Fuhrwerke kämpften sich über
die holprige Erde und standen sich vor Handelsposten und

Läden gegenseitig im Weg. Männer mit schwer beladenen Packpferden ritten den Bergen entgegen. Hinter der Stadt erhoben sich die schneebedeckten Berggipfel in den nebligen Dunst, wahre Bergriesen, die Skagway noch kleiner und unscheinbarer aussehen ließen. Lautes Stimmengewirr erfüllte die Luft, die Aufregung der Männer war deutlich zu spüren.

Am Stadtrand stieg Emma vom Kutschbock. Sie verabschiedete sich von dem jungen Mann, der sie gefahren hatte, zog ihren Lederbeutel mit dem Geld aus der Jackentasche, und reichte ihm einige Münzen. Sie hielt auf das Skagway Hotel zu, als ein vornehm gekleideter Mann ihren Weg kreuzte und sich verbeugte. »Verzeihen Sie, dass ich Sie anspreche«, entschuldigte er sich höflich, »aber wie ich sehe, wollen Sie zum Skagway Hotel gegenüber.«

»Das stimmt«, sagte sie. Verglichen mit den anderen Etablissements am Broadway sah das Hotel vertrauenswürdig aus »Können Sie es empfehlen?«

»Eigentlich nicht«, erwiderte der Mann, »deswegen spreche ich Sie ja an. Ich möchte Sie vor einer großen Enttäuschung bewahren. Von außen macht es einen passablen Eindruck, aber hinter der Fassade verbirgt sich doch vieles, was ich einer Lady wie Ihnen nicht zumuten würde. Aber in der nächsten Querstraße gibt es ein gemütliches Hotel, das wie geschaffen für Sie ist und von einer respektablen älteren Dame geführt wird. Sie legt großen Wert darauf, nur an anständige und saubere Herrschaften zu vermieten. Wenn Sie erlauben, bringe ich Sie gerne hin. Ich könnte sie zu einem Rabatt überreden.«

Er bot ihr seinen Arm, und sie hakte sich nach kurzem Zögern ein. Nur für einen winzigen Augenblick glaubte sie ein triumphierendes Blitzen in seinen Augen zu sehen, was aber auch daran liegen konnte, dass er Prozente für jeden Gast bekam, den er dem Hotel brachte. Solange die Herberge tatsächlich so ruhig und bequem war, wie er behauptete, war ihr das recht.

»Soll ich Ihnen Ihren Rucksack abnehmen?«, fragte er, während sie über die ausgelegten Bretter, die in Skagway als Gehsteig dienten, nach Norden gingen. »Er ist sicher schwer. Wo ist denn Ihr restliches Gepäck? Im Hafen?«

»Ich habe nur den Rucksack.«

»Dann müssen Sie wohl noch einiges einkaufen.«

»Die Abreise kam etwas plötzlich für mich.«

Er fragte nicht weiter und bog in eine schmale Seitengasse ab. Beim Anblick der schäbigen Gasse wurde sie misstrauisch. Außer einer chinesischen Wäscherei, deren Schild laut im Wind knarrte, und einem zweifelhaften Lokal gab es keine Geschäfte in der Straße. »Ich sehe kein Hotel«, sagte sie.

»Nur eine Abkürzung«, beschwichtigte er sie.

Sie zögerte immer noch, doch sein angenehmes Äußeres und seine saubere Kleidung, nicht zu vergessen sein gewinnendes Lächeln, verführten sie dazu, ihm zu vertrauen und in das Halbdunkel zu folgen. Erst als sie vor einem schäbigen Schuppen hielten, merkte sie, dass der Mann sie hereingelegt hatte.

Er hielt plötzlich einen Revolver in der Hand, und sein gewinnendes Lächeln war einem schadenfrohen Grinsen gewichen. »Tut mir leid«, sagte er. »Sie sollten nicht so vertrauensselig sein. In den Schuppen mit Ihnen!«

»Was haben Sie vor?«, fragte sie ängstlich.

»In den Schuppen, verdammt!« Er öffnete die Tür und stieß mit der freien Hand hinein. Sie stolperte und prallte gegen einen abgestellten Frachtwagen.

»Ich werde Sie der Polizei melden! Sie können doch nicht …«

Er brachte sie mit einer heftigen Ohrfeige zum Schweigen. Sie hielt sich die Wange und begann zu weinen, vor Schmerz, aber auch vor Wut. »Her mit dem Rucksack!«, befahl er barsch. »Und ich will den Beutel mit dem Geld!«

»Ich habe kein Geld.«

»Ich hab gesehen, wie Sie den Kutscher bezahlt haben. In dem Lederbeutel in Ihrer Jackentasche. Geben Sie ihn her, oder soll ich selber nachsehen?«

Sie befolgte seinen Befehl und ließ sich in ihrer Verzweiflung und Wut zu einer Kurzschlusshandlung hinreißen. Mit voller Wucht schleuderte sie ihm den Rucksack entgegen. Er war so überrascht, dass er für einen Augenblick die Kontrolle verlor und beinahe die Waffe fallen ließ. Sie nützte ihre Chance und rannte zur Tür, doch er hatte sich wieder in der Gewalt und holte sie nach wenigen Schritten ein. Er packte sie am linken Oberarm und schleuderte sie gegen die Schuppenwand. Als sie immer noch aufbegehrte, schlug er sie mit seinem Revolver nieder. Sie sank stöhnend zu Boden und verlor das Bewusstsein, merkte gar nicht mehr, wie der Fremde mit seiner Beute verschwand.

Als sie die Augen wieder aufschlug, konnten nur Minuten vergangen sein. Das Blut, das aus einer Wunde an der Schläfe sickerte, war noch feucht, war aber in ihr linkes Auge geflossen und erschwerte ihr die Sicht. Ihr Kopf dröhnte, als wäre sie gegen eine Wand gerannt. Sie stöhnte vor Schmerzen. Sie waren so schlimm, dass sie zu keinem vernünftigen Gedanken fähig war. »Hilfe!« war alles, was sie hervorbrachte, doch es kam so leise und undeutlich über ihre Lippen, dass sie niemand hörte. Ihre Finger krallten sich in das Erdreich.

Ihr wurde schwindlig, und sie schloss die Augen wieder. Die Schmerzen waren beinahe unerträglich. Als würde jemand an ihren Nerven zerren. Sie kämpfte tapfer dagegen an, wischte sich mühsam das Blut aus dem linken Auge und blinzelte in das fahle Licht, das durch die halb offene Tür in den Schuppen fiel. Er hat mich in einen Schuppen gelockt, wurde ihr klar. Er ist ein Betrüger. Er hat mich reingelegt. Seine vornehme Kleidung war Tarnung.

Der Schmerz erstickte ihre Gedanken, und sie presste ihre Stirn auf den Boden, ohne dass es besser wurde. Wie lange sie in dieser Stellung verharrte, wusste sie nicht, doch als sie den Kopf wieder hob, hörte sie plötzlich Schritte, und ein Schatten erschien in der Tür. War der Betrüger zurückgekommen?

»Um Himmels willen!«, hörte sie eine Stimme. Sie erkannte das Gesicht eines älteren Mannes über sich. »Halten Sie durch, Miss! Ich hole den Doc.«

Wenig später hörte sie Hufschlag, der vor dem Schuppen verstummte, dann erschienen der alte Mann, der sie gefunden hatte, und ein weiterer Mann in dem Schuppen. »Ich bin Doktor Merrick«, sagte der Neuankömmling. »Keine Angst, Miss! Ich kümmere mich um Sie.« Sie sah undeutlich, wie er sich über sie beugte und ihre Wunde untersuchte. »Die muss genäht werden. Ich bringe Sie in meine Praxis. Es ist nicht weit, ich habe den Wagen dabei.«

Doc Merrick und der Mann, der sie gefunden hatte,

schleppten sie zu dem Einspänner, der vor dem Schuppen parkte, und setzten sie auf den gepolsterten Sitz. Sie hielt sich mit beiden Händen an der Lehne fest. »Danke, Joe«, rief Doc Merrick dem alten Mann zu und griff nach den Zügeln des betagten Wallachs, der den Buggy zog. Vor seinem Haus parkte er den Wagen und rief seine Frau, die ihm half, sie über eine Außentreppe in die Praxis zu bringen.

Sie war immer noch benommen, nahm wie durch einen Schleier wahr, dass es in dem Raum einen Schrank mit Medikamenten gab, und war froh, als der Doktor und seine Frau sie auf eine Liege legten. »Schlimm?«, fragte sie, und er antwortete: »Das Übliche, eine Platzwunde und ein Brummschädel.«

Nachdem er seiner Patientin etwas Laudanum gegen die Schmerzen eingeflößt hatte, wusch er vorsichtig das Blut von ihrem Gesicht und aus dem Auge und nähte die Wunde mit einer feinen Nadel. Emma war viel zu benommen, um etwas zu spüren. Obwohl sie wieder sehen konnte, schloss sie die Augen. Die Kerosinlampe in den Händen der Frau hätte sie nur geblendet.

»Man hat Ihnen einen ordentlichen Schlag verpasst«, sagte Doc Merrick, nachdem er die Wunde versorgt hatte. »Aber bis morgen dürften Sie wieder einigermaßen auf dem Damm sein. Sie können hier schlafen. Ruhen Sie sich gut aus! Ruhe ist die beste Medizin. Wir sehen uns zum Frühstück, okay?«

Sie brachte keinen Laut hervor. Das Laudanum tat seine Wirkung.

Wenig später schlief sie ein und versank in einem seltsamen Traum, der sie mehrmals in dieser Nacht aus dem Schlaf schrecken, aber gleich wieder einschlafen ließ. Als sie am nächsten Morgen erwachte, hatte sie den Traum vergessen und brauchte einige Minuten, um zu erkennen, wo sie sich befand.

Sie wollte sich aufrichten und sank stöhnend zurück. Ihr Kopf schmerzte noch immer, aber das Dröhnen hatte nachgelassen, und sie konnte schon wieder einigermaßen klar denken. Behutsam drehte sie den Kopf auf die Seite. Sie erkannte den Medizinschrank, in dem allerlei gläserne Behälter und Instrumente aufbewahrt wurden. Auf einer Kommode stand eine Schüssel mit sauberem Wasser. An der Wand hing ein Kalender von Coca-Cola, der Sirup sollte helfen, den Husten zu lindern und das Wohlbefinden zu verbessern.

Sie gönnte sich ein wenig Ruhe, bevor sie erneut die Augen öffnete und durch das Fenster auf einen Hinterhof blickte. Ein Schuppen wie der, in dem sie zusammengebrochen war. Mit einem Schlag wurde ihr bewusst, was geschehen war und warum sie in einer Arztpraxis lag. Sie wollte aufstehen, hatte bereits die Beine von der Liege gezogen, als es klopfte, und Doc Merrick den Raum betrat. »Guten Morgen«, begrüßte er Sie. »Wie ich sehe, geht es Ihnen besser. Die Verletzung war nicht so schlimm, wie ich befürchtet hatte.«

»Ich muss zur Polizei! Ich bin überfallen worden!«

»Sie ruhen sich besser noch ein wenig aus«, sagte der Doktor und drückte sie sanft auf die Liege zurück. »Darf ich nach Ihrem Namen fragen, Miss?«

»Emma Hansen ... ich bitte um Entschuldigung.« Sie spürte, wie ihr das Blut ins Gesicht stieg. »Ich bin mit der *Humboldt* aus San Francisco gekommen. Ein Mann wollte mir den Weg zu einem netten Hotel zeigen, aber ...«

»Ich kann mir schon denken, was dann passiert ist«, antwortete Doc Merrick. »Der Kerl hat Sie in die Gasse gedrängt und Ihnen Ihr Geld und Ihr Gepäck abgenommen.«

Sie blickte ihn groß an. »Woher wissen Sie das?«

»So machen es Soapy Smith und seine Männer immer.« Er beugte sich über sie, löste die Mullbinde und schmierte eine übel riechende Salbe auf den genähten Riss. Die neue Mullbinde befestigte er mit einem Verband, der die Verletzung schlimmer aussehen ließ, als sie wirklich war. Er legte das restliche Verbandsmaterial und die Schere auf die Kommode und blickte sie forschend an. »Sagen Sie bloß, Sie haben noch nie von Soapy Smith gehört?«

»Er hat was mit dem Überfall zu tun?«

»Davon können Sie ausgehen, Miss.«

Sie setzte sich wieder auf. »Das müssen wir der Polizei sagen! Das hätten wir gestern schon tun müssen! Ich hab gehört, hier vertritt ein US Court Commissioner das Recht. Wo ist sein Büro? Ich muss unbedingt zu ihm!«

»Das würde nicht viel bringen«, erwiderte der Doktor. »Commissioner Willis tanzt nach der Pfeife von Soapy Smith. Das tun die meisten hier. Ich weiß, das ist schwierig zu verstehen, vor allem, wenn man aus einer großen Stadt wie San Francisco kommt, aber so ist es nun mal. Jefferson Randolph Smith, so heißt Soapy Smith mit seinem richtigen Namen, hat in Skagway das Sagen und kann tun und lassen, was er will. Ich wette, der feige Schläger, der Sie überfallen hat, war höflich und zuvorkommend und vornehm gekleidet.«

»Das wissen Sie auch?«

»Das ist nur einer der zahlreichen faulen Tricks, die Soapy

Smith anwendet, um zu Geld zu kommen. Er verkleidet einige seiner Männer als Gentlemen und lässt sie ankommende Goldsucher in dunkle Gassen locken und ausrauben. Sie können froh sein, dass Sie mit einer Beule davongekommen sind. Andere Schläger waren nicht so zimperlich. Es gab schon mehrere Tote.«

»Und niemand tut etwas dagegen?«

Doc Merrick schüttelte den Kopf. »Weder der Commissioner noch der Beamte der North West Mounted Police, der neulich hier war, obwohl er Soapy Smith nicht ausstehen kann. Aber hier im Territorium sind ihm die Hände gebunden. Und sonst gibt es kein Gesetz hier. Der Sohn eines ermordeten Goldsuchers hat mal versucht, gegen Soapy Smith vorzugehen. Er schwor, nicht eher zu ruhen, bis der Mörder seines Vaters am Galgen hinge. Am nächsten Morgen fand man ihn selbst mit einem Strick um den Hals. Für einen makabren Scherz ist Soapy Smith immer zu haben. Er braucht niemanden zu fürchten. Ich hab mir sagen lassen, es arbeiten über zweihundert Männer für ihn.«

»Dann soll ich mir gefallen lassen, dass er meinen ganzen Besitz behält? Mein Geld, meine Kleidung, meine Vorräte? Die paar Münzen, die ich lose in der Tasche habe, reichen gerade noch, um Sie zu bezahlen. Das lasse ich nicht zu! Ich hole mir die Sachen zurück. An das Gesicht des Mannes, der mich in die Gasse gelockt hat, erinnere ich mich genau. Es muss doch eine Möglichkeit geben, ihn zur Rechenschaft zu ziehen. In San Francisco würde man ihn zu ein paar Monaten Gefängnis verurteilen, wenn er Glück hat!«

»Ich verstehe Ihren Unmut«, erwiderte Doc Merrick, »so ging es allen Passagieren, die von Soapy Smith und seinen

Leuten hereingelegt wurden. Dennoch würde ich dringend davon abraten. Gegen Soapy Smith kommen Sie nicht an. Selbst wenn Sie ein Mann mit großer Kampferfahrung wären, würden Sie das nicht schaffen. Für Soapy Smith arbeiten zu viele Männer. Betrüger, Diebe und sogar Killer. Schlagen Sie sich das aus dem Kopf, Miss!«

»Wo wohnt dieser Soapy Smith?«, ließ Emma nicht locker. »Wenn ich schon nicht an mein Geld komme, will ich ihm wenigstens die Meinung sagen. Und dem Commissioner gleich dazu! Warum zwingt ihn niemand, etwas gegen Soapy Smith zu unternehmen? Warum lässt die Regierung das zu?«

»Weil Alaska ein Territorium ist, dass niemanden so recht interessiert, und weil Skagway bis vor ein paar Monaten noch gar nicht auf der Landkarte war. Hier gibt es kein Gesetz. Ich bin auch nicht damit einverstanden, niemand will das, aber entweder haben die Leute zu viel Angst, sich dagegen aufzulehnen, oder sie bleiben nicht lange genug, um sich dagegen zu wehren. Ich bin Arzt. Ich sorge mich um Kranke und Verletzte. Und wenn der Goldrausch vorüber ist, ziehe ich in eine andere Gegend, wo ich dringend gebraucht werde.« Er fühlte sich anscheinend mitschuldig und blickte verlegen aus dem Fenster. »Warum sind Sie hier, Miss? Sie sind eine respektable Lady. Sie gehören nicht zu den bemalten Damen, die den Goldsuchern nach Dawson folgen, und wie eine Goldgräberin sehen Sie auch nicht aus.« Er nahm den Blick vom Fenster und wandte sich ihr zu. »Ich will nicht neugierig sein, aber …«

»Ich suche meinen Bruder«, erklärte Emma. Sie verriet ihm die halbe Wahrheit, verschwieg die Verbrechen, die ihm zur Last gelegt wurden, und die beiden Verfolger, die mit einem der nächsten Schiffe kommen würden. »William I. Swenson«, nannte sie den Namen, den er angenommen hatte.

»William I. Swenson?«, überlegte Doc Merrick.

»Ich muss ihn unbedingt finden«, beantwortete sie seine unausgesprochene Frage, »eine wichtige Familienangelegenheit, die keinen Aufschub duldet.« Eine Ausrede, die ihr Vater gern gebraucht hatte, wenn er sich vor einer Einladung drücken wollte. »Er müsste mit einem der letzten Schiffe gekommen sein. Braune Augen, so wie ich, blasse Haut, spitzes Kinn, schlanke Hände. Er spielt gerne Karten und hat leider das Talent, sich Kummer aufzuladen.«

Der Doktor lächelte flüchtig. »Das trifft auf ein Viertel aller Männer zu, die in Skagway an Land gehen. Und wenn er gerne Karten spielt, besteht leider auch die Chance, dass er Soapy Smith in seinem Saloon auf den Leim gegangen ist. In Jeff Smith's Parlor spielen sie rund um die Uhr. Eine üble Kaschemme und das Hauptquartier von Soapy Smith. Er wohnt im ersten Stock und zählt das Geld, das er den Leuten abgenommen hat. Wissen Sie, woher er seinen Namen hat? In Denver verkaufte er Schmierseife zu einem überhöhten Preis an ahnungslose Kunden. Sie glaubten ihm, dass sich in manchen Päckchen ein Zwanzig-Dollar-Schein befände. Ein mieser Taschenspielertrick, genauso durchsichtig wie seine Hütchenspiele, aber fast jeder ist darauf reingefallen.«

Willie mochte weder Schmierseife noch Hütchenspiele, aber einem Pokerspiel war er nicht abgeneigt, und da er kaum noch Geld besaß, war es wahrscheinlich seine einzige Möglichkeit, sich für die Weiterreise zu wappnen.

»Sie meinen, er könnte noch in der Stadt sein?«

»Gut möglich«, erwiderte Doc Merrick, »aber kommen Sie bloß nicht auf die törichte Idee, in Jeff Smith's Parlor nach ihm zu fragen. Der Saloon ist kein Ort für eine Lady. Versuchen Sie, ihn irgendwo in der Stadt zu treffen.«

»Das werde ich tun, Doc. Vielen Dank für alles.«

10

Nach dem ausgiebigen Frühstück, das die Frau des Doktors ihr brachte, hielt es Emma nicht länger in ihrem Krankenzimmer aus. Wenn sich ihr Bruder noch in der Stadt aufhielt, durfte sie keine Zeit verlieren. Sie bedankte sich bei Doc Merrick, der ihr lediglich einen Dollar für die Behandlung berechnet hatte, zog ihre neue Pelzmütze über den Verband, der sich immer noch um ihren Kopf wand, und machte sich auf den Weg zum nahen Skagway Hotel.

Sie war noch keine zehn Schritte gegangen, als vom Hafen das dumpfe Tuten eines Nebelhorns herüberschallte. Der Captain der *Humboldt* kündigte die baldige Abfahrt seines Schiffes an und rief die Passagiere herbei, die zurück nach Kalifornien wollten. Wenige Glückspilze, die am Klondike reich geworden waren, und zahlreiche Enttäuschte, die bestenfalls ihre Kosten ausgeglichen hatten und niedergeschlagen in ihre Heimat zurückkehrten. Auch in Goldfeldern wie am Klondike stellte sich das Glück nicht automatisch ein.

Während sie stehen blieb und zum Hafen hinüberblickte, hörte sie, wie ein paar Goldgräber über die Ankunft des nächsten Schiffes sprachen. »Meine Freundin kommt mit der *Galena*, in drei Tagen müsste sie hier sein«, sagte jemand. »Sie wollte mich auf keinen Fall allein zum Klondike fahren lassen.«

»Und warum ist sie nicht gleich mitgekommen?«

»Weil meine Frau uns dann auf die Schliche gekommen wäre.«

»Du lebst gern gefährlich, was?«

Dann gingen die Männer weiter, und Emma war froh, sich ihr dummes Gerede nicht länger anhören zu müssen. Über die ausgelegten Bretter, die auch in Skagway die Gehsteige ersetzten, ging sie zum Skagway Hotel. Drei Tage blieben ihr, dann würden die beiden Männer, die ihren Bruder ausfindig machen sollten, in Skagway ankommen und auch ihr gefährlich werden. Sie hatten ihre Befehle vom Vater der jungen Frau bekommen, die Willie angeblich vergewaltigt hatte, und dem war alles zuzutrauen. Vor allem die Schmach, die man seiner Familie damit angetan hatte, war ihm an die Nieren gegangen. Er würde alles tun, sich dafür zu rächen, die Männer sogar zum Mord anstiften.

Sie blieb vor dem Eingang stehen und blickte zum Hafen hinab. Die *Humboldt* hatte sich bereits vom Pier gelöst und steuerte ins offene Meer hinaus. Sie zog schwarze Rauchfahnen hinter sich her. Unterwegs würde sie der *Galena* begegnen, an Bord die beiden Verfolger, die in San Francisco schon im Hafen gewesen waren und bestimmt nicht lange gebraucht hatten, um herauszufinden, wohin Willie gefahren war. Vielleicht aber auch der Mann, den sie so schmerzlich vermisste, dass sie gar nicht an ihn zu denken wagte. Auch Paul würde mit der *Galena* kommen, hoffte sie, und ihr sagen, dass sie lediglich einem Missverständnis aufgesessen war. Er war nicht mit der Indianerin im Wald verschwunden, um verbotene Dinge mit ihr zu tun, so ein Mann war er nicht.

Auf der anderen Straßenseite jaulte ein Hund. In der ganzen Stadt waren Hunde, vor allem Huskys, die den Goldsuchern helfen sollten, ihre schweren Lasten zum Yukon River zu schleppen. Kein Grund, den Kopf zu drehen, doch dieses Jaulen erkannte Emma inzwischen sofort, und als sie hinsah, wurde sie nicht enttäuscht. Auf der anderen Straßenseite war Shasta aufgetaucht und blickte neugierig zu ihr herüber, bis einige andere Hunde auftauchten und ihn in ein Gerangel verwickelten. Er schlug die Angreifer mit wütendem Fauchen und gebleckten Zähnen in die Flucht und verzog sich in eine Seitengasse. Wie ein erfolgsgewohnter Champion, der es unter seiner Würde findet, sich weiterhin mit gewöhnlichen Stadthunden zu befassen.

Emma betrat den Vorraum des Hotels und ging zum Empfang, der lediglich aus einem Pult und leeren Haken an der Wand bestand, wahrscheinlich für die Zimmerschlüssel. Ein nervöser Mann in einem schlecht sitzenden Anzug und eingeölten, in der Mitte gescheitelten Haaren, hob den Kopf. »Miss?«

»Guten Morgen, Sir. Wie viel kostet ein Zimmer?«

»Einen Dollar.«

Emma wusste, dass noch vier Dollar in ihrer Jackentasche waren. »In Ordnung, dann geben Sie mir ein Zimmer. Ich weiß nicht, wie lange ich bleibe.«

»Tut mir leid, Miss, aber unsere Zimmer sind alle belegt.«

»Sind Sie sicher?«

»Absolut, Miss. Ich habe kein Zimmer mehr frei.«

»Was ist mit der Suite?«, fragte ein freundlich lächelnder Mann, der unbemerkt aus dem Restaurant nebenan getreten war und ihre Unterhaltung mitbekommen hatte. Mit seinem kantigen Gesicht, dem sauber geschnittenen Vollbart und in seinem dunklen Anzug wirkte er wie ein wohlhabender Gentleman. »Geben Sie der Dame unsere Suite, James. Auf unsere Rechnung.«

Während James den Schlüssel aus einer Schublade nahm und ihr das Gästebuch hinschob, deutete der höfliche Mann, der aus dem Restaurant gekommen war, eine Verbeugung an und sagte: »Meine Verehrung, Miss …«

»Hansen, Emma Hansen«, ergänzte sie.

»Jeff Smith«, stellte er sich vor, »nennen Sie mich Jeff. Mir gehört dieses Hotel, und es ist mir eine große Freude, Ihnen unser bestes Zimmer zu geben. Bleiben Sie, solange Sie wollen.« Sein Lächeln zauberte ein freundliches Funkeln in seine Augen. »Sie müssten mir allerdings einen Gefallen tun.«

»Und der wäre?«

»Gehen Sie heute Abend mit mir essen. Um sechs hier im Restaurant?«

Ihr blieb nichts anderes als zuzustimmen. Gegen ein harmloses Essen in aller Öffentlichkeit war schließlich nichts einzuwenden. »Gern«, erwiderte sie.

»Dann bis heute Abend.« Smith verabschiedete sich und ging.

Sie trug sich ins Gästebuch ein. »Jeff Smith … war das etwa …«

»Jefferson Randolph Smith«, bestätigte James.

»Soapy Smith«, staunte sie. »Ihm gehört das Hotel?«

»Nicht nur das Hotel. Mister Smith ist ein wohlhabender Mann.« Nur die Augen des Hoteldieners verrieten, was er wirklich über den Gangster dachte. »Wenn ich Ihnen mit noch etwas behilflich sein kann, Miss Hansen? Ein heißes Bad? Besorgungen in der Stadt? Ich bin Ihnen gerne zu Diensten, Miss.«

Emma spürte, wie groß sein Respekt und seine Angst vor Soapy Smith waren, und schüttelte den Kopf. »Nein, ich komme schon zurecht, vielen Dank.«

Sie stieg in die Suite im ersten Stock hinauf und war erstaunt über den Luxus, den die beiden Zimmer boten. Das Bett war bequem und quietschte kein bisschen, es gab einen Schrank, eine Frisierkommode mit einem Spiegel, eine Kommode mit einer Waschschüssel aus Porzellan und einen Nachttisch und im angrenzenden Wohnzimmer eine Couch, einen Sessel, ein Regal mit ausgesuchten Büchern. An den Wänden hingen Gemälde mit Blumenmotiven.

Von einem der beiden Fenster blickte sie auf den Broadway hinab. Auf der Straße war anscheinend ständig Hochbetrieb, auch jetzt drängelten sich hier die zahlreichen Fuhrwerke und die Goldsucher mit ihren Schlitten und Handwagen. Ihr Blick wanderte zu der falschen Fassade schräg gegenüber. »Jeff Smiths Parlor« stand in großen Buchstaben über den falschen Fenstern. Ohne Apostroph, als wäre dem Maler die Farbe für den kleinen Strich ausgegangen. Dahinter verbarg sich ein Holzschuppen, der bis zur nächsten Parallelstraße reichte. Soapy Smith's Hauptquartier und Saloon.

Noch konnte sie ihm nicht beweisen, dass er oder einer seiner Männer für den Diebstahl und ihre Verletzung verantwortlich waren. Aber sie hatte sich fest vorgenommen, ihn bei ihrem gemeinsamen Abendessen darauf anzusprechen. Wenn er der Gentleman war, für den er sich am Empfang ausgegeben hatte, würde er ihr den Rucksack und ihr Geld zurückgeben. Sie brauchte das Geld, sie brauchte es sogar dringend, falls sie länger als drei Tage in Alaska bleiben und zurück nach San Francisco fahren wollte. »Willie, daran bist nur du schuld!«, schimpfte sie leise. »Warum musst du dich auch mit dieser Florence einlassen? Warum gibst du dein ganzes Geld für Frauen und Glücksspiel aus? Wenn unsere

Eltern dich sehen könnten, würden sie die Hände über dem Kopf zusammenschlagen. Und mich hast du in Teufels Küche gebracht!«

Ein Mann überquerte direkt unter ihr die Straße. Obwohl er keinen vornehmen Anzug mehr, sondern einfache Wollhosen und eine Holzfällerjacke trug, erkannte sie ihn sofort. Der Mann, der sie in die Gasse gelockt und bewusstlos geschlagen hatte! Sie griff sich unwillkürlich an die Schläfe. Die Wunde schmerzte immer noch, und wer wusste, wie groß die Narbe tatsächlich blieb? Sie beobachtete, wie der Mann die andere Straßenseite erreichte und Jeff Smith's Parlor betrat. Er trug einen Revolver an der Hüfte.

Emma spürte, wie die Wut in ihr hochstieg. Ohne lange nachzudenken, stieg sie die Treppe nach unten und trat am verdutzten James vorbei auf den Gehsteig hinaus. Finster entschlossen und mit festen Schritten wie ein Mann überquerte sie die gefrorene Straße und hielt auf Soapy Smiths Saloon zu.

Einige Passanten drehten sich entsetzt nach ihr um, als sie die Tür aufriss und in der berüchtigten Spelunke verschwand. Normalerweise hielten sich dort nur leichte Mädchen auf, und so sah sie bestimmt nicht aus. Sie blieb stehen, bis sich ihre Augen an das Halbdunkel gewöhnt hatten, und ging auf ihren Peiniger zu, der sich zu den anderen Männern an dem langen Tresen gesellt hatte und gerade sein Bier gereicht bekam. Er erkannte sie erst auf den zweiten Blick, wurde für einen Moment unsicher und verzog sein Gesicht.

»Geben Sie mir meinen Rucksack zurück!«, fuhr sie den Mann wütend an. »Meinen Rucksack und mein Geld! Sie haben mir gestern beides gestohlen!«

Die anderen Männer waren genauso überrascht wie ihr Peiniger, erholten sich aber schnell und begannen plötzlich zu lachen. Zuerst nur vereinzelt, dann immer lautstarker, bis der ganze Raum von ihrem Lachen widerhallte.

Die Tür zu einem Anbau ging auf, und Soapy Smith betrat den Saloon. »Was soll der Lärm?«, schimpfte er. Mit dem Federhalter in der Hand wirkte er wie ein Buchhalter, allerdings trug auch er einen Revolver an der Hüfte. »Ich sitze an der Abrechnung und brauche Ruhe. Macht gefälligst nicht solchen Krach!« Er wollte schon wieder gehen, als er sie entdeckte. »Emma?«

Sie zeigte keine Angst, war so in Rage, dass sie gar nicht daran dachte, jemand könnte etwas gegen sie unternehmen. »Ganz recht, ich bin's!«, fauchte sie ihn an. »Und ich hoffe nicht, dass Sie hinter dieser Schweinerei stecken! Dieser gemeine Verbrecher ...« Sie deutete auf den Mann, der sie überfallen hatte. »... dieser hundsgemeine Kerl hat mich gestern in eine Gasse gelockt, mich mit dem Revolverlauf bewusstlos geschlagen und mir meinen Rucksack und mein Geld gestohlen! Ich will beides zurück, und zwar sofort!«

»Stimmt das?«, fragte Soapy Smith den Übeltäter.

»Aber Boss!«, tat der erstaunt. »Sie haben doch selbst ...«

»Ob du das warst, will ich wissen!«, fuhr Soapy Smith ihn an.

»Ja, aber ...«

»Hast du die Sachen noch?«

»Der Rucksack liegt im Hinterzimmer, da war nichts Wertvolles drin«, erklärte der Übeltäter schuldbewusst. »Und das Geld habe ich dir gegeben.«

Soapy Smith lächelte ihr versöhnlich zu. »Ein bedauerliches Missverständnis, Emma. Ich würde meinen Männern niemals befehlen, eine respektable und hübsche Lady wie Sie zu überfallen. Um wie viel Geld handelt es sich?«

»Ungefähr dreihundert Dollar.«

Er verschwand in seinem Büro und kehrte mit ihrem Lederbeutel zurück. »Ich gebe Ihnen fünfhundert in Goldmünzen. Betrachten Sie es als Wiedergutmachung für die unverzeihliche Dummheit eines Mannes, der nicht weiß, was sich einer Dame gegenüber gehört.« Er herrschte den Übeltäter an: »Worauf wartest du noch? Hol den Rucksack, und dann verschwinde! Ich will dich nicht mehr im Saloon sehen! Und halte dich von der Lady fern! Wenn dich einer meiner Männer in ihrer Nähe erwischt, bekommst du Schwierigkeiten.«

Der Mann beeilte sich, ins Hinterzimmer zu kommen, brachte den Rucksack und legte ihn auf den Tresen. Ohne ein weiteres Wort und ohne Soapy Smith oder auch sie nur anzusehen, verließ er den Saloon. Ein Bauernopfer, vermutete sie, um selbst gut dazustehen, denn sie war überzeugt, dass er im Auftrag von Soapy Smith gehandelt hatte. Man brauchte nur in die verwunderten Gesichter der anderen Männer zu blicken, um die Wahrheit zu ergründen.

Soapy Smith reichte ihr den Beutel mit dem Geld. »Es handelt sich um ein bedauernswertes Missverständnis«, wiederholte er scheinbar reumütig, »dafür möchte ich Sie noch einmal um Entschuldigung bitten.« Er lächelte wie ein Junge, den man bei einem gemeinen Streich erwischt hat. »Ich hoffe doch, der Vorfall hat keinen Einfluss auf unser gemeinsames Dinner heute Abend?«

Sie überlegte nur kurz, war sich im Klaren darüber, dass

die Begegnung mit Soapy Smith auch anders hätte ausgehen können, und er ihr vielleicht wertvolle Hinweise auf den Aufenthalt ihres Bruders geben konnte. »Natürlich nicht«, antwortete sie. »Ich werde pünktlich um sechs am Empfang sein.«

Sie schnallte ihren Rucksack auf den Rücken, ließ den Beutel mit den Goldmünzen verschwinden und verließ ohne ein weiteres Wort den Saloon.

Erst nachdem sie wieder in ihrer Suite war, spürte sie den Druck, der während der letzten Minuten auf ihr gelastet hatte. Sie ließ den Rucksack fallen und setzte sich in den Sessel, starrte minutenlang auf eines der Blumenbilder an der Wand, ohne später sagen zu können, welche Blume sie gesehen hatte. Ihre Aktion war leichtsinnig gewesen, vielleicht sogar lebensgefährlich. Wenn Soapy Smith der rücksichtslose Gangster war, wie der Doktor behauptete, und daran zweifelte sie nicht, hätte er auch ganz anders mit ihr umspringen können. Nur weil er aus irgendeinem Grund einen Narren an ihr gefressen hatte, war sie so glimpflich davongekommen. Was nicht hieß, dass sie damit aus der Gefahrenzone war. Soapy Smith erwartete sich auf Dauer sicher mehr als gemeinsame Abendessen und gepflegte Unterhaltungen. Doch so weit würde sie es nicht kommen lassen. Bald würde ihr Bruder bei ihr sein. Oder Paul, falls er sich besann und ihr mit der *Galena* nach Skagway folgte.

Emma nahm ihre Pelzmütze ab und betastete ihre genähte Wunde. Sie fühlte sich schon wesentlich besser an. Lediglich die Beule störte sie etwas. Die Kopfschmerzen waren verschwunden. In ein paar Tagen konnte man die Fäden ziehen, und sie wäre wieder ganz die alte. Das hoffte sie jedenfalls.

Ihre Ruhepause dauerte nur ein paar Minuten, dann ging sie zum Empfang und ließ den Beutel mit dem Geld in den hauseigenen Safe einschließen. In einer Boomtown wie Skagway trieb sich viel Gesindel herum, nicht nur Soapy Smith und seine Männer, und sie wollte keinem Taschendieb zum Opfer fallen. Nur mit den Münzen in ihrer Jackentasche machte sie sich auf den Weg, um nach ihrem Bruder zu suchen. Wenn er noch in der Stadt war, und das war eigentlich sicher bei dem wenigen Geld, dass er noch besaß, würde sie ihn finden. Wenn nicht, würde sie Soapy Smith beim Abendessen bitten, nach ihm zu suchen. Bei seinen Verbindungen fand er ihn bestimmt. Vor einem mächtigen Schurken wie Soapy Smith durfte man nicht in die Knie gehen, man musste ihn für seine eigenen Ziele ausnützen.

Ein Gedanke, der sie zum Lächeln brachte. Was in aller Welt war plötzlich in sie gefahren, dass sie solche Gedanken hegte? War plötzlich eine Draufgängerin aus ihr geworden? Oder trieb sie die Verzweiflung an? Die Angst, es könnte zu einer Katastrophe kommen, wenn Willie in die Fänge der Verfolger geriet.

Sie ging über den Broadway nach Norden, vorbei an einem Drugstore und einem Eisenwarenladen. Vor einem Frachtbüro stapelten sich Kisten und Säcke auf dem hölzernen Gehsteig. Ein Frachtwagenfahrer beklagte sich lautstark darüber, dass er die Waren selbst verladen musste. Aus der Schmiede gegenüber drangen laute Hammerschläge. Pferde schnaubten, Hunde bellten. Im Norden ragten schneebedeckte Berge aus dem Dunst, so hoch und steil, als könnte sie kein Mensch bezwingen. Kaum zu glauben, dass die meisten Goldsucher über den steilen Chilkoot Pass zum Yukon

River zogen. Von den Gipfeln wehte böiger Wind und trieb feinen Schneeregen durch die Stadt.

Unter dem Vorbaudach eines Ladens blieb sie stehen. Sie wischte sich mit dem Ärmel die Feuchtigkeit aus dem Gesicht und beobachtete den Verkehr, ein Chaos, das sich nur mühsam zu entwirren schien. Sie befand sich bereits weit im Norden, in einem Teil der Stadt, in dem es kaum noch Häuser, sondern vor allem Zelte und andere hastig errichtete Unterkünfte gab. Nicht alle Goldsucher konnten sich ein Hotelzimmer leisten. Bedenklich war nur, hatte sie unterwegs aufgeschnappt, dass der Winter nicht mehr fern war, und der Yukon River zugefroren sein würde, wenn sie nicht sofort aufbrachen. Nur über den breiten Fluss kamen sie mit ihrer schweren Fracht sicher nach Dawson City.

Noch in Gedanken ließ sie ihren Blick über die Straße schweifen. Auf dem Gehsteig und den losen Brettern, die vor manchen Häusern ausgelegt waren, tummelten sich Goldsucher, die meisten damit beschäftigt, neue Ausrüstung und Vorräte auf ihre Wagen und Schlitten zu laden. Einige Indianer, die sich für viel Geld als Träger verpflichtet hatten, halfen ihnen dabei. Sie beobachtete einen der Indianer, der angestrengt versuchte, eine große Kiste zu packen und es erst nach einigen Versuchen schaffte, sie auf einen Wagen zu hieven, und schüttelte amüsiert den Kopf. Nur um im nächsten Augenblick einen jungen, auffallend blassen Mann zu erkennen, der seine Wollmütze weit in die Stirn gezogen hatte und sich alle paar Schritte nervös umsah, als hätte er etwas Ungesetzliches getan und große Angst, verfolgt zu werden.

Willie! Ihr Bruder!

»Willie!«, rief sie aufgeregt. »Willie! Warte doch!«

Sie rannte über die Straße, wurde beinahe von einem Fuhrwerk erfasst, überhörte die wilden Flüche des Kutschers und erreichte den jungen Mann, noch bevor er an den Indianern vorbei war. »Bleib stehen! Ich bin's! Emma!«

In ihrer Aufregung packte sie den Mann an der Schulter, drehte ihn herum und wollte ihn in die Arme schließen und erkannte gerade noch rechtzeitig, dass sie einem Fremden gegenüberstand. Nicht ihr Bruder, irgendein Goldsucher, der sie entsetzt anblickte und nicht wusste, was er sagen sollte.

»Oh. Verzeihung!«, entschuldigte sie sich. »Ich hab mich geirrt.«

11

Pünktlich um sechs Uhr abends wartete Soapy Smith am Empfang. Er trug einen maßgeschneiderten Anzug, blank polierte Stiefel und hatte seinen dunklen Bart von einem Barbier behandeln lassen. Seine eingeölten Haare glänzten im Lichtschein der Kerosinlampe, als er den schmalkrempigen Hut abnahm und sie mit einer angedeuteten Verbeugung begrüßte. »Guten Abend, Emma! Ich freue mich, Sie zu sehen.« Er benahm sich wie ein Gentleman.

Emma trug einen schwarzen Rock und eine weiße Bluse. Sie hatte ihre Schnürschuhe angezogen. Ihre Haare hatte sie mit Nadeln hochgesteckt. Das Lächeln fiel ihr schwer. »Guten Abend ... Jeff. Freut mich, Sie zu sehen.«

»Sie sehen bezaubernd aus, Emma. Wollen wir?«

Im Restaurant wartete man bereits auf sie. Soapy Smith hatte den besten Tisch am Fenster reservieren lassen, und eine ganze Reihe von Bediensteten stand bereit, ihnen jeden Wunsch von den Augen abzulesen.

»Ich habe ein Menü für uns zusammenstellen lassen«, sagte Soapy Smith. »Der Koch hat mir versprochen, nur erstklassige Ware zu verarbeiten. Sie wundern sich vielleicht, aber so etwas gibt es auch in Skagway. Ich habe die besten Jäger und Fischer der Küste angestellt. Nur den Wein habe ich aus Kalifornien kommen lassen. Ich hoffe, Sie sind mit meiner Wahl einverstanden.«

Das Essen schmeckte vorzüglich. Wenn sie ehrlich war, hatte sie schon lange nicht mehr so gut gegessen. Nach einer

Wildbrühe mit Markklößchen servierte der Kellner einen Krabbensalat, bevor sie zu zweit das Hauptgericht auf einem Servierwagen heranrollten, und einer von ihnen erklärte: »Frisches Lachsfilet mit gedämpftem Reis, garniert mit Garnelen in einer cremigen Sahnesoße, dazu Gurkensalat und selbst gebackenes Brot.« Der Wein, ein kalifornischer Chardonnay, stammte von einem Weingut am Russian River.

Emma wartete, bis sie mit dem Chardonnay angestoßen hatten, mit ihrer Frage: »Warum haben Sie mir den Rucksack und mein Geld zurückgegeben? Nicht nur mein Geld, sondern noch zweihundert Dollar extra. Und warum laden Sie mich zu diesem Festessen ein? Das tun Sie doch nicht, weil Sie mich attraktiv finden. Sie haben doch sicher einen Hintergedanken, hab ich recht?«

»Sie sind nicht nur attraktiv, Emma. Sie sind sogar sehr attraktiv und außerdem noch eine Frau, die sich nicht so leicht unterkriegen lässt. Das gefällt mir.« Er lächelte. »Aber Sie haben recht, natürlich habe ich einen Hintergedanken. Ich möchte, dass wir unsere Bekanntheit vertiefen und Freunde werden. Vielleicht sogar mehr, wer weiß. Und ich würde mich sehr freuen, wenn wir zusammenarbeiten könnten. Eine Frau wie Sie würde gut zu uns passen.«

Sie glaubte, sich verhört zu haben, und ließ erstaunt ihre Hand mit dem Weinglas sinken. »Ich soll für Sie arbeiten? Als was denn? Soll ich die Rolle des vornehm gekleideten Lockvogels übernehmen? Soll ich gutgläubige Reisende ausnehmen? Ich glaube nicht, dass ich für diese Aufgabe geeignet wäre. Wenn es stimmt, was man über Sie erzählt, würde ich es lieber bei diesem Essen belassen. Ich schätze sehr, dass Sie mir meinen Rucksack und mehr Geld als nötig zurückgegeben haben, aber wenn die zweihundert Extra-Dollar dafür waren, dass ich mich Ihnen und Ihren Leuten anschließe, würde ich sie Ihnen lieber zurückgeben. Ich habe nicht vor, zur Gesetzlosen zu werden.«

Er spießte eine Garnele auf und blickte sie amüsiert an. »In Skagway bestimme ich das Gesetz. Die Leute vertrauen mir und wissen ganz genau, dass es hier ohne mich und meine Leute drunter und drüber ginge. Mit dem Court Commissioner arbeite ich eng zusammen. An Ihrer Stelle würde ich nicht auf die Gerüchte hören, die in der Stadt kursieren. Sie wissen doch sicher, wie sehr sich das Bild eines Menschen unter solchem Einfluss wandeln kann. Ich arbeite hart für meinen Lohn und tue nichts, was andere Leute nicht auch tun würden, wenn sie meinen Unternehmergeist hätten. Aber ich muss zugeben, Emma, zusammen mit Ihnen wäre ich sicher dreimal so erfolgreich.«

»Soweit ich weiß, sind die Gerüchte, die ich über Sie gehört habe, alle wahr. Sie betrügen harmlose Reisende um ihr Geld, locken ahnungslose Passagiere wie mich in gefährliche Fallen, lassen Leute zusammenschlagen und vielleicht sogar umbringen. Wenn ich richtig informiert bin, verschicken Sie sogar Telegramme, das Stück für fünf Dollar, obwohl es in Skagway noch gar keinen Telegrafen gibt. Glauben Sie wirklich, ich gebe mich für so was her?«

Wenn Soapy Smith sich über ihre Worte ärgerte, zeigte er es nicht. Im Gegenteil, er schien sich sogar darüber zu freuen. Nachdem er eine Gabel von dem Lachs genossen hatte, sagte er: »Sie dürfen nicht alles glauben, was man Ihnen erzählt, meine liebe Emma.« Er klang gönnerhaft. »Und selbst, wenn alles so wäre, wie Sie sagen, täte ich doch nur das, was die Regierung und die großen Konzerne auch tun. Denken Sie an die Union und die Central Pacific.«

Sie verriet ihm nicht, dass ihre Eltern wertvolle Anteile an der Central Pacific besessen hatten und beim Bau der Transkontinentaleisenbahn sehr wohl an skrupellosen Unternehmen und Enteignungen beteiligt gewesen waren.

»Und die amerikanische Regierung tut doch auch nichts anderes«, fuhr Soapy Smith fort. Um nach vorn zu kommen und sich durchzusetzen, brauchen Sie nun mal Ellbogen. Die Schwachen bleiben auf der Strecke.«

»Das ist in höchstem Maße unsozial.«

»Es ist das Spiel, das wir alle spielen. Was meinen Sie denn, warum so viele Menschen zum Klondike wollen? Sie alle wollen reich werden, koste es, was es wolle, und wenn sie es geschafft haben, sind sie entweder dumm und geben ihr Geld schon in Dawson aus, oder sie haben Grips in der Birne und kehren als reiche Unternehmer nach Hause zurück. Meinen Sie vielleicht, die verteilen ihr Geld unter den Armen? Sie investieren es und versuchen, noch mehr daraus zu machen, und wenn sie dafür über Leichen gehen müssen.«

»So wie Sie, Jeff?«

Er wischte sich den Mund ab und trank einen Schluck Wein. »Ich bin Geschäftsmann und nütze die Schwäche anderer Leute aus. Das ist nichts Verwerfliches, so funktioniert unser System. Lassen Sie sich mein Angebot durch den Kopf gehen, Emma. Wenn Sie wollen, sehen wir uns in ein paar Tagen wieder, und Sie haben inzwischen vielleicht einen anderen Eindruck von mir gewonnen. Das würde mich sehr freuen, Emma.« Er prostete ihr zu. »Glauben Sie mir, Emma. Ich verlange nichts Ungesetzliches von Ihnen. Ich glaube lediglich, dass wir beide ein erfolgreiches Team wären. Meinen Sie nicht?«

»Ich habe ganz andere Sorgen«, erwiderte Emma. Sie hatte sich schon gedacht, dass ihre Unterhaltung so verlaufen würde. Wahrscheinlich war Soapy Smith sogar tatsächlich der Meinung, ein erfolgreicher Unternehmer zu sein, der sich an allgemein gültige Spielregeln hielt. »Ich suche meinen Bruder.«

»Ihren Bruder? Hier in Skagway?«

»Ich muss ihn unbedingt finden, bevor ihn andere aufspüren. Er hat sich mit einem mächtigen Mann überworfen, der ihm zwei Männer nachgeschickt hat. Sie wollen ihn zurückholen und ins Gefängnis sperren. Vielleicht wollen sie ihn sogar töten. Noch sind die beiden nicht hier, aber es kann nicht mehr lange dauern. Ich vermute, dass sie mit dem nächsten Schiff hier eintreffen.«

»Interessante Neuigkeiten«, sagte Soapy Smith, »dann haben wir anscheinend doch mehr gemeinsam, als Sie dachten. Ich kann Ihnen vielleicht helfen, die Verfolger in Schach zu halten. Darf ich fragen, wie Ihr Bruder heißt?«

»Willie ... er nennt sich William I. Swenson.«

»Ein auffallend blasser Mann? Etwas älter als Sie?«

»Das könnte er sein.«

»Hm«, überlegte Soapy Smith, »wenn ich's mir überlege, hat so ein Mann für mich gearbeitet. Er hieß auch Willie. An seinen Nachnamen kann ich mich nicht erinnern. Er hat mit einem meiner besten Spieler gepokert und ihn beim Betrügen erwischt. Das gelingt nicht jedem. Ich hab den Spieler rausgeworfen und ihn angestellt. Er brauchte dringend Geld, das traf sich gut.«

»Hat er was gesagt? Dass er verfolgt würde oder Ärger hätte?«

»Nur, dass er so schnell wie möglich die Stadt verlassen und weiter zum Klondike wollte. Noch vor dem Winter. Das wollen die meisten Männer, die in diesen Tagen nach Skagway kommen. Die Zeit wird langsam knapp. Wenn es erst mal richtig schneit, hängst du bis zum nächsten Frühjahr hier fest.«

»Wissen Sie, wo Willie wohnt?«

»Keine Ahnung, ich hab ihn eine ganze Weile nicht mehr gesehen. Könnte durchaus sein, dass er schon den Pass rauf ist. Wenn er sich bei einem Goldsucher als Träger verdingt, kommt er auch ohne Vorräte zum Yukon.«

»Sie lassen ihn einfach laufen?«

Soapy Smith wartete, bis der Kellner die leeren Teller abgeräumt hatte. »Es gibt Bessere als ihn. Anfangs hatte er eine Glückssträhne, das stimmt, aber für einen Glücksspieler ist er zu impulsiv. Als professioneller Spieler darfst du keine Gefühle zeigen, schon gar nicht beim Pokern. Tut mir leid, wenn ich so über Ihren Bruder rede, aber ich weine ihm keine Träne nach.«

Emma wunderte sich nicht über seine Antwort. Willie war nicht nur impulsiv, er war auch jähzornig und aufbrausend, und wenn Frauen ins Spiel kamen, wurde er unberechenbar. Wenn er tatsächlich in Florence verliebt und sogar mit ihr verlobt gewesen war, hätte er doch wissen müssen, dass ihm eine Nacht mit zwei leichten Mädchen zum Verhängnis werden konnte. Die Tochter des reichen Unternehmers hatte nie ein Hehl daraus gemacht, eifersüchtig zu sein. Sie hatte natürlich alle Hebel in Bewegung gesetzt, um sich an ihm zu rächen, als die Sache an Licht gekommen war. Und wenn die Polizei herausbekam, dass er dem Passagier im Hafen die Brieftasche gestohlen hatte, wäre das nur ein weiterer Beweis dafür, dass er ein schlechtes Gewissen hatte und schuldig war.

Jetzt war er auf der Flucht, und obwohl er nicht von seinen Verfolgern wusste, rechnete er wahrscheinlich damit, dass Florences Vater Männer auf ihn angesetzt hatte. Er war immer weggelaufen, wenn es gefährlich wurde, schon als kleiner Junge. Als sie am Bachufer gespielt hatten und sie ins Wasser gefallen war, hatte er weinend das Weite gesucht, anstatt ihr zu helfen. Sein und ihr Glück, dass sie damals nicht ertrunken war.

Vor dem Fenster tauchte das Gesicht einer jungen Frau auf. In dem trüben Dunst, der sich in Skagway breitgemacht hatte, war es nur undeutlich zu sehen. Die Frau beobachtete sie ungeniert und pochte wütend gegen die Scheibe. Sie rief etwas, das sich wütend anhörte, aber nur dumpf zu ihnen drang.

»Wer ist das?«, fragte Emma. »Kennen Sie die Frau?«

»Eine Verrückte«, antwortete er.

»Sie ist eifersüchtig«, erkannte sie. »Sie ist bestimmt wütend, weil Sie hier mit einer anderen Frau sitzen. Sind Sie mit ihr verheiratet? Oder verlobt?«

»Nein, dazu bin ich viel zu beschäftigt. Das ist Rose.«

»Rose?«

»Ein Tanzhallenmädchen aus einem meiner Saloons, das sich einbildet, ein Anrecht auf mich zu haben, nur weil ich mal die Nacht mit ihr verbracht und ihr ein billiges Armband geschenkt habe. Ich hab ihr nie was versprochen.«

Die Tür ging auf, und Rose kam herein. Ihr grell geschminktes Gesicht war von der Kälte und der Aufregung gerötet, und ihre Haare waren vom Wind zerzaust. Unter ihrem Mantel lugte der Saum eines bunten Kleides hervor, das zu viel von ihren Knöcheln und ihren Unterschenkeln sehen ließ. Man konnte hören, wie einige der anderen Gäste bei ihrem Anblick die Luft anhielten.

Rose hielt sich nicht lange mit Vorreden auf. Sie stürmte mit blitzenden Augen auf Emma zu und versuchte sie vom Stuhl zu zerren. »Verschwinde, du elende Schlampe!«, schimpfte sie. »Soapy gehört mir! Wir sind verlobt! Mach gefälligst, dass du rauskommst, oder ich schlag dir die Zähne ein!«

Emma stieß die junge Frau zurück, sah sich aber sofort einem neuen Angriff ausgesetzt und bekam einen schmerzhaften Fußtritt gegen ihr linkes Schienbein, bevor Soapy Smith eingriff, Rose an den Oberarmen ergriff und wie ein trotziges Kind aus dem Restaurant schob. Durch die offene Tür beobachtete sie, wie er der Frau eine schallende Ohrfeige verpasste und ihr Schläge androhte, falls sie sich noch einmal in seiner Nähe blicken ließ.

»Hast du mich verstanden, Rose?«, rief er ihr nach.

»Leck mich!«, rief sie zurück.

An der Art, wie die anderen Gäste sich nichts anmerken ließen und sofort zur Tagesordnung übergingen, erkannte sie, dass Soapy Smith in Skagway uneingeschränkt regieren konnte. Nicht mal die Prügel für eine hilflose Frau nahm man ihm übel, vor allem nicht, wenn es sich um ein Tanzhallenmädchen handelte. Gegen ihn wagte niemand aufzubegehren, auch nicht der Kellner, der sich sofort bei ihm entschuldigte, weil niemand die aufgebrachte Rose am Hereinstürmen gehindert hätte. »Darf ich den Nachtisch bringen?«

»Die Schokoladencreme? Natürlich«, erwiderte Soapy Smith.

»War das denn nötig?«, fragte Emma. »In jeder anderen Stadt hätte man Sie für eine solche Ohrfeige zur Rechenschaft gezogen, meinen Sie nicht?«

»Weil ich ein leichtes Mädchen geschlagen habe?« Ihre Antwort schien ihn zu verwundern. »Das glaube ich kaum. Rose hätte noch was viel Schlimmeres mit Ihnen gemacht, wenn ich nicht eingegriffen hätte. Angemalte Frauen wie sie brauchen eine harte Hand, sonst machen sie mit einem, was sie wollen.«

»Ich wäre schon mit ihr fertig geworden.«

»Und hier wäre das teure Geschirr zu Bruch gegangen.«

»Lassen Sie die Frau in Ruhe!«

»Wollen Sie mir Vorschriften machen?«

Emma nahm ihren Worten mit einem Lächeln die Schärfe. »Einer muss es doch tun, sonst regieren Sie hier noch ungestörter als die Central Pacific oder die amerikanische Regierung. Woher wissen Sie, dass ich Schokolade mag?«

Er nahm ihre Antwort mit Humor. »Alle Frauen mögen Schokolade.«

»Und Männer wie Sie«, sagte sie. »Wussten Sie, dass sich der Polizeichef von San Francisco seine Schokolade aus Europa schicken lässt? Und ein Verbrecher, der in Kalifornien gehenkt wurde, soll sich einen Schokoladenpudding als letzte Mahlzeit gewünscht haben. Harte Männer lieben Süßspeisen.«

Sie hatte beides erfunden und nur gesagt, um ihn einigermaßen bei Laune zu halten. Sie hatte weder vor, mit ihm ein Verhältnis einzugehen noch mit ihm zusammenzuarbeiten und seine Gaunereien zu unterstützen. Er gehörte zu den Männern, die Frauen als attraktive Sklavinnen betrachteten und zum Teufel schickten, wenn sie ihrer überdrüssig geworden waren. So wie er es eben mit Rose gemacht hatte. Und genauso würde er mit Geschäftspartnern verfahren. Solange sie ihm nützte, hofierte er sie. Brachte sie ihm kein Geld mehr oder wurde sie ihm zu mächtig, würde er sich ihrer entledigen.

Sie behielt ihr Lächeln bis zum Abschied bei. »Herzlichen Dank für den wunderschönen Abend«, bedankte sie sich vor dem Empfang, »ich hatte lange kein so gutes Dinner mehr. Aber jetzt bin ich wirklich rechtschaffen müde.«

»Es war mir ein außerordentliches Vergnügen«, setzte auch Soapy Smith zu einem Lob an. »Sie sind wirklich eine beeindruckende Frau. So viel Kontra hat mir schon lange keiner mehr gegeben. Sie haben keine Angst vor mir.«

»Warum sollte ich?«, log sie.

Er knöpfte seinen Mantel zu. »Lassen Sie sich meinen Vorschlag noch einmal durch den Kopf gehen, Emma. Meine beiden Vorschläge, sollte ich wohl sagen. Ich würde gern wieder mit Ihnen ausgehen, und ich wäre wirklich ernsthaft daran interessiert, auch geschäftlich mit Ihnen ein Paar zu bilden. Wir könnten einiges in dieser Stadt erreichen, Emma, glauben Sie mir.«

»Ich werde es mir überlegen«, sagte sie, obwohl sie jetzt schon wusste, dass sie auf keinen seiner Vorschläge eingehen würde. Aber es war besser, einen so gefährlichen Mann auf seiner Seite zu haben, solange sie in Skagway war. Er konnte ihr vielleicht sogar helfen, die Verfolger vom Hals zu halten, falls sie wirklich mit der *Galena* nach Alaska kamen. Sie hätte

keine Hemmungen, Soapy Smith für ihre Dienste einzu-
spannen und ihn mit seinen eigenen Waffen zu schlagen. Er
hatte verdient, dass ihn mal einer hereinlegte.

»Gute Nacht«, wünschte sie ihm und ging auf ihr Zimmer.

12

Emma schlief in dieser Nacht sehr unruhig. Der Wortwechsel mit Soapy Smith schwirrte ihr im Kopf herum und hielt sie davon ab, die Augen zu schließen und sich angenehmen Träumen hinzugeben. Die Erkenntnis, dass ein Gangster eine ganze Armee von willigen Helfern um sich scharen und nach Belieben eine ganze Stadt kontrollieren konnte, jagte ihr so große Angst ein, dass sie sich mehrmals unruhig von einer Seite auf die andere wälzte.

Vielleicht hörte sie deshalb, wie sich jemand an der Tür zu schaffen machte und den Schlüssel, mit dem sie abgeschlossen hatte, mit einem spitzen Gegenstand durch das Loch schob. Sie hatte bereits die Beine aus dem Bett geschwungen, als der Schlüssel zu Boden fiel, und jemand von außen aufschloss und in ihr Zimmer stürmte. Emma sah einen dunklen Schatten auf sich zu kommen, riss beide Arme hoch und wehrte eine junge Frau ab, die mit erhobenen Fäusten auf sie losging. Rose, erkannte sie die Angreiferin sofort.

»Dir werde ich's zeigen, du verdammtes Miststück!«, tobte Rose. Von der Straße fiel genug Licht herein, um ihr wutverzerrtes Gesicht bloßzustellen. »Soapy Smith gehört mir!« Ihre Fäuste flogen weiter durch die Luft, trafen Emma zweimal am Kopf und rissen sie vom Bett. »Das hast du nicht umsonst gemacht, du hinterhältige Schlampe! Dafür reiße ich dir den Arsch auf!«

Emma war mit einem wenig zimperlichen Bruder aufgewachsen und einiges gewöhnt, aber so ordinär wie Rose war ihr noch keiner begegnet, eine Frau schon gar nicht. Emma packte sie an den Beinen und riss sie ebenfalls zu Boden, versuchte vergeblich, ihre Handgelenke zu ergreifen, um sie zur Ruhe zu bringen, und bekam einen heftigen Fußtritt ins Gesicht. Mit einem Aufschrei fiel sie zurück und war Rose hilflos ausgeliefert. Viel zu schnell war die Angreiferin über ihr und nahe daran, sie ins Gesicht zu schlagen.

Emma hielt schützend beide Hände vor ihr Gesicht und wartete auf den Schlag, stattdessen ertönte ein lautes und bedrohliches Knurren, das Rose mitten in der Bewegung erstarren ließ. In der offenen Tür stand Shasta. Das spärliche Licht ließ seine entblößten Reißzähne noch gefährlicher erscheinen und jagte Rose einen solchen Schrecken ein, dass sie von ihrem Opfer abließ. Der Husky kam langsam näher und blieb mitten im Zimmer stehen.

»Wo ... wo kommt der Hund her?«, brachte Rose hervor.

»Der gehört zu mir«, sagte Emma, die ebenso erschrocken war und hoffte, dass Shasta tatsächlich ihretwegen gekommen war. »Und wenn Sie nicht sofort verschwinden, kommen Sie hier garantiert nicht ohne Bisswunden raus.«

»Halt den Hund zurück!«, sagte Rose. Sie behielt den Husky im Auge und entfernte sich vorsichtig von Emma. Dabei bewegte sie sich sehr langsam und vorsichtig, um nicht den Eindruck zu erwecken, sie führte etwas im Schilde.

»Ist gut, Shasta!«, beruhigte Emma den Husky. »Lass sie gehen!«

Rose schlug einen großen Bogen um Shasta, schützte sich mit beiden Armen, auch wenn der Husky seine Reißzähne versteckt hatte und nur noch leise knurrte, und war den Tränen nahe, als sie langsam einen Fuß vor den anderen setzte.

Sie wusste, dass jede unbedachte Bewegung ihr schaden konnte.

»Rose!«, hielt Emma sie zurück.

»Tun Sie mir nichts! Bitte nicht!«, flehte Rose.

Emma stemmte sich vom Boden hoch und blieb stehen. »Ich habe nichts mit Soapy Smith«, erklärte sie mit ruhiger Stimme. »Nichts läge mir ferner, als mich mit ihm einzulassen. Er hat mich zum Essen eingeladen, das ist alles, und ich habe lediglich zugesagt, weil er mir keine andere Wahl ließ. Also beruhigen Sie sich, und lassen Sie mich in Ruhe! Und jetzt verschwinden Sie!«

Rose schlich in den Flur und stürmte wie von Furien gehetzt die Treppe hinab. Emma atmete auf und schloss Shasta dankbar in die Arme. »Das hast du gut gemacht, Shasta!«, lobte sie ihn. »Vielen Dank, ich weiß gar nicht, wie ich mich dafür revanchieren kann.« Sie hatte keine Ahnung, warum der Husky ihr so freundlich gesonnen und ihr schon wieder zu Hilfe geeilt war. »Woher hast du bloß gewusst, dass Rose mich überfallen würde? Bist du Hellseher? Oder liegst du wie ein Wachhund auf der Lauer und passt auf mich auf?« Sie tätschelte ihn liebevoll. »Egal, ich bin dir auf jeden Fall sehr dankbar.«

Nachdem Shasta ohne ein weiteres Jaulen verschwunden war und sie erneut die Tür verschlossen hatte, fand Emma endlich den ersehnten Schlaf. Einigermaßen ausgeruht wachte sie am nächsten Morgen auf, trat verschlafen ans Fenster und blickte auf den Broadway hinab. Schon jetzt herrschte reger Betrieb. Obwohl es lange dunkel in Skagway blieb, waren die Nächte kurz, jeder hatte es eilig, einer versuchte den anderen zu übertrumpfen und eher auf den Pass und zum Yukon River zu kommen. Höchstens noch eine Woche, hatte sie aufgeschnappt, dann wäre es zu spät für den Anstieg, und die Polizisten am Kontrollpunkt würden einen nicht mehr durchlassen. Wenn der Yukon River zugefroren war, wurde der Weg zum Klondike zu beschwerlich, vor allem mit dem vielen Gepäck, das die meisten Goldsucher mitschleppten.

Sie frühstückte im Restaurant, spürte erleichtert, wie ihre Energie mit dem heißen Tee zurückkehrte, und beeilte sich, nach draußen zu kommen. Noch bestand die Hoffnung, dass Willie sich in Skagway aufhielt, und sie ihn rechtzeitig vor den Verfolgern warnen konnte. Er musste so schnell wie möglich über den Pass, bevor die Verfolger nach Skagway kamen und ihn aufspürten. Bei dem Gedanken, dass er nicht die geringste Ahnung hatte, dass Forester zwei Männer auf ihn angesetzt hatte, wurde ihr beinahe übel.

Auf der Straße empfing sie kühler Wind. Die Bergriesen nördlich der Stadt lagen teilweise in milchigem Dunst verborgen. Der Boden war hart gefroren. Bereits am vergangenen Nachmittag hatte sie beobachtet, dass viele Frauen den Saum ihrer Röcke unter die Knie genäht hatten und teilweise Wollhosen darunter trugen, um die Röcke nicht durch Schmutz oder Schnee ziehen zu müssen und besser gegen die zunehmende Kälte geschützt zu sein. Wenn sie Willie nicht fand und ihm in die Wildnis folgen musste, würde sie sich auf die gleiche Weise vorbereiten. Die Winter in Alaska sollten extrem kalt sein.

Schon nach wenigen Schritten begegnete sie Soapy Smith. Der Betrüger hatte sie wohl von seinem Saloon gegenüber entdeckt und überquerte mit hastigen Schritten die Straße.

Er schien nicht vorgehabt zu haben, sein Zuhause zu verlassen, und trug weder Mantel noch Handschuhe. »Emma! Welche Freude, Sie zu sehen«, begrüßte er sie. »Ich hoffe, Sie haben gut geschlafen.«

Sie hatte nicht vor, Rose ans Messer zu liefern, und erwiderte: »Vielen Dank, es ist wirklich nett von Ihnen, mir die Suite zur Verfügung zu stellen, aber ich würde es vorziehen, mein Zimmer selbst zu bezahlen. Auch die zweihundert Dollar, die Sie mir freundlicherweise gegeben haben, brauche ich nicht. Verstehen Sie mich nicht falsch. Sie waren wirklich großzügig …«

»Sie beschämen mich, Emma«, fiel er ihr ins Wort. »Ich werde das Geld auf keinen Fall zurücknehmen und Ihnen auch das Zimmer nicht berechnen. Betrachten Sie mein Entgegenkommen als Versuch, andere Menschen nicht ständig zu übervorteilen und bei meinen Geschäften nicht ausschließlich an Profit zu denken. Sie wissen hoffentlich, dass an meine Geschenke keinerlei Bedingungen geknüpft sind. Was immer Sie tun, entscheiden nur Sie allein.«

»Freut mich zu hören, Jeff.«

»Sie hatten keinen Ärger mit Rose mehr?«

»Nein«, tat sie unschuldig, »wie kommen Sie darauf?«

»Es kursieren Gerüchte.«

»Nein«, beeilte sie sich zu sagen, »zwischen uns ist alles in Ordnung. Ich denke, Sie haben ihr gestern ziemlich deutlich gemacht, dass es wenig bringt, gegen Sie aufzubegehren. Es sei denn, man hat stichhaltige Argumente.« Sie lächelte. »Haben Sie heute Morgen zufällig meinen Bruder gesehen, Jeff?«

»Willie? Nein. Ich denke, er ist schon auf dem Weg nach Norden.«

»Mag sein. Einen schönen Tag noch.«

»Bis bald«, rief ihr Soapy Smith nach.

Emma nahm den gleichen Weg wie am vergangenen Nachmittag und folgte dem Broadway, nur dass sie diesmal noch weiter nach Norden lief und auch zwischen den Zelten und behelfsmäßigen Unterkünften nach Willie suchte. Sie blieb immer wieder stehen und blickte sich suchend um, fragte Goldsucher nach ihm, die aber gelangweilt den Kopf schüttelten. In Skagway interessierte sich kaum einer für den anderen, jeder hatte genug mit sich zu tun und war nur auf seinen eigenen Vorteil bedacht.

»Nun sieh mal einer an«, vernahm sie eine vertraute Frauenstimme. »Sie sind auch noch hier. Sagen Sie bloß, Sie haben es sich doch noch überlegt.«

Emma drehte sich um und sah Mary Beth im Eingang eines Zeltes stehen. »Gentlemen Welcome!« stand in ungelenken Lettern auf einem Schild am Giebel des Eingangszeltes. Dahinter war ein weiteres Zelt, anscheinend der Arbeitsplatz für die junge Cherry, die wohl auch in diesem Augenblick im Einsatz war. Aus dem Zelt drangen lautes Stöhnen und Seufzen.

Abigail saß auf einem Klappstuhl vor dem Haupteingang ihrer kleinen Zeltstadt und kämmte sich die langen Haare. Ihr Mantel war weit geöffnet und gab den Blick auf ihre Brüste frei. Die Kälte schien sie nicht zu stören.

»Nein«, antwortete Emma lachend. »Ich habe alles, was ich brauche.«

»Außer Ihrem Bruder?«

Sie nickte bekümmert. »Ich suche schon die ganze Zeit nach ihm, leider vergeblich. Eigentlich müsste er noch in der

Stadt sein. Er hat als Pokerspieler für Soapy Smith gearbeitet, hatte aber wenig Glück. Er verlor den Job und verkriecht sich irgendwo. Oder er ist bereits nach Dawson City unterwegs.«

»Cherry hat einen Mann über Ihren Bruder reden hören«, erwiderte Mary Beth. »Keine Ahnung, um was es ging, sie hat's so nebenbei mal fallenlassen. Warten Sie, bis Sie mit dem Barbier fertig ist, dann können Sie reden.«

»Sie lässt sich die Haare schneiden?«, wunderte sich Emma.

Abigail kicherte verstohlen.

»Ich glaube eher, die beiden treiben was anderes, und das hat mit Haareschneiden sicher wenig zu tun.« Sie deutete auf einen freien Hocker. »Setzen Sie sich zu uns, Schätzchen. Wie wär's mit einem Schluck Whiskey? Oder doch lieber Tee? Wir haben beides, sogar Kekse. Männer mögen so was. Die Konkurrenz ist groß in Skagway, und man muss sich was einfallen lassen.«

»Heißer Tee würde mir gefallen.« Emma setzte sich neben Mary Beth auf den freien Hocker und bedankte sich bei Abigail, die ihr einen Becher Tee aus dem Zelt brachte. »Wollten Sie nicht ein Restaurant eröffnen, Mary Beth?«

»Wir mussten unsere Pläne ändern«, antwortete Mary Beth. »Um auf eigenen Beinen zu stehen, fehlt uns die Kohle. Wir können von Glück sagen, dass wir einen ... wie sagt man? Dass wir einen Investor fanden, der uns half, diesen Laden auf die Beine zu stellen. Für ein Restaurant wollte er uns nichts geben, ihm würden schon mehrere gehören, aber von einem Etablissement wie diesem könnte er nicht genug bekommen.« Sie zog die Mundwinkel nach oben. »Er hat einen Narren an unserer kleinen Cherry gefressen, wissen Sie?«

»Lassen Sie mich raten«, erwiderte Emma, »Ihr Investor ist Jefferson Randolph Smith, besser bekannt als Soapy ist Smith, und er verlangt unverschämte Zinsen für sein Darlehen und mindestens die Hälfte von Ihrem Gewinn.«

»Siebzig Prozent«, verbesserte Mary Beth. »Woher wissen Sie das?«

»Das war nicht schwer zu erraten. Soapy Smith regiert wie ein König in Skagway und kassiert so ziemlich jeden ab, der irgendein lukratives Geschäft betreibt. Und die Hälfte der Männer, die auf der Durchreise sind und gleich weiter zum Klondike wollen, lässt er überfallen und ausrauben. Einen skrupelloseren Burschen als diesen Soapy Smith gibt es in ganz Amerika nicht.«

»In dem Geschäft bin ich auch nicht schlecht, Schätzchen.« Mary Beth drehte sich eine Zigarette. »Oder glauben Sie, wir rechnen auf den Penny ab? Cherry ist ein schlaues Kindchen, die schlägt immer ein Trinkgeld heraus.«

»Seien Sie bloß vorsichtig!«

»Sprechen Sie aus Erfahrung?«

Emma hatte keine Lust, ihr alles zu erzählen, beließ es lediglich dabei, dass man sie beraubt und Soapy Smith ihr den Rucksack und das Geld zurückgegeben hatte. »Ich kann nichts gegen ihn sagen«, berichtete sie, »er hat mich wie eine Lady behandelt. Aber ich weiß, dass er mit anderen wesentlich schlechter umgeht und keine Rücksicht nimmt, wenn er Profit machen kann.«

»Er hat Ihnen alles zurückgegeben?«, wunderte sich Mary Beth. Sie hatte ihre Zigarette angezündet und paffte daran.

»Sogar das Geld? Darauf können Sie sich was einbilden, Schätzchen. Das macht er wahrscheinlich nur bei Frauen, die ihm richtig gefallen. Sie haben Macht über ihn, merken Sie das?«

»Ich kann mir was Schöneres vorstellen.«

»Denken Sie an den Reichtum, den er Ihnen bieten kann! Reizen Sie ihn so lange, bis er Ihnen alles zu Füßen legt. Geld, Schmuck, was auch immer. Die Liebe macht willenlose Schäfchen aus harten Männern. Wenn sie erst mal auf Ihre Reize reingefallen sind, können Sie alles von ihnen haben, was Sie wollen. Ich kenne das Geschäft, glauben Sie mir. Wenn Sie einen Mann wie Soapy Smith an der Angel haben, müssen Sie dranbleiben. Alles andere wäre verrückt. Der Mann ist ein Geschenk! Sie haben das gewisse Etwas, Schätzchen! Zu dumm, dass Sie nicht bei uns mitmachen wollen, oder vielleicht doch? Wie wär's mit einem Stück leckeren Apfelkuchen? Hab ich von der Witwe, die ein paar Zelte weiter eine Bäckerei eröffnet hat.«

Emma hielt sich den Magen. »Vielen Dank, Mary Beth. Ich habe ausgiebig gefrühstückt.« Sie blickte auf das Zelt, in dem Cherry und ihr Freier zugange waren. Sie stöhnten immer noch. »Meinen Sie, sie brauchen noch lange?«

»Der Mann hat doppelt bezahlt. Er will es von vorn und von …«

»Schon gut«, unterbrach Emma sie schnell. »Ich hab's nicht eilig.«

Nur ein paar Minuten später krochen Cherry und ihr Freier aus dem Zelt. Der Mann, ein schnauzbärtiger Goldsucher, grinste über beide Backen und knöpfte zufrieden seine Hose und seinen Mantel zu. »Du warst jeden einzelnen

Penny wert, Cherry-Baby«, sagte er. »So hat's mir noch keine gegeben.«

»Du warst aber auch nicht übel, mein Schatz«, erwiderte Cherry. Mit offenen Haaren wirkte sie noch mädchenhafter und verführerischer. Sie lächelte kokett. »Kommst du morgen wieder? Wir könnten noch ganz andere Sachen ausprobieren.« Sie flüsterte ihm etwas ins Ohr und kicherte, als er rot wurde.

»Das meinst du hoffentlich im Ernst, Kindchen.«

»Komm wieder, dann wirst du es erleben.«

Der Freier verschwand, und Cherry ließ sich erschöpft auf ihren Hocker fallen. Ihr Lächeln war mit einem Schlag verschwunden. »Was für ein Trottel!«, schimpfte sie. »Wenn er will, dass ich wie eine Katze auf ihm rumklettere und ihm sonst was lutsche, muss er schon tiefer in die Tasche greifen.«

»Das tut er doch, Cherry«, sagte Mary Beth, »den hast du im Griff.«

Cherry hüllte sich in eine Wolldecke und bedeckte ihre Blößen. »Hoffen wir's. Geld hat er genug. Er hat beim Pokern gewonnen, sagt er. Ich glaube, er hat es gestohlen. Der versteht vom Pokern auch nicht mehr als wir hier.«

»Hast du gestern nicht was von einem Willie erzählt?«, fragte Mary Beth. »Dem Verrückten, der mit der Tochter eines Häuptlings durchbrennen wollte? Emma sucht immer noch nach ihrem Bruder. Das könnte er doch sein, oder?«

»Weiß nicht. Hat mir ein Freier erzählt, die Geschichte.«

»Was für eine Geschichte?«, fragte Emma neugierig.

Cherry zog die Wolldecke fester über ihre Schultern und nickte dankbar, als Abigail ihr einen Becher Tee brachte. »Der Freier kannte sich mit den Indianern aus, die ein paar

Meilen von hier am Fluss lagern und für die Goldgräber als Träger arbeiten. Vor ein paar Tagen wäre ein gewisser Willie bei ihnen gewesen und hätte sich zum Narren gemacht. Er hatte es auf die Tochter eines wichtigen Kriegers abgesehen und wollte wohl mit ihr im Wald verschwinden. Das kriegte der Krieger raus und rückte ihm mit ein paar Freunden auf die Pelle. Sie erwischten ihn, wie er gerade seine Hose runterließ, rissen ihm alle Kleider vom Leib und jagten ihn davon. Er konnte von Glück sagen, dass sie ihm sein Geld ließen, sonst hätte er wohl nackt zum Klondike ziehen müssen. Angeblich ging er nach Dyea rüber und besorgte sich dort neue Kleider. Ich nehme an, er ist über den Pass, aber genau weiß es keiner.«

»Dyea? Das liegt hier ganz in der Nähe, nicht wahr?«

»Ein paar Meilen durch den Wald da drüben.« Mary Beth deutete nach Westen. »Am Taiya Inlet, so nennen sie die Meeresbucht. Reicht bis zur Stadt. Nicht so wild wie hier, einen Soapy Smith gibt's dort jedenfalls nicht.«

»Das ist doch schon mal was. Meinen Sie, er versteckt sich dort?«

»Vor den Indianern?« Cherry trank kichernd von ihrem Tee. »Die hatten ihren Spaß und haben ihn längst vergessen. Aber wenn er schlau ist, macht er sich so schnell wie möglich zum Klondike auf. Hier kriegt er sowieso kein Bein mehr auf die Erde. Wer will schon einen Kerl, der sich so blamiert hat.«

Emma tat es weh, sie so über ihren Bruder sprechen zu hören, wunderte sich aber nicht. Wenn es irgendwo ein Fettnäpfchen gab, trat Willie hinein. Seine Spielsucht und sein rücksichtsloses Vorgehen, wenn es um Frauen ging, würden ihm irgendwann einmal den Hals brechen. Warum machte er sich so zum Narren? Hatte er denn keine Angst, dass Forester ihm seine Männer hinterherschickte? Jeder andere hätte sich still, heimlich und leise aus dem Staub gemacht und sich nicht durch solche Eskapaden hervorgetan. Eine deutlichere Spur konnte er für die beiden Verfolger nicht legen.

»Sorry, dass wir keine besseren Nachrichten für Sie haben, Schätzchen«, sagte Mary Beth und warf ihre Zigarette ins feuchte Gras. »An Ihrer Stelle würde ich mir gründlich überlegen, ob ich meinem Bruder hinterherlaufen würde. Was ich über den gehört habe, klingt nicht gerade so, als würde er auf Sie hören. Der bringt es fertig und nimmt Ihnen die letzten Dollar für seine Pokerabende ab. Von seinen Frauengeschichten ganz zu schweigen. Lassen Sie ihn laufen, und halten Sie sich an Soapy Smith. Nicht gerade der Ritter, von dem wir alle träumen, aber bei dem ist was zu holen. Er hat einen Narren an Ihnen gefressen, Schätzchen, nützen Sie das aus, und kassieren Sie ihn ab.«

»Ich warte lieber auf den wahren Ritter«, erwiderte Emma. Sie trank ihren Tee und stand auf. »Irgendwann wird er schon kommen. Ich habe Geduld.«

»Sie meinen diesen Fallensteller? Auf den können Sie lange warten!«

»Abwarten«, sagte sie.

Im gleichen Augenblick ertönte die Dampfpfeife eines Schiffes, und sie beobachtete selbst aus der Entfernung, wie die *Galena* in die Bucht einfuhr.

13

Mit gemischten Gefühlen näherte sich Emma der Anlegestelle. In dem nebligen Dunst, der auch an diesem Morgen
über der Bucht lag, wirkte die *Galena* wie ein unheimliches
Geisterschiff, und erst als das Dampfschiff am Pier fest-
machte, erkannte sie die Bewegung an Bord. Auf dem Oberdeck drängten sich die Passagiere und konnten anscheinend
kaum erwarten, endlich an Land gehen zu dürfen. Die Befehle des Maats, der seine Anweisungen durch ein Sprachrohr rief, klangen dumpf und hohl, die Maschinen wurden
langsamer und leiser und erstarben schließlich ganz. In
schwarzen Schleiern wehte der Rauch aus den beiden Schloten über die langen Holzpiere in die Stadt hinein.

Mit Emma schien die halbe Stadt zum Hafen zu drängen.
Neugierige, aber auch Männer, die Angehörige erwarteten,
und vor allem Frachtwagenfahrer und Bedienstete, die sich
den Passagieren als Träger anbieten würden, brachten sich in
Position. Dazwischen Soapy Smiths Leute, Schlepper und
Betrüger, die sich gleich nach ihrer Ankunft an den Neuan-
kömmlingen bereichern würden. Sie erkannte den vornehm
gekleideten Mann, der sie in eine Falle gelockt und wohl
noch eine Chance bekommen hatte, und seltsamerweise
auch Rose, die ihren Mantel und das bunte Kleid darunter
verkürzt hatte und damit verächtliche Blicke bei sogenann-
ten anständigen Bürgern provozierte.

Emma postierte sich neben einem abgestellten Frachtwagen vor dem Eisenwarenladen. Von dort hatte sie gute Aus-

sicht auf den Pier, an dem die *Galena* angelegt hatte, ohne von den ankommenden Passagieren gesehen zu werden. In ihrer Brust schlugen zwei Herzen. Eines klopfte vor Angst, die beiden Männer, die Forester auf ihren Bruder gehetzt hatte, könnten an Land gehen, das andere schlug in der Hoffnung, Paul könnte bei den Passagieren sein und eine Erklärung dafür haben, warum er mit der jungen Indianerin in den Wald gegangen und nicht an Bord der *Humboldt* gekommen war. Sie hatte den Fallensteller nicht vergessen, glaubte noch immer daran, dass ihre Herzen in einem ähnlichen Rhythmus schlugen und sie füreinander bestimmt waren.

Ohne dass sie es gemerkt hatte, war Shasta neben ihr aufgetaucht. Er drängte sich dicht an ihre Beine und blickte in die gleiche Richtung und schien ähnlich wie sie zu fühlen. Seine Muskeln waren angespannt, seine Ohren aufgestellt, als wollten sie keinen Laut verpassen, der vom Pier herüberdrang. Mit seinen scharfen Augen schien er selbst den Dunst zu durchdringen. Er würdigte sie keines Blickes, seine ganze Aufmerksamkeit schien den landenden Passagieren zu gelten. Lediglich die Art, wie er neben ihr stand und sie berührte, deutete an, wie wohl er sich in ihrer Nähe fühlte.

»Hast du ihn gewittert?«, fragte Emma ihn leise. »Ist Paul an Bord?«

Der Husky gab keine Antwort, duckte sich unter den Wagen, um noch besser sehen zu können, und blieb eine Weile so reglos liegen, als wäre er mitten in der Bewegung erstarrt. Emma blickte rechts vom Kutschbock über den Pritschenwagen hinweg und spürte, wie sich ihr Herzschlag beschleunigte. Die ersten Passagiere kamen über den langen Pier und erreichten die Stadt.

Sie kniff die Augen gegen den kaum spürbaren Nieselregen zusammen, der mit dem Wind von der Bucht hereinwehte, und ließ ihren Blick über die ankommenden Passagiere gleiten. Sie waren schwer auseinanderzuhalten, sahen in ihren dunklen Anzügen und mit ihren Schnurrbärten fast alle gleich aus. Die meisten trugen Bowler-Hüte oder Mützen, einige wenige hatten sich unterwegs Fellmützen besorgt. Allen gleich war die Hoffnung in ihren Augen, die Erwartung, schon bald die Goldfelder zu erreichen und als wohlhabende Männer in die Heimat zurückkehren zu können. Die wenigsten wussten um die Gefahren, die auf dem beschwerlichen Weg zum Klondike warteten.

Shasta knurrte leise, aber feindselig und ging einen Schritt nach vorn, zog sich aber gleich wieder in sein Versteck unter dem Wagen zurück. Gleichzeitig erkannte Emma die beiden Männer. Woher Shasta wusste, dass sie eine Bedrohung für sie darstellten, wusste sie nicht. Wahrscheinlich war es nur sein Instinkt, der sie als gefährlich wahrnahm. Das waren die Killer, die Forester auf ihren Bruder angesetzt hatte, daran gab es keinen Zweifel. Einer war jung und schlank und trug einen Anorak, den er bei den Indianern gekauft haben musste. Seine Haut war ähnlich blass wie die ihres Bruders. Der andere war um die Vierzig und sehr kräftig, trug eine Holzfällerjacke und eine Pelzmütze, wie sie bei Fallenstellern beliebt war. Sein Gesicht war unnatürlich gerötet, als hätte er die letzte Stunde im Fahrtwind an Deck verbracht.

Sie zog sich noch weiter hinter den Wagen zurück, behielt die Männer aber im Auge und beobachtete, wie Rose sich ihnen näherte. Mit ihrem verführerischen Lächeln zog sie die beiden sofort in ihren Bann. Emma brauchte die Worte ihrer

Widersacherin nicht zu verstehen, um zu erkennen, was sie vorhatte. Anscheinend hatte sie den gleichen Auftrag wie der vornehm gekleidete Mann, der anscheinend nur auf weibliche Passagiere angesetzt war. Um männliche Passagiere in die Falle zu locken, brauchte man eine verführerische Sirene, wie Rose sie perfekt spielte. Scheinbar zufällig stolperte sie und hielt sich an dem älteren Mann fest, bevor sie auf beide einredete und mit ihnen den Broadway überquerte. »In der Gasse dort sind wir ungestört«, hörte Emma sie sagen, »ein preiswertes Hotel, und ich trete jeden Abend dort auf.«

Das geschieht euch recht, dachte sie und rieb sich bereits die Hände. Wenn die Verfolger ihr Geld und ihre Waffen verloren und ein oder mehrere Tage im Krankenzimmer von Doc Merrick verbringen mussten, würde ihr genug Zeit bleiben, um weiter nach ihrem Bruder zu suchen und ihn zu warnen. Wenn er erfuhr, dass Foresters Männer tatsächlich nach Alaska gekommen waren, nahm er die ganze Sache vielleicht ernster und machte sich davon. So wie sie ihren Bruder kannte, befürchtete sie, dass er sich noch in Dyea aufhielt. Wenn ihn der Teufel ritt, stellte er immer noch dieser jungen Indianerin nach.

Sie trat in das Halbdunkel unter dem Vorbaudach und wartete geduldig. Sie würde den Männern nicht helfen, auch Shasta hielt sich zurück, und als sie sich einige Zeit später nach ihm umdrehte, war er verschwunden. Ihr blieb keine Zeit, sich darüber zu wundern, denn kaum blickte sie in die andere Richtung, tauchten ihre Verfolger lachend aus der Gasse auf. Ihnen war kein Haar gekrümmt worden, und auch ihre Taschen hatten sie noch. Es schien fast so, als kehrten sie von einem fröhlichen Treffen mit Freunden zurück.

Emma stolperte überrascht zurück und stieß gegen die Hauswand. Fassungslos beobachtete sie, wie die Killer die Straße überquerten und zum Skagway Hotel gingen, in dem auch sie wohnte. Sie hatte keinen Zweifel daran, dass sie ein Zimmer bekommen würden, auch ohne die Hilfe von Soapy Smith. Die Männer würden auch das Angebot, das ihnen der »König von Skagway« sicher machen würde, ablehnen. Sie waren ein eingespieltes Duo, das sah man schon an der Art, wie sie harmonierten und sich bewegten, und selbstbewusst genug, um sich nicht von Bandenchefs wie Soapy Smith beeindrucken zu lassen. Ohne sich umzudrehen, verschwanden sie in dem Hotel.

Aus Angst, sie könnten Rose schwer verletzt oder sogar umgebracht zu haben, rannte sie in die Gasse. Diesen Schurken war alles zuzutrauen. Sie sah die Frau vor dem Schuppen auf der Erde liegen, das Gesicht voller Blut, aber bei Bewusstsein und ansprechbar. »Rose! Um Himmels willen!« Vergessen war ihre Abneigung gegenüber der eifersüchtigen Frau, als sie neben ihr in die Knie ging und sie vorsichtig untersuchte. »Hat man auf Sie geschossen?«

»Nein … die Dreckskerle haben mich geschlagen!« Ihre Wut war stärker als der Schmerz. »Alle beide! Als ich sie in den Schuppen stoßen wollte. Und die beiden Feiglinge, die ihnen das Geld abnehmen sollten, sind davongerannt!«

»Sie sind an die Falschen geraten. Das waren Gangster.«

»Das weiß ich inzwischen auch.« Ihre Stimme klang dumpf, als hätte sie Schnupfen. »Aber was soll ich machen? Soapy Smith würde mich zum Teufel jagen, wenn ich's nicht versuchen würde. Joe und Emmett sind schuld, die beiden Scheißkerle, die im Schuppen auf uns warten sollten. Feiges Pack!«

Emma zog ein gefaltetes Tuch aus ihrer Manteltasche und tupfte das Blut vom Gesicht der Verletzten. Als sie mit der Hand an ihre Nase kam, schrie Rose auf. »Tut mir leid«, sagte Emma schnell. »Das sieht nicht gut aus. Ich glaube, die Nase ist gebrochen.« Sie drückte ihr das Taschentuch in die Hand.

»Der Kräftige … er hat zuerst zugeschlagen.« Sie stützte sich auf einen Unterarm und stemmte sich ächzend vom Boden hoch. »Zwei-, dreimal, so fest er konnte! Ohne den Dünnen hätte ich wahrscheinlich kein Gesicht mehr.«

»Sie brauchen einen Arzt! Kommen Sie, ich bringe Sie hin.«

Rose ließ sich willenlos von ihr aus der Gasse führen. Obwohl sie sicher starke Schmerzen hatte, dachte sie nur an ihre mögliche Bestrafung. »O verdammt! Soapy Smith kriegt einen Anfall, wenn er hört, was mir passiert ist!«

»Vergessen Sie Soapy Smith! Mit dem würden Sie sowieso nicht glücklich, der denkt doch nur an sich. Von dem hat keiner was Gutes zu erwarten.«

»Außer dir!«, erwiderte sie. »Warum hilfst du mir eigentlich?«

»Ich war in der Nähe.« Eine bessere Erklärung hatte Emma nicht.

Doc Merrick war wenig überrascht, als Emma mit der verletzten Rose erschien. Er musterte die Verletzte nur kurz, dann bat er sie beide herein und führte sie in sein Behandlungszimmer. »Zwei Männer haben sie zusammengeschlagen«, erklärte Emma. »Der gleiche Trick wie bei mir, nur sind sie diesmal an die Falschen geraten. Ich glaube, sie haben ihr die Nase gebrochen.«

»Sieht ganz so aus. Ich kümmere mich um sie.«

Emma kramte einige Dollarmünzen aus ihrer Manteltasche und reichte sie ihm. »Vielen Dank, Doc. Sagen Sie niemandem, dass ich hier war. Es könnte sein, dass die beiden Männer, die Rose geschlagen haben, nach mir fragen.«

»Ärztliche Schweigepflicht«, erwiderte er lächelnd.

Sie verließ seine Praxis und war zum ersten Mal froh, dass auf der Straße so viel Betrieb war. Je mehr Menschen sich auf den Gehsteigen tummelten, desto schwieriger war es für die Verfolger, sie aufzuspüren. Sie würden die ganze Stadt nach ihrem Bruder durchkämmen, doch wenn sie ihn nicht fanden, würden sie nach ihr suchen und versuchen, seinen Aufenthaltsort aus ihr herauszubekommen. Auch wenn sie ihn nicht kannte, würden sie nicht davor zurückschrecken, sie zu foltern und zu bedrohen. Wer rücksichtslos auf eine schwache Frau wie Rose eindrosch, kannte keine Hemmungen.

Scheinbar interessiert ging sie von einem Laden zum anderen, betrachtete die Auslagen eines Drugstore und eines kleinen Kaufhauses, behielt dabei stets das Skagway Hotel im Blick und wartete ungeduldig darauf, dass die Männer herauskamen. Sobald sie ihren Rucksack geholt hatte, würde sie nach ihrem Bruder suchen und einen Plan mit ihm schmieden, wie er ihnen am besten entkommen konnte. Leider gab es noch kein Telegrafenbüro in Skagway, sonst hätte sie sich erkundigt, ob Albert Hunnicut zur Polizei gegangen war, und wie es um die Anklage gegen Willie stand. So musste sie davon ausgehen, dass ihr Bruder wegen Vergewaltigung und Diebstahl gesucht wurde, man sie vielleicht sogar als Komplizin oder Fluchthelferin verdächtigte, und es wahrscheinlich niemanden kümmerte, wenn die Männer, die Forester geschickt hatte, ihren Bruder umbrachten. Er hatte es doch verdient, würden sie sagen, die arme Florence musste unsagbare Qualen aushalten, und Forester hatte ganz recht, ihr zwei Vigilanten auf den Hals zu schicken. Vigilanten, so nannten sie die stramme Bürgerwehr, die Verbrecher auf eigene Faust bestrafte. Als würde man noch immer im Wilden Westen leben.

Nach ungefähr einer halben Stunde ließen sich die beiden Killer blicken. Sie blieben auf dem Gehsteig stehen und fluchten, wahrscheinlich über das schlechte Wetter, und kamen in ihre Richtung. Anscheinend wollten sie bei den Piers mit ihrer Suche beginnen. Sie betrat rasch den Gemischtwarenladen, vor dem sie gerade gestanden hatte, und versteckte sich hinter einigen Goldsuchern, die ihre Vorräte zusammentrugen. Als sie die Verfolger vor dem Laden auftauchen sah, wandte sie ihnen rasch den Rücken zu und gab vor, sich für einige Konserven im Regal zu interessieren.

»Lust auf Pfirsiche?«, fragte der Verkäufer.

»Mein Lieblingsobst«, antwortete sie. »Geben Sie mir eine Dose.«

Sie bezahlte einen unverschämt hohen Preis dafür, war aber dennoch zufrieden, denn beide Männer waren verschwunden, als sie zum Fenster blickte. Wieder auf dem Gehsteig beobachtete sie, wie sie den Pier erreichten und dort in einem Schuppen verschwanden. Eilig kehrte sie zum Hotel zurück.

Der Mann am Empfang blickte nervös auf, als sie vor ihm stehen blieb. Ein bisschen zu nervös, wie sie fand. Wahrscheinlich hatte er den Männern verraten, dass sie im Hotel wohnte, und wenn es das Unglück wollte, sich sogar bereiterklärt, ihnen zu sagen, wenn sie auftauchte. »Mein Geld«, verlangte sie, »aus dem Safe.« Sein unsicherer Blick verriet ihr, wie groß seine Angst war, und dass es nur Minuten dauern würde, bis die Killer von ihr erfuhren.

Sie verstaute das Geld in ihrer Jacke und holte ihren Rucksack. Es galt, keine Zeit zu verlieren. Um sicherzugehen, verschwand sie durch den Hinterausgang und lief über einige Nebenstraßen nach Norden. Sie blickte sich mehrmals um, konnte die Verfolger aber nicht entdecken. Sie war ihnen gerade noch rechtzeitig entkommen, hoffte sie. Doch als sie auf den Broadway zurückkehrte und ihn hinabblickte, tauchten die beiden vor einer Bank auf und näherten sich der Zeltstadt. Sie tauchte zwischen den Zelten unter.

Einige Goldsucher pfiffen ihr nach oder machten anzügliche Bemerkungen, die ihr unter normalen Umständen die Schamesröte ins Gesicht getrieben hätten. Hier in der Wildnis benahmen sich selbst biedere Familienväter dreist und schamlos, wenn sie ohne ihre Ehefrauen unterwegs waren. Während der Fahrt nach Norden hatte sie sich einigermaßen daran gewöhnt, doch hier zwischen den Zelten würden sie auf diese Weise die Verfolger anlocken und sie ihnen in die Arme treiben. Sie hastete zum Zelt von Mary Beth, warf ihr die Dose Pfirsiche zu und rief: »Hier! Schenke ich Ihnen!« Sie lief an ihr vorbei in eines der Zelte und blickte sich suchend um. »Ich muss mich verstecken!«

Mary Beth kannte solche Situationen zur Genüge und überlegte nicht lange. »Rollen Sie sich in meine Decken und tun Sie so, als ob Sie schlafen!«

Emma warf ihre Pelzmütze in eine dunkle Ecke, kroch unter die Wolldecken und zog sie bis zum Hals. »Zwei Männer!

Sie suchen nach meinem Bruder und mir! Mein Bruder wird von der Polizei gesucht, und sie wollen ...«

»Vollkommen egal, was Sie von Ihnen wollen, Schätzchen. Wir wissen, dass Sie nichts Verbotenes getan haben. Sie sind in Ordnung. Wir werden schon mit den Kerlen fertig, falls sie hier auftauchen.« Sie blickte ihre Tochter und ihre Enkelin an. »Zur Not muss Cherry in ihre Trickkiste greifen.«

Die Frauen saßen bereits wieder auf ihren Hockern, als die Männer auftauchten. Anscheinend hatten sie schon bei anderen gefragt. Durch einen Spalt zwischen den Zeltplanen konnte Emma die beiden beobachten. Sie hatten sich vor Mary Beth aufgebaut und benahmen sich wie zwei biedere Bürger, die um Auskunft baten. »Entschuldigen Sie die Störung, meine Damen«, sagte der Schlanke, »wir suchen eine junge Dame. Emma Hansen. Meine Schwester. Sie ist leider ein bisschen verwirrt und muss sich hier irgendwo versteckt haben. Sie hat wieder mal vergessen, ihre Tabletten zu nehmen.« Er zwinkerte den Frauen zu. »Sie glaubt, sie würde von der Polizei verfolgt.«

»Hier war keine Frau«, antwortete Mary Beth. »Nur Männer.«

Das Stichwort für Cherry. »Wie wär's denn mit uns beiden, Mister? Ich könnte Ihnen ein wenig Entspannung verschaffen. Kostet ganze fünf Dollar.«

»Sie war nicht hier? Schwarze Haare, Winterjacke, große Augen?«

»Geben Sie mir zehn, und Sie hören die Englein singen«, ließ sich Cherry nicht aus der Ruhe bringen. Sie stand auf und ging auf den Schlanken zu. »So einen hübschen Jungen wie dich hatte ich schon lange nicht mehr im Bett!«

»Halt die Klappe!«, rief ihr der Kräftige zu.

»Tut mir leid, Gentlemen«, sagte Mary Beth, immer noch lächelnd. »Sie war nicht hier. Sonst würden wir es Ihnen doch sagen. Fragen Sie woanders.«

Der Schlanke wollte sich mit der Antwort zufriedengeben, aber der Kräftige ließ nicht locker. Er deutete ins Zelt hinein. »Dürfen wir mal nachsehen?«

»Meinetwegen«, antwortete Mary Beth scheinbar gelangweilt, »aber seien Sie leise! Lucy hat eine anstrengende Nacht hinter sich und braucht Ruhe.«

Emma sah den Kräftigen das Zelt betreten und schloss rasch die Augen. Sie schnarchte leise. Der Mann brauchte nur die Decke anzuheben, um sie zu entlarven, und hätte es vielleicht sogar getan, wäre Cherry nicht im richtigen Augenblick aufgetaucht und hätte die Arme um ihn geschlungen. »Ich wette, du bist nicht so schüchtern wie dein junger Freund«, sagte sie. Emma stellte sich vor, wie sie verführerisch lächelte. »Hab ich recht, starker Mann? Ich glaube, dir würde ich sogar Rabatt geben. Was meinst du? In meinem Zelt?«

Der Mann gab ihr eine Ohrfeige. Emma hörte nur das Klatschen und ihr ängstliches Stöhnen. »Lass mich in Ruhe, verdammte Schlampe!«, schimpfte er und ging zu seinem Kumpan. »Lass uns gehen, Billy! Hier ist sie nicht.«

14

Emma wartete, bis die Männer verschwunden waren, und trat zögernd aus dem Zelt. Der Schreck saß ihr noch in allen Gliedern. Viel hätte nicht gefehlt, und sie wäre ihren Verfolgern in die Hände gefallen. Nur Cherry war es zu verdanken, dass die Männer sie nicht erwischt hatten. Sie hielt sich an einer Zeltstange fest und griff nach der Whiskeyflasche, die Mary Beth in einer Hand hielt. »Jetzt brauch ich auch mal einen Schluck!«, sagte sie erleichtert.

Sie trank aus der Flasche und schüttelte sich angewidert. Der Whiskey schmeckte furchtbar. »Vielen Dank! Das war knapp.« Sie gab Mary Beth die Whiskeyflasche zurück. »Die beiden Männer suchen nach meinem Bruder.«

»Mit denen werde ich schon fertig«, sagte Cherry.

Mary Beth war dabei, sich eine neue Zigarette zu rollen, und blickte sie besorgt an. »Da haben Sie sich schön was aufgeladen, Schätzchen! Das sind Killer! Glauben Sie mir, ich hab ein Gespür für Männer, mit denen ist bestimmt nicht zu scherzen. Lassen Sie sich bloß nicht von ihnen erwischen!«

»Ich werde mir Mühe geben«, erwiderte sie ernst. »Zuerst muss ich meinen Bruder finden, sonst passiert noch ein Unglück. Vielen Dank, dass Sie mir geholfen haben. Viel Glück mit Ihrem ...« Sie überlegte. »Etablissement.«

»Was ist mit den Pfirsichen?«

»Ihr Abendessen.«

Emma schnallte ihren Rucksack auf den Rücken und lief weiter. Cherry hatte recht, nach seinem Abenteuer mit der

Indianerin war Willie wahrscheinlich nach Dyea geflohen und machte dort die gleichen Fehler wie in Skagway. Auch in Dyea sollte es Saloons geben. Irgendwann würden ihm seine Spielsucht und seine Begeisterung für schöne Frauen den Hals brechen. Sie zweifelte längst daran, dass er Florence Forester wirklich geliebt hatte, sonst wäre er bestimmt nicht den leichten Mädchen auf den Leim gegangen. So betrunken konnte er gar nicht sein. Er war zum ersten Mal an die Falsche geraten und hatte das Pech, dass die Millionärstochter in ihrer Eifersucht und ihrem verletzten Stolz nicht davor zurückschrecken würde, ihn mit einer falschen Aussage ins Gefängnis zu schicken. Von ihrem Vater, der zwei Killer auf ihn gehetzt hatte, ganz zu schweigen. Oder hatte er Florence tatsächlich vergewaltigt? Noch vor wenigen Tagen hätte sie hoch und heilig geschworen, dass ihr Bruder zu einem solchen gemeinen Verbrechen gar nicht fähig war.

Die Wagenstraße zweigte hinter den Zelten nach Nordwesten ab und führte am Ufer des Taiya Inlet nach Dyea. Auch um diese Tageszeit herrschte reger Verkehr. Die meisten Goldsucher scheuten den Anstieg zum White Pass, weil der Pfad dort sehr gefährlich war und schon so viele Pferde abgestürzt oder auf andere Weise umgekommen waren, dass man ihn »Pfad der toten Pferde« getauft hatte. Dass dort auch zahlreiche Goldsucher ihr Leben gelassen hatten, verführte die meisten Neuankömmlinge, den kürzeren Aufstieg zum Chilkoot Pass zu wählen, der so steil war, dass manche Männer sogar ohne Gepäck scheiterten, und sich der Rest in einer scheinbar endlosen Schlange wie aneinander gekettete Sträflinge über die vereisten Stufen nach oben wand.

Bevor Emma den Waldrand erreichte, blickte sie sich noch

einmal um und sah die beiden Killer zwischen den Zelten auftauchen, nur eine knappe Viertelmeile von ihr entfernt. Im selben Augenblick wurden die beiden Männer auf sie aufmerksam. Ihr blieb nur die überstürzte Flucht. Vor allem zur Überraschung der Goldsucher, die hinter ihr gelaufen waren, verließ sie die Straße und rannte wie ein gehetztes Wild in den Wald hinein. Zweige schlugen ihr ins Gesicht, als sie geduckt durch das Unterholz hastete, getrieben von der Angst, ihren Verfolgern in die Hände zu fallen. Der Wald bot ihr keine Sicherheit, bestand hauptsächlich aus Birken und Erlen, die größtenteils schon ihre Blätter verloren hatten. Durch die kahlen Äste konnte man weit sehen.

Sie fand eine Schneise und kam für ein paar Augenblicke schnell voran, ohne dass sie ständig ihr Gesicht schützen musste. Erleichtert erkannte sie, dass die Schneise zwischen einige Hügel führte, die sie vor den Blicken ihrer Verfolger schützte. Sie versuchte, noch schneller zu laufen, hetzte zwischen den Hügeln hindurch und war erleichtert, endlich außer Sichtweite zu sein.

Jenseits der Hügel fiel das Land steil ab. Sie zog ihren Rucksack zurecht und machte sich an den Abstieg, ging seitwärts, um besser das Gleichgewicht halten zu können. Weiter unten, ungefähr eine halbe Meile entfernt, sah sie das Wasser eines schmalen Flusses durch die Bäume schimmern. An seinem Ufer ragten Felsen empor, gab es vielleicht eine Möglichkeit, sich zu verstecken. Sie erreichte die Senke und rannte keuchend auf das Flussufer zu.

Ihre Verfolger waren weder zu sehen noch zu hören, als sie über die Böschung kletterte. An den Rändern des Flusses hatte sich bereits Eis gebildet. Sie sah sich nach einem Versteck um und entdeckte eine Höhle, die allerdings nur ein paar Schritte in die Felsen führte und zu klein war, um sie vor den Blicken der Männer zu verbergen, falls sie am Ufer auftauchten.

Weil kein anderes Versteck in Sichtweite war, nahm sie den Rucksack von den Schultern und kroch dennoch hinein. Sie hoffte, ihre Verfolger würden annehmen, sie hätte zur Wagenstraße am Taiya Inlet abgekürzt und würde nach Dyea fliehen, das ungefähr eine Meile weiter nördlich lag. Immer noch schwer atmend, aus Erschöpfung und aus Angst, rückte sie so dicht an die Felswand wie möglich und hielt den Rucksack wie ein Schutzschild vor ihren Körper. Zum ersten Mal wünschte sie sich, einen Revolver zu besitzen.

Minutenlang geschah gar nichts. Es war so still, dass sie das leise Rauschen des Flusses zu hören glaubte. Der Wind spielte im kahlen Geäst einer Birke. Loses Laub wehte die Böschung herunter und auf den Fluss, wurde von der schwachen Strömung ergriffen und schwamm mit ihr davon. Irgendwo quakte ein Frosch, ein aufdringliches Geräusch in der abgelegenen Senke.

Als wäre das Quaken ein Signal gewesen, ging plötzlich alles sehr schnell. Wie aus dem Nichts tauchte Shasta auf, warf nur einen kurzen Blick auf sie und rannte sofort weiter, er knurrte so laut, als würde er es darauf anlegen, die Aufmerksamkeit auf sich lenken. Vielleicht hatte er das im Sinn, denn gleich darauf erklangen die Schritte ihrer Verfolger, die ihr dicht auf der Spur sein mussten. Dicht über ihr, keine zwanzig Schritte entfernt, verstummten sie.

»Hey, das ist ein Wolf!«, rief der Kräftige. »Der hat es auf uns abgesehen!« Sie glaubte zu hören, wie er seinen Revolver zog. »Die Bestie knall ich ab!«

Emma wäre am liebsten aufgesprungen und hätte gerufen: Das ist kein Wolf! Das ist ein Husky! Lasst ihn in Ruhe! Verschwindet! Doch sie blieb in ihrer Höhle und unterdrückte einen Schrei, tat alles, um sich nicht zu verraten.

Ein Schuss krachte, dann noch einer.

Das Echo der Schüsse dröhnte in ihrem Kopf und schien ihr das Bewusstsein rauben zu wollen. Nur eiserner Wille und die Angst, ihr könnte es genauso ergehen wie Shasta, hielt sie in ihrem Versteck fest. Sie spürte, wie bittere Tränen in ihre Augen schossen und ihr die Sicht vernebelten. Ihr wurde übel.

»Ich hab ihn erwischt«, rief der Kräftige.

»Sieht ganz so aus«, bestätigte der Schlanke. »Nichts wie weg hier! Wo ein Wolf ist, sind die anderen nicht weit. Ich hab keine Lust, mich mit einem ganzen Rudel herumzuschlagen. Um die Schwester kümmern wir uns später.«

»Wo willst du denn hin?«

»Nach Dyea, wohin denn sonst? Hier gibt's doch nur zwei Städte. Emma Hansen war nach Dyea unterwegs. Ich gehe jede Wette ein, dass sich auch ihr Bruder dort verkrochen hat. Wir müssen ihn erwischen, bevor er auf die Idee kommt, zum Pass hochzusteigen. Steck deinen Revolver weg und komm!«

»Die Schwester weiß, wo er sich verkrochen hat.«

»Den finden wir auch so. Komm schon!«

Der Kräftige fluchte. »Die Sache artet langsam aus. Ich dachte, wir erwischen den Burschen noch in San Francisco oder meinetwegen in Skagway. Wer ahnt denn, dass wir uns hier in der Wildnis rumtreiben müssen. Am Schluss entwischt er uns noch, und wir müssen bis nach Dawson City hoch.«

»Zwanzigtausend Dollar bekommst du nicht geschenkt«, sagte der Schlanke. Er hatte anscheinend das Kommando. »Forester zahlt nur, wenn wir diesen Willie Hansen erledigen. Wir sollen seinen Skalp bringen, hat er gesagt, und genau das tun wir. Ich wette, er hat sich irgendwo in Dyea verkrochen.«

In einiger Entfernung jaulte der Husky.

»Hey, ich glaube, der Wolf lebt noch!«, rief der Kräftige.

»Lass ihn, wir müssen weiter.«

»Aber ...«

»Der ist erledigt, Mann. Komm endlich!«

Emma hörte sie davonlaufen und löste sich aus ihrer Erstarrung. Sie hatte recht gehabt, diese Männer waren gemeine Killer und schreckten vor nichts zurück! Forester war anscheinend entschlossen, die Ehre seiner Tochter mit allen Mitteln wieder herzustellen. Und wie sie ihn kannte, sorgte er sich auch darum, wie sich die angebliche Schändung seiner Tochter auf das Ansehen seiner Familie und seiner Firma auswirken würde, wenn er nicht selbst etwas gegen den vermeintlichen Täter unternahm. Zwanzigtausend Dollar! Eine ungeheure Summe. Dafür mussten die meisten Menschen zehn Jahre arbeiten!

Bei der Vorstellung, die beiden Männer könnten ihren Bruder tatsächlich skalpieren, füllten sich ihre Augen erneut mit Tränen. Sie umklammerte ihren Rucksack und weinte so heftig, dass sie kaum Luft bekam, schlug mit einer Faust auf ihr Gepäck und auf den Boden und hob erschrocken den Kopf, als ihr bewusst wurde, dass Shasta irgendwo verletzt zwischen den Bäumen lag.

Sie wischte sich die Tränen mit dem Jackenärmel vom Gesicht und richtete sich auf. Mit dem Rucksack in einer Hand kletterte sie die Böschung hinauf. Sie blieb einen Augenblick stehen und lauschte in den Wald hinein, immer noch in der Angst, die Männer könnten in der Nähe geblieben sein, und warf alle Vorsicht über Bord, als sie Shasta in einiger Entfernung jaulen hörte. Dass es Shasta war, stand für sie außer Zweifel. Er hatte die Killer ganz bewusst abgelenkt, um sie zu schützen. Er hatte sein Leben für sie riskiert.

Ihre Sorge galt nur noch dem tapferen Husky, als sie seinem Jaulen durch den Wald folgte. Schon nach wenigen Schritten sah sie ihn im Laub liegen. »Shasta!«, rief sie. »Bist du okay? Mein Gott, was haben sie dir angetan?«

Emma ließ sich neben dem Husky auf die Knie fallen und beugte sich über ihn. »Shasta! Shasta! Das hättest du nicht tun sollen! Bist du ernsthaft verletzt?« Sie sah das Blut an seinem Hals und zögerte. »Bist du in Ordnung?«

Der Husky jaulte leise, bewegte sich aber wieder.

»Das ist nur ein Streifschuss, Shasta, stimmt's?« Sie zog ein frisches Taschentuch aus ihrem Rucksack und tupfte vorsichtig das Blut von der Wunde. Eine der Kugeln hatte sein Fell aufgerissen, aber keinen größeren Schaden angerichtet. »Gott sei Dank!«, atmete sie auf. »Du hast kaum was abbekommen. Die Kugel hat dich nur gestreift. Die andere ist wohl vorbeigegangen.«

Shasta richtete sich auf und blieb stehen. Die Wunde brannte sicher.

Sie öffnete ihren Rucksack und kramte darin. »Ich hab Wundsalbe dabei«, sagte sie, »die hilft dir vielleicht. Nicht, dass sich die Wunde noch entzündet.«

Links von ihr knackten einige Äste.

Sie erstarrte vor Schreck und sah eine Gestalt näher kommen. War einer ihrer Verfolger zurückgekommen, um nach ihr zu suchen? Hatte ein Goldsucher nach einer Abkürzung gesucht und sich verirrt? Sie wagte nicht, sich zu bewegen, blieb wie versteinert hocken und blickte der Gestalt entgegen.

Erst als sie nur noch wenige Schritte von ihr entfernt war, erkannte sie, dass es sich um eine Indianerin handelte. Eine ältere Frau mit verwittertem Gesicht und langen weißen Zöpfen, den schlanken, beinahe ausgemergelten Körper in eine Wolldecke gehüllt. Um ihren Hals hing eine Umhängetasche.

Sie hob beide Hände zum Zeichen, dass sie keine bösen Absichten hegte. »Ich bin Sadzi«, sagte sie. Ihr Englisch war akzentfrei, ihr Lächeln aufrichtig. Sie hatte wohl die Schüsse gehört. »Sie haben auf den Husky geschossen?«

»Zwei Männer«, antwortete sie. »Sie sind hinter meinem Bruder her und haben mich verfolgt. Sie denken, ich könnte sie zu ihm führen, aber ich weiß auch nicht, wo er ist. Shasta hat sie abgelenkt, sonst hätten sie mich gefunden. Zum Glück ist er nur leicht verletzt. Ein Streifschuss. Ich wollte gerade etwas Wundsalbe auf den Riss schmieren. Ich habe Angst, dass er sich entzündet.«

»Keine Wundsalbe.« Sie griff in ihre Umhängetasche und holte ein paar Kräuter heraus. »Die hier sind besser. Damit haben meine Leute schon vor vielen Jahren ihre Wunden geheilt.« Sie nahm die Kräuter in den Mund und kaute so lange darauf herum, bis ein zäher grüner Brei entstand. Sie strich ihn vorsichtig auf die Halswunde und drückte ihn fest. »So ist es besser, nicht wahr?«, sagte sie zu dem Husky. »Damit entzündet sich die Wunde nicht.«

»Vielen Dank«, erwiderte Emma. Sie umarmte den Husky und streichelte ihn sanft. »Na, was sagst du jetzt, Shasta? So viel Glück hatten wir selten an einem Tag, was? Du warst sehr tapfer, weißt du das? Du bist der Beste!«

Sie stand auf und blickte die Indianerin an. »Ich bin Emma. Das war sehr freundlich von dir, Sadzi. Was tust du hier draußen? Warum hilfst du einer weißen Frau? Ich dachte, ihr Indianer seid nicht gut auf uns zu sprechen?«

»Das kommt darauf an«, antwortete Sadzi. »Manchen Menschen helfen wir, manchen nicht.« Sie lächelte mehr als die Indianer, die Emma aus Geschichten und von Bildern kannte. »Ich sammle Kräuter. Ich bin die Medizinfrau unseres Clans. Ich kenne mehr Heilkräuter als der Doktor in Dyea.«

Auch Emma konnte wieder lächeln. »Das glaube ich dir gern.«

Sie beobachteten beide, wie Shasta plötzlich munter wurde und davonsprang, als hätte ihn niemals eine Kugel gestreift. Mit ein paar Sätzen tauchte er im Unterholz unter und verschwand im Halbdunkel des Waldes. Emma machte gar nicht den Versuch, ihn zurückzuhalten. Shasta ließ sich keinen fremden Willen aufzwingen. Wie hatte Paul gesagt? Er gehört niemandem.

Paul … würde sie ihn jemals wiedersehen?

Sie dachte oft an ihn. In ihren Träumen lag sie in seinen Armen und spürte seinen warmen Atem auf ihrer Haut, hörte sie Komplimente und fühlte sie Berührungen, die ihr nach jedem Aufwachen das Blut ins Gesicht schießen ließen. Wie konnte man mit einem Mann, mit dem man ein paar Tage zusammen gewesen war, so vertraut sein? Hatte sie sich tatsächlich in ihn verliebt?

»Dein Bruder ... ist er in Dyea?«, fragte Sadzi. Sie wollte nicht wissen, warum die Männer ihn verfolgten und warum Emma ihm nachgefahren war.

»Ich nehme es an. Es sei denn, er ist schon über den Pass.«

Sadzi hatte anscheinend einen Verdacht. »Wie sieht er aus?«

Emma beschrieb ihn, so gut es ging, und erklärte: »Man wirft ihm ein Verbrechen vor, dass er nicht begangen hat. An der Tochter eines reichen Mannes. Die Polizei wollte ihn festnehmen, aber er ist geflohen. Der Vater der jungen Frau hat die Killer auf ihn gehetzt. Sie sollen ihn umbringen, das haben sie selbst gesagt. Ich habe sie miteinander reden gehört.« Sie fand, der Indianerin die Wahrheit schuldig zu sein. »Ich muss Willie unbedingt warnen.«

»Willie? Dein Bruder heißt Willie?«

»Willie Hansen. Er nennt sich wohl Swenson. Warum?«

»Und er hat besonders blasse Haut?«

»Hast du ihn gesehen?«

»Gesehen nicht«, erwiderte Sadzi, »aber es kann sein, dass ich von ihm gehört habe. Die Männer haben von ihm erzählt. Ein gewisser Willie soll bei Healy's gewesen sein. So heißt ein Saloon nördlich von Dyea, an der Straße zum Pass, noch vor dem Canyon. Ein blasser Mann, der nächtelang am Spieltisch saß, ständig verlor und das wenige Geld, das er noch hatte, für leichte Mädchen ausgab. Einmal machte er sich an die Frau eines Goldsuchers ran und bekam eine gehörige Tracht Prügel. Er nannte sich Willie ... nur Willie.«

»Und er ist immer noch dort?«

Sadzi schüttelte den Kopf. »Nein, er ist wohl schon über den Pass. Der Goldsucher, der ihm den Rest seines Geldes abnahm, hatte Mitleid mit ihm und heuerte ihn als Träger an. Unsere Männer sagen, dass er es plötzlich sehr eilig hatte, aus Dyea zu verschwinden. Sonst arbeiten nur Indianer als Träger. Oder die Goldsucher schleppen ihr Gepäck in mehreren Etappen nach oben. Dieser Willie wollte wohl ohne Ausrüstung nach Kanada einreisen.«

»Das muss er sein«, sagte Emma. »Willie ist sehr … sehr leichtsinnig.«

»Er wusste, dass er verfolgt wird?«

»Nein, aber er ahnt es wohl. Auf den Goldfeldern am Klondike wäre er weit vom Schuss, dort würde man ihn nur schwer finden. Dass gefährliche Killer hinter ihm her sind und ihn töten wollen, weiß er nicht. Deshalb muss ich so schnell wie möglich zu ihm und ihn warnen. Ich muss über den Pass.«

Sadzi blickte sie lange an, versuchte wohl abzuschätzen, ob sie dieser Aufgabe gewachsen sein würde. »Der Marsch ist sehr anstrengend, selbst ohne Gepäck. Manche Männer kehren um, weil sie keine Kraft mehr haben.«

»Soll ich zusehen, wie ihm die Killer nachsteigen und mit seinem Skalp zurückkehren? Sie wollen ihn skalpieren, Sadzi. Das darf ich nicht zulassen. Auf dem Pass gibt es einen Posten, nicht wahr? Ich habe gehört, dort soll ein Constable der kanadischen Polizei die Goldsucher überprüfen. Ich muss ihm sagen, was passiert ist. Er muss mir helfen, die beiden Killer aufzuhalten.«

»Das wird nicht geschehen«, sagte Sadzi.

»Wieso nicht?«

»Weil die Rotröcke schon genug Kummer mit den Goldsuchern haben und froh sind, wenn sie keinen Ärger bekommen.

Für die Männer, die deinen Bruder verfolgen, gibt es immer einen Weg, den Klondike zu erreichen. Er soll sich in den Bergen verstecken, bei Indianern oder in einer abgelegenen Hütte. Dort ist er am sichersten.« Wieder dieser abschätzende Blick. »Du kommst aus einer großen Stadt, nicht wahr? Du warst noch nie hier oben?«

»San Francisco«, antwortete sie beinahe schuldbewusst.

»Ich habe von San Francisco gehört«, sagte die Indianerin. »Dort soll es mehr Menschen als in ganz Alaska geben. Du magst dich in dieser Stadt zurechtfinden, aber in der Wildnis hier oben bist du blind. Der Winter steht vor der Tür. In Alaska überlebst du nur, wenn du stark bist. Sehr, sehr stark. Wenn du klug bist, fährst du nach San Francisco zurück. Dein Bruder muss sich allein helfen. Du magst einen Husky als Freund haben, aber auch er ist nicht stark genug, um dir in der Wildnis zu helfen. Du willst nicht sterben.«

»Nein, ich will nicht sterben«, antwortete Emma, »und ich will nicht daran schuld sein, dass zwei Verbrecher meinen Bruder umbringen. Ich muss über den Pass, noch vor den beiden Männern. Wirst du mir dabei helfen, Sadzi?«

»Wir finden einen Weg«, sagte die Indianerin.

15

Die Siedlung, in der Sadzi mit ihren Verwandten wohnte, lag wenige Meilen nördlich von Dyea an der holprigen und jetzt im Spätherbst hart gefrorenen Wagenstraße zum Chilkoot Pass. »Healy's« war in großen Lettern über dem Eingang eines zweistöckigen Gebäudes zu lesen, das Hotel, Restaurant und Kaufhaus in einem war, daneben stand das Zelt eines Schmieds, der Pferde und Ochsen beschlug und seine eigenen abgemagerte Pferde an die Goldsucher verlieh.

Emma wusste nicht, dass es die Höflichkeit erforderte, Indianern ein Geschenk mitzubringen, wenn man sie besuchte, kam aber beim Anblick der Kinder, die zwischen den Häusern und Zelten am Waldrand spielten, selbst darauf. »Ich möchte dir und deinen Leuten Geschenke kaufen«, sagte sie zu Sadzi. »Hilfst du mir beim Aussuchen? Ich hatte noch nie mit Indianern zu tun und weiß nicht, was sich gehört. Ich möchte nichts falsch machen.«

»Natürlich«, sagte Sadzi. »Du bist anders als die meisten weißen Frauen.«

»Weil ich Geschenke kaufe?«

»Weil du uns wie Menschen behandelst.«

Der Verkäufer bei Healy's setzte schon zu einer spöttischen Bemerkung an, als Sadzi den Laden betrat, verschluckte die Bemerkung beim Anblick von Emma. »Oh«, sagte er. »Womit kann ich Ihnen dienen, meine Dame?«

»Sie scheinen auf einem Auge blind zu sein, Mister«, reagierte Emma ungewohnt aggressiv. Immerhin hatte Sadzi sie aus einer Zwangslage befreit. »Wir sind zu zweit, und ich erwarte mir etwas mehr Respekt. Verstanden?«

Dem Verkäufer schoss das Blut ins Gesicht. »Selbstverständlich, meine Dame ... meine Damen. Womit kann ich Ihnen dienen? Wir haben wunderschöne Stoffe reinbekommen, der Samt würde Ihnen ausgezeichnet stehen.«

»Was soll ich denn mit einem Samtkleid in der Wildnis?« Sie blickte Sadzi an. »Ich glaube, wir brauchen eher Mehl, Salz, Zucker und solche Sachen.«

»Und Tabak«, ergänzte die Indianerin. »Tabak ist heilig bei unserem Volk. So wie das Weihwasser in der Kirche, in die ich gehen musste, als ich noch ein Mädchen war. Ich war auf einer Missionarsschule. Ich glaube an Jesus Christus und euer heiliges Buch, obwohl mir unsere Geschichten besser gefallen. Und an Weihwasser kann sich kaum einer von uns gewöhnen.« Sie lächelte ein wenig schuldbewusst. »Wir bleiben beim Tabak. Er reinigt die Seele, und der Rauch steigt zu den Geistern empor. Bring uns Tabak, Emma!«

»Aber Whiskey gibt's bei uns nicht«, sagte der Verkäufer streng.

»Wir wollen keinen Whiskey«, erwiderte Sadzi.

Ein Junge, der sich wohl einige Pennys nebenbei bei Healy's verdiente, brachte die Vorräte mit einem Leiterwagen zum Indianerdorf. Der Häuptling, ein weißhaariger Mann im schwarzen Anzug eines Weißen, empfing sie, umgeben von mehreren Männern und Frauen, die sehnsüchtig auf die Vorräte blickten, und den Kindern, die keine Berührungsängste hatten und sie sofort umringten. Anscheinend hatten sie die Tüte mit den Zuckerstangen entdeckt.

»Das ist Emma«, stellte Sadzi sie vor, »ich habe sie beim

Holzsammeln im Wald getroffen. Sie war in großer Not. Sie wird von zwei gefährlichen Männern verfolgt und muss so schnell wie möglich über den Pass, um ihren Bruder vor ihnen zu warnen. Einer von uns muss sie zu den Stufen bringen.«

Mit »Stufen« war die scheinbar endlos lange Treppe gemeint, die ein findiger Unternehmer in das Eis am Chilkoot Pass schlagen lassen hatte, um den Goldsuchern den Aufstieg zu erleichtern. Emma hatte einige Goldsucher in Skagway darüber reden hören. Außerdem sollte es einen Drahtseillift geben, mit dem schwere Gepäckstücke gegen eine unverschämte Gebühr zum Gipfel befördert wurden. Auch davon sprachen sie überall. Aber die eigentliche Herausforderung lag auf dem Dyea Trail, wie jeder die schmale Straße zu den Treppen nannte. Durch Felsen und Geröll führte sie in die Küstenberge und war teilweise so steil, dass manchmal Pferde und sogar Ochsen kapitulierten.

»Ich bin Gowukan«, sagte der Häuptling. »Du bringst Geschenke?«

»Und Tabak«, erwiderte sie. Sie reichte ihm den Beutel.

Sein verhaltenes Lächeln zeigte an, wie sehr er sich über die Geste freute. Er öffnete den Beutel, roch an dem Tabak und nickte zufrieden. »Komm rein«, forderte er sie auf. »Iss und trink mit uns, und berichte uns, was dich in diese Gegend treibt. Du siehst nicht wie eine Goldsucherin aus. Auch nicht wie eine Frau, die in Dawson City das große Geld machen will. Lass uns teilhaben an deinen Träumen, und dann verbringe die Nacht bei uns. Morgen früh wird dich mein Sohn zu den Stufen bringen.« Er blickte auf den jungen Mann, der neben ihm stand und nicht verriet, was er von dem Auftrag hielt.

Die Blockhütte, in der Gowukan mit seinen Verwandten lebte, war durch eine von Seilen herabhängende Decke in zwei Räume geteilt, einen Schlafraum mit einem Messingbett und zahlreichen Matratzen, und einen Wohnraum mit Herd und einem großen Holztisch mit mehreren Stühlen, Bänken und Hockern. Vor dem Ofen saß eine greise Frau und rauchte eine Zigarre.

Emma bekam einen Ehrenplatz gegenüber dem Häuptling, der ihren Besuch wohl als willkommene Abwechslung in seinem eher tristen Alltag empfand und ihn entsprechend feierlich beging. Bevor seine Frau den Eintopf auftischte, stopfte er etwas Tabak in seine geschnitzte Pfeife, blickte dem Rauch nach, wie er zu den Geistern emporstieg, und flüsterte ein paar feierliche Worte. Sie hatte Angst, ebenfalls einen Zug nehmen zu müssen, blieb aber verschont.

Seltsamerweise hatten diese Indianer ähnliche Tischsitten wie die vornehme Gesellschaft in San Francisco. Während des Essens wurden keine ernsten Themen angeschnitten. Man unterhielt sich über alltägliche Themen, das Wetter und den Trubel, den der Goldrausch am Klondike verursacht hatte, und kam erst nach dem Essen auf den Grund ihres Kommens zu sprechen.

Emma war sich im Klaren darüber, dass sie den Indianern einiges schuldig war, und hatte keine Hemmungen, dem Häuptling von ihrem Bruder zu erzählen. Sie verriet ihm nicht die volle Wahrheit, verschwieg die angebliche Vergewaltigung und betonte lediglich, dass er zu Unrecht verfolgt wurde und in Lebensgefahr schwebte. »Ich muss so schnell wie möglich über den Pass!«

Gowukan betrachtete sie lange. »Du bist eine Frau«, sagte er, »aber du hast wenig Gepäck und kannst es schaffen. Ihr brecht morgen früh auf. Je früher, desto besser. Der Weg zum Pass ist weit und beschwerlich, und morgen wird es regnen.« Woher der Häuptling das wusste, konnte sie sich nicht erklären. »Ich gebe euch meine besten Pferde mit, aber selbst die sind von den vielen Märschen müde und schaffen den Weg nicht mehr so leicht wie früher.«

»Ich bin dir sehr dankbar«, sagte Emma.

Eine Weile herrschte Stille. Nur das Knistern der Flammen in dem rostigen Kanonenofen war zu hören. Die Öllampe auf dem Tisch verbreitete trübes Licht und ließ die Gesichter der Indianer noch geheimnisvoller erscheinen. Von draußen war das Jaulen einiger Huskys zu hören. Ob Shasta noch in der Nähe war? Würde der Husky sie auch auf ihrem weiteren Weg beschützen?

»Was wirst du tun, wenn du den Pass hinter dir hast?«, fragte Gowukan. »Von dort sind es noch über sechshundert Meilen bis zum Klondike. Selbst wenn dich jemand in seinem Boot mitnimmt, musst du kämpfen. Und wenn der Yukon zufriert, brauchst du jemanden, der dir hilft. Zwischen dem Pass und Dawson City gibt es keine große Siedlung, nur ein paar einsame Hütten.«

»Ich werde die Mounties um Hilfe bitten.«

»Die kanadische Polizei auf dem Gipfel?«

»Die Mounties werden mir helfen.«

Daran glaubte Emma selbst nicht, aber was sollte sie sonst sagen? Dass sie keine Ahnung hatte, wie sie ihren Bruder erreichen könnte? Dass sie davon träumte, Paul jenseits der Grenze zu treffen und mit ihm nach Dawson City zu ziehen?

Dass sie auf ein großes Wunder oder göttlichen Beistand hoffte?

»Es gibt immer einen Weg«, betonte sie.

Gowukan paffte an seiner Pfeife. »Bist du sicher, dass kein Indianerblut in deinen Adern fließt? Du denkst wie eine Kriegerfrau in vergangenen Zeiten.«

»Ich muss meinem Bruder helfen.«

»Dir ist kein Weg für deine Verwandten zu weit, nicht wahr?«

»Mein Bruder benimmt sich manchmal wie ein kleiner Junge«, erwiderte sie. »Er handelt sich ständig Ärger ein. Unsere Eltern sind schon lange tot. Ich bin die Einzige, die sich um ihn kümmert. Ich weiß, das klingt sehr seltsam.«

»Eine Kriegerfrau«, sagte er noch einmal.

Am nächsten Morgen brachen sie früh auf. Towyot, der Sohn des Häuptlings, hielt zwei Pferde bereit, stämmige Wallache, die bereits an den beschwerlichen Weg zu den Stufen gewöhnt waren. In ihrer Jugend war Emma häufig geritten, allerdings meist auf edlen Araberstuten, die einem Freund ihrer Eltern gehört hatten. Auf den Indianerpferden ging es vor allem darum, im Sattel zu bleiben, denn der Trail war stellenweise so zerklüftet und steil, dass man sich mit beiden Händen festhalten musste, um nicht herunterzufallen.

Towyot war ein schweigsamer Bursche oder nur verlegen in der Gegenwart einer weißen Dame. Sie war keine Lady, gehörte als Haushälterin nicht zu der Schicht, zu der man aufsah, aber sie war auch durch ihre Jugend in einer reichen Familie geprägt und benahm sich manchmal wie eine. Allein die Art, wie sie im Sattel saß, stolz und mit durchgedrücktem Rücken wie eine Prinzessin, ließ vermuten, dass sie aus besserem Hause kam. Mit Towyot redete sie nur deshalb wenig, weil ihre ganze Konzentration dem unwegsamen Trail und den Hindernissen galt. Immer wieder versperrten verunglückte Fuhrwerke, herabgefallene Vorräte und Gepäckstücke den Weg. An manchen Stellen war sie froh, dass der Indianer ihren Wallach an den Zügeln führte.

Aus lauter Angst, die Verfolger könnten dicht hinter ihr sein, blickte sie sich mehrmals um. Sie waren nicht zu sehen. Sicher blieben sie noch bis zum Abend in Dyea und weiteten ihre Suche erst am nächsten Morgen auf die Umgebung aus. Erst dann würden sie erfahren, dass Willie und sie bereits über den Pass gegangen waren. In Dyea und den kleinen Siedlungen an der Wagenstraße gab es genug Saloons und Spelunken, in denen er untergekrochen sein konnte. Sie hatte einen Vorsprung, zwei, vielleicht sogar drei Tage, die ausreichen mussten, um ihren Bruder vor den Verfolgern zu warnen.

Wäre doch nur Paul bei ihr, oder wenigstens Shasta. Obwohl sie die beiden nur flüchtig kannte, konnte sie sich ein Leben ohne sie kaum noch vorstellen. Lange Jahre war sie allein gewesen und hatte nie das Gefühl gehabt, auf etwas Wichtiges verzichten zu müssen. Doch Paul und sein Husky gehörten zu ihr, ohne sie schien ihr Leben unvollkommen zu sein, auch wenn Paul sie wahrscheinlich längst vergessen und Shasta sich bereits abgesetzt hatte.

Der Regen, den der Häuptling prophezeit hatte, kam am späten Morgen, als sie durch einen langgestreckten Canyon ritten. Von einer Sekunde auf die andere öffnete der verhangene Himmel seine Schleusen, und ein heftiger Platzregen verwandelte die Wagenstraße in eine Schlammwüste. Die bisher hart gefrorene Erde wurde zu knöcheltiefem Morast, der die Pferde bei jedem Schritt tief mit den Hufen einsinken ließ und es ihnen beinahe unmöglich machte, ihr Tempo beizubehalten. Frachtwagen und andere Gefährte blieben liegen und versperrten den Weg. Von den Canyonwänden rauschten nasse Erde und entwurzeltes Gestrüpp herab. Der Wind trieb ihnen den Regen ins Gesicht, selbst die Regenumhänge, die Towyot mitgenommen hatte, erwiesen sich als wirkungslos und konnten den heftigen Regen nicht abhalten.

Länger als eine Viertelstunde hielt das heftige Unwetter an, dann zogen die dunklen Wolken weiter, und der Regen ließ nach. Doch der Schlamm blieb, und erst auf den Geröllhängen hinter dem Canyon wurde es etwas besser. In einer der Absteigen, die den Trail säumten, bezahlte Emma drei ganze Dollar, nur um sich abzutrocknen und ungestört umziehen zu können. Mit der langen Wollhose, die sie bei Healy's gekauft hatte, fühlte sie sich wesentlich wohler.

Im Sheep Camp, einer Siedlung mit unendlich vielen Zelten, legten sie eine längere Rast ein. Sie entzündeten ein Feuer und kochten heißen Tee, wärmten den Eintopf auf, den ihnen die Frau des Häuptlings mitgegeben hatte, und genossen die ungewohnte Wärme. Zwei älteren Goldsuchern, die am Ende ihrer Kräfte schienen, erlaubten sie, ihre Flaschen mit Tee zu füllen.

»Die Männer sind verrückt«, sagte Towyot, als sie allein waren. Sein Blick war auf die vielen Zelte gerichtet. »Die wenigsten wissen, was sie am Klondike erwartet. Ich war dort, wo der Klondike in den Yukon mündet. Ich weiß, wie weit und leer das Land dort oben ist. Männer, die aus San Francisco oder einer anderen großen Stadt kommen, fühlen sich dort verloren. Ich habe von weißen Männern gehört, die in der Wildnis den Verstand verloren haben.«

»Oder wegen des Goldes.« Emma wärmte sich mit beiden Händen am Teebecher und beobachtete einen Mann, der unter seiner schweren Last beinahe zusammenbrach. »Liegt das Gold dort oben wirklich auf dem Boden herum?«

»Man muss danach graben oder es mit Pfannen aus den Flüssen waschen. Diese Arbeit schaffen die meisten. Aber wenn der Winter kommt und die Schneestürme über das Land heulen, sieht es anders aus. Man muss hier geboren sein, um die Winter zu ertragen. Nur wenige Weiße können hier leben.«

Einen ersten Vorgeschmack auf den Winter bekam Emma bereits in dem weiten Tal, aus dem die »goldenen Stufen«, wie sie jemand getauft hatte, zum Chilkoot Pass hinaufführten. Eine dicke Schneedecke bedeckte den Geröllboden und ließ die Hänge im trüben Licht der Abenddämmerung glänzen. Die Stufen begannen keine hundert Schritte vor ihnen, führten steil nach oben und verloren sich im abendlichen Dunst. Über 1500 Stufen hatte jemand gezählt, eine Treppe aus blankem Eis, über die sich eine endlos scheinende Schlange von schwer beladenen Männern zum Gipfel quälte. Ein Anblick, der jeden Neuankömmling staunend verharren ließ, so unglaublich war dieses Bild.

Im Tal war ein riesiges Camp entstanden. Viele hundert Zelte ragten aus dem Schnee, einige feste Häuser mit mehreren Hotels, Restaurants und Läden bildeten so etwas wie eine Hauptstraße, und überall im Schnee lagerten riesige Ansammlungen von Vorräten und Gepäck. Ein scheinbares Chaos, das jeder Goldsucher genau im Blick behielt, denn nichts wäre schlimmer, als wenige Meilen vor dem Pass seinen Besitz zu verlieren. Diebstahl wurde streng bestraft, erfuhr Emma von Towyot, in schweren Fällen sogar mit dem Tod.

Towyot hielt vor einem der festen Häuser, einer Herberge, in der man gemeinsam mit anderen Männern und Frauen in einem großen Raum schlief und sich auch die wenigen Waschschüsseln teilen musste. Frühstück bot der Besitzer nicht an. Die Preise waren höher als in Skagway, aber dafür hatte man ein festes Dach über dem Kopf und konnte vor dem beschwerlichen Anstieg noch einmal ausruhen, sofern das bei dem lauten Schnarchen der vielen Männer möglich war. Der Indianer wartete, bis Emma ihren Schlafplatz gebucht hatte, und verabschiedete sich von ihr. »Grüße Sadzi, den Häuptling und deine anderen Verwandten von mir«, gab sie ihm auf den Rückweg mit.

In der Herberge sicherte sie sich einen Lagerplatz gegenüber der Tür und aß nur ein paar Kekse, bevor sie sich hinlegte. Erst jetzt merkte sie, wie anstrengend der Ritt gewesen war. Ein Vorgeschmack auf das, was sie am nächsten Morgen erwartete, wenn sie sich an den langen Anstieg machte. Was sie vor der Grenzstation auf dem Pass den Mounties sagen würde, wusste sie noch immer nicht. Eher gar nichts, wenn sie wollte, dass ihr Bruder jenseits der kanadischen Grenze unbehelligt blieb. Daran, dass sie gezwungen sein könnte, sich bis nach Dawson City durchzuschlagen, wollte sie gar nicht denken. Towyot hatte recht, dazu musste man in diesem Land geboren sein.

Sie lag lange wach an diesem Abend, wegen der Aufregung, die sie vor dem anstrengenden Marsch über den Pass ergriffen hatte, und wegen ihrer Nachbarn, zwei jungen Goldsuchern, die heißen Tee aus einer Feldflasche tranken und sich laut unterhielten. Sie stellte sich schlafend und hatte ihre Decken bis über die Ohren gezogen, um nicht als Frau erkannt zu werden.

»Du hättest den Kerl sehen sollen«, sagte der eine, »wie ein Waldschrat sah er aus, einer von diesen Fallenstellern, die seit Ewigkeiten im Busch wohnen. In Port Essington war das. Ich komme aus Chicago und hatte so einen Kerl noch nie gesehen. Ich dachte, die gibt's nur in Büchern. Kam mit einer jungen Indianerin aus dem Wald, und ich dachte mir, hey, so übel sieht die Kleine gar nicht aus, kein Wunder, dass er mit der in den Büschen verschwindet.«

»Er war mit einer Wilden unterwegs?«

»Dachte ich jedenfalls, bis irgendjemand sagte, er wäre mit einigen dieser Wilden befreundet und würde sich hüten, etwas mit einer ihrer Frauen anzufangen. Er wäre zum Beten bei ihnen gewesen.« Er lachte trocken. »Beim Beten! Hast du so was schon mal gehört? Soll bei einer Zeremonie dabei gewesen sein, einem dieser Spektakel, das die Heiden im Sommer veranstalten.«

»Bist du sicher?«

»Und ob ich sicher bin«, kam die rasche Antwort. »Er war nämlich auf demselben Schiff wie ich und heulte mir was von einer Emma vor, die er unbedingt finden müsste. Es sah ganz so aus, als wäre er unsterblich verliebt.«

»So richtig verliebt?«

»Und ob, der heulte fast, weil ihm seine Emma durch die

Lappen gegangen war.« Wieder dieses trockene Lachen. »Na
ja, ich hab ihm gesagt, dass auch andere Mütter schöne Töch-
ter haben, aber davon wollte er nichts wissen.«

»Armer Irrer!«

»Das kann man wohl sagen.«

»Paul!«, flüsterte Emma.

16

Emma weinte vor Glück und Erleichterung. Die Nachricht, dass Paul von den Indianern zurück war und von ihr geschwärmt hatte, sich vielleicht sogar in unmittelbarer Nähe aufhielt, versetzte sie in solche Aufregung, dass sie kein Auge zubrachte. Sie hörte weder das Heulen des Windes, der neuen Schnee aus den Bergen über den Pass trieb, noch das Schnarchen der Männer, deren Schlafraum nur durch eine Decke vom Bereich der wenigen Frauen abgetrennt war.

Sie liebte diesen raubeinigen Burschen, das spürte sie spätestens jetzt, und sie würde alles tun, um ihn wiederzusehen. Seine Hütte lag jenseits des Chilkoot Pass, den auch er überqueren musste, wenn er sie erreichen wollte. Wenn er genauso schnell wie die beiden Goldsucher, die über ihn gesprochen hatten, von Skagway oder Dyea aufgebrochen war, konnte er nicht weit sein.

Sie stand noch vor den meisten Männern auf, stellte sich für den heißen Tee an, der im Übernachtungspreis eingeschlossen war, und aß etwas Käse und Speck von ihren Vorräten. Mit dem geschulterten Rucksack verließ sie die Unterkunft. Die neugierigen Blicke, die ihr einige Goldsucher zuwarfen, weil nur wenige Frauen allein über den Pass stiegen, ignorierte sie. In ihren Gedanken war nur Platz für Paul, ihren Bruder und ihre beiden Verfolger.

Vor der Unterkunft empfingen sie eisige Kälte und aufgeworfener Neuschnee. Der heftige Wind hatte ihn durch die Zeltstadt getrieben und darunter ganze Gepäckberge verschwinden lassen. Obwohl es noch dunkel war, und lediglich im fernen Osten ein heller Streifen über den Bergen zu erkennen war, herrschte bereits geschäftiges Treiben im Camp. Vor zahlreichen Zelten gruben Männer ihre Vorräte aus dem Schnee, stapften mit ihrer schweren Last zu den goldenen Stufen und verschwanden in dem milchigen Dunst, der über dem Anstieg hing. An einem steilen Hang im Nachbartal waren indianische Träger damit beschäftigt, ihre Hundeschlitten die Steigung hinaufzutreiben.

Emma wusste, dass ihr nicht viel Zeit blieb. Sie sehnte sich nach Paul, hätte am liebsten das ganze Camp nach ihm abgesucht, aber ihr war auch klar, dass sie sich damit in große Gefahr gebracht hätte. Jeden Augenblick konnten ihre Verfolger auftauchen. Auch wenn sie in diesem Trubel nicht viel unternehmen konnten, würden sie einen Weg finden, sie zu überwältigen und mit allen Mitteln versuchen, den Aufenthaltsort ihres Bruders aus ihr herauszupressen. Mehr als dass er über den Pass geflohen war, würde sie ihnen nicht sagen können, aber wer wusste denn, was sie dann mit ihr anstellten? Sie brachten es fertig und schleppten sie als Geisel bis nach Dawson, nur um ein Druckmittel gegen ihren Bruder in der Hand zu haben, falls er nicht auftauchte.

Schweren Herzens lief sie auf die Stufen zu. Sie würde den Anstieg wagen und bei den Mounties auf dem Gipfel verschnaufen. Dort wäre sie einigermaßen vor den Killern sicher, selbst wenn die kanadische Polizei ihr nicht abnahm, dass die beiden Verfolger vorhatten, ihren Bruder zu töten. Im Gegenteil, wenn sie jemanden festnahmen, dann Willie.

Je näher sie den eisigen Stufen kam, desto stärker wurden ihre Zweifel. Immer steiler ragten sie vor ihr auf, immer unerreichbarer schien der Gipfel zu sein. Wie Sträflinge, alle in Mäntel und Jacken gehüllt, das schwere Gepäck auf dem Rücken, stiegen die Goldsucher die Treppen hinauf, einer hinter dem anderen, als wären sie aneinander gekettet und zum Schweigen verurteilt. Wie eine Bedrohung ragte links neben ihnen eine verschneite Felswand auf, der Wind wehte in Böen vom Gipfel herab und schien sie daran hindern zu wollen, die Passhöhe zu erreichen.

Emma drehte sich noch einmal um, suchte vergeblich nach Paul und breitete schon die Arme aus, als ein Husky in ihre Richtung lief, nur um sie im nächsten Augenblick, als er von einem Indianer eingefangen wurde, wieder sinken zu lassen und enttäuscht zu seufzen. »Wo bleibst du denn, Shasta?«, rief sie so laut, dass sich einige Männer erstaunt nach ihr umdrehten. »Magst du mich nicht mehr? Oder hältst du mir die beiden Schurken vom Leib?«

Nur ein frommer Wunsch, wusste sie, denn die Wirklichkeit sah anders aus. Sie war allein. Ihr Bruder war längst über den Pass und schon auf dem Yukon, hatte wahrscheinlich nichts Eiligeres zu tun, als in Dawson City oder den Goldfeldern am Klondike unterzutauchen. Und die Verfolger waren sicher schon so nahe, dass sie eine große Gefahr für sie und vor allem ihren Bruder bedeuteten. Solange Paul nicht auftauchte, war sie auf sich allein gestellt.

Sie fasste sich ein Herz und reihte sich in die endlose Schlange der Goldgräber ein. Niemand sagte etwas oder machte eine scherzhafte Bemerkung, weil sie eine Frau war. Jeder war mit sich selbst beschäftigt und passte sich dem behäbigen Rhythmus an, in dem die Männer auf die Stufen stiegen. Emma hatte den Saum ihres Rocks zwei Hand breit nach oben versetzt, um sich ungehinderter bewegen zu können, und war froh, nicht so viel Gepäck wie die Männer tragen zu müssen, die wie muskulöse Hafenarbeiter beladen waren. Ihr Stöhnen und Schnaufen und das Knirschen ihrer Stiefel waren selbst im Rauschen des Windes zu hören. Im Osten wurde es allmählich heller, doch die Sonne blieb hinter einer grauen Wand und spendete kaum Licht.

Noch vom Muskelkater nach dem langen Ritt geplagt, tat sich Emma schwer. Jeder Schritt bereitete ihr Schmerzen. Die Stufen waren noch steiler, als sie befürchtet hatte. Ein winziger Fehltritt oder eine Veränderung im Rhythmus, schon drohte man auszurutschen und das Gleichgewicht zu verlieren. Wenn man die Schlange erst mal verlassen hatte und nicht in die Tiefe gerutscht war, fiel es den meisten schwer, wieder hineinzukommen und den Rhythmus wieder aufzunehmen. Sie bekämpfte den Schmerz, hielt den Kopf gesenkt und hatte nur die eine Hoffnung, bald die Passhöhe zu erreichen.

Sie konnte bereits die kanadische Flagge über dem Zollhaus sehen, als ein ohrenbetäubendes Geräusch die Goldsucher aus dem Rhythmus brachte. Heftiges Donnergrollen, das tief aus der Erde zu kommen schien und dunkle Risse in die Schneewand im Westen trieb. Noch während die Männer schrien und verzweifelt zurückwichen, löste sich eines der mächtigen Schneebretter, und eine riesige Lawine stürzte von der Felswand herab. Der Schnee stürzte auf die ungeschützten Männer, riss auch Emma in einen gewaltigen Strudel, der alles Leben zu ersticken drohte und sie von den Stufen zerrte.

Sie wusste nicht, wie ihr geschah, wurde von dem Strudel

in ein dunkles Nichts gezogen. Vergeblich versuchte sie, irgendetwas zu greifen und sich daran festzuhalten. Sie rang nach Luft und spürte eisigen Schnee in ihren Augen, ihrer Nase und ihrem Mund. In ihrer Panik wollte sie schreien, doch kein Laut kam über ihre Lippen. Sie wurde von den Schneemassen begraben. Sie ergab sich in ihr Schicksal, ließ sich treiben und blieb liegen, unfähig, sich zu bewegen. Seltsamerweise hing immer noch der Rucksack auf ihrem Rücken, wie ein rettender Anker, der sich aus dem Schnee gelöst hatte.

Das Donnern erstarb, und der Schnee bewegte sich noch einmal, schuf wie durch Zauberhand eine kleine Höhle, in der sie sich zumindest rühren konnte. Sie spuckte den Schnee aus und bekam wieder Luft. Mit der rechten Hand rieb sie Augen, Ohren und Nase sauber. Es war stockdunkel. Sie tastete mit den Händen vorsichtig ihre Umgebung ab und erkannte, dass ihre Höhle nur klein war und ihr Luftvorrat begrenzt sein würde. Wie lange würde sie in ihrem Gefängnis überleben? Einen Tag? Eine Stunde? Ein paar Minuten?

Nach einer Weile glaubte sie Geräusche zu hören. Sie lauschte angestrengt und vernahm tatsächlich leise Stimmen, gleich darauf dumpfe Geräusche und etwas, was wie Hundegebell klang. Sie schrie aus Leibeskräften. »Hilfe! Hilfe! Holt mich hier raus!« Die Geräusche kamen näher, die Männer konnten nicht mehr weit sein, jeden Moment würden sie ihre Höhle erreicht haben. Ihre Hoffnung stieg, bis tatsächlich jemand mit einer Schaufel zu ihr vordrang, und sich über ihr ein heller Spalt öffnete. Eine Kerosinlampe, irgendjemand hielt eine flackernde Kerosinlampe in der Hand. Der Spalt wurde größer und größer, das Licht schien heller, und plötzlich glaubte sie im Paradies zu sein, denn direkt über ihr erschienen die vertrauten Gesichter von Paul und Shasta.

»Emma! Das ist Emma! Ich hab's doch gewusst!«, rief er.

Shasta jaulte und grub sie mit den Vorderpfoten frei, wäre wohl am liebsten zu ihr in die Öffnung gesprungen und hätte seinen Körper an sie gedrückt.

»Paul! Shasta!« Die Laute kamen kaum über ihre Lippen.

»Emma? Wer ist Emma?«, rief jemand.

»Eine Freundin! Sie gehört zu mir!«

»Hey, ich wusste ja gar nicht, dass du ...«

»Halt die Klappe, und hilf mir!«, wies ihn Paul zurecht.

Emma spürte, wie kräftige Arme sie aus der Öffnung hoben und auf einen Hundeschlitten legten. Das Gespann jaulte aufgeregt, begleitet von Shasta, der wohl etwas dagegen hatte, einen Schlitten zu ziehen. Paul legte einige Wolldecken über sie und beugte sich dicht über sie: »Es wird alles gut, Emma! Die Männer bringen dich ins Zollhaus, da haben wir einen Raum für die Verwundeten eingerichtet. Ich komme zu dir, sobald wir hier fertig sind.«

»War das ... was war das?«, brachte sie leise hervor.

»Eine Lawine«, antwortete er, »die Hälfte der Stufen ist verschüttet.«

Die Männer warteten nicht länger und zogen sie das letzte Stück den Berg hinauf. Nur ein paar Minuten später, erkannte sie, und sie wäre der Lawine entkommen. Dennoch hatte sie Glück gehabt. Als sie das Zollhaus erreichten und im treibenden Schnee vor dem Eingang hielten, sah sie einige Tote in Decken gewickelt im Schnee liegen. Wieder ergriffen sie starke Männerhände und halfen ihr ins Haus auf eines der zahlreichen Deckenlager, die man für die Verwundeten eingerichtet hatte. Ein junger Mann, der bei den geretteten Goldsuchern auf dem Gipfel gewesen war, kümmerte sich um sie und untersuchte sie mit seinen Händen und einem Stethoskop. Bevor er ihren Rock hob und die Wollhose nach unten schob, entschuldigte er sich mit rotem Gesicht.

»Schon gut«, sagte sie. »Sind Sie Arzt?«

»Doc McCann aus Chicago«, stellte er sich vor. »Eigentlich hab ich meine Praxis im Stich gelassen, um endlich reich zu werden, aber jetzt sieht's eher so aus, als würde mich mein Beruf auch hier oben einholen. Toller Tausch!«

»Emma Hansen«, nannte sie ihren richtigen Namen.

»Keine komplizierten Verletzungen«, sagte er, nachdem er seine flüchtige Untersuchung abgeschlossen hatte. »Keine Frakturen … keine Brüche wie einige der anderen Verletzten. Nur Prellungen, und die werden Sie nach einigen Tagen kaum noch spüren. Sie hatten Glück. Unter dem Schnee hatte sich eine Luftblase gebildet, die Ihnen genügend Sauerstoff zum Atmen gab.« Er reichte ihr einige Tabletten. »Gegen die Schmerzen. Ich hab leider nur die.«

»Vielen Dank, Doc.«

Nachdem einer der Mounties ihr einen Becher heißen Tee gebracht und sie die Tabletten geschluckt hatte, ging es ihr langsam besser. Auch mit den Pillen schmerzten die Prellungen, doch die Freude über ihre Rettung und das baldige Wiedersehen mit Paul und Shasta überwog. Zum ersten Mal seit langer Zeit lächelte sie wieder. Aus den Bemerkungen der Retter, die weitere Verwundete in das Zollhaus brachten, hörte sie heraus, dass die Lawine ungefähr zehn Tote und etliche Verletzte gekostet hatte, und der Aufstieg zum Pass für etliche Stunden gesperrt bleiben würde. Paul und Shasta würden wohl einige Zeit auf sich warten lassen. Dennoch und trotz der Schmerzen, die während der Nacht zurückkamen, lächelte sie zufrieden im Schlaf.

Sie hatte keine Ahnung, wie lange sie geschlafen hatte, als sie die Augen aufschlug und Paul neben ihr lag. Sofort tauchte Shasta auf und schnüffelte an ihr herum, gab sich erst zufrieden, als sie ihn im Nacken und unter dem Kinn kraulte und sich bei ihm mit einer Umarmung für ihre Rettung bedankte. Sie war sicher, dass er tatkräftig mitgeholfen, sie vielleicht sogar unter dem Schnee gewittert hatte. »Gut gemacht!«, lobte sie ihn. »Immer zur Stelle, wenn du gebraucht wirst, nicht wahr?« Sie drückte ihn noch einmal und ließ sich ihre Schmerzen nicht anmerken. »So gefällst du mir.«

Paul wurde ebenfalls wach. In seinen Augen war dieses sanfte Glimmen, das bis tief in ihre Seele drang und ihr verriet, wie groß seine Zuneigung war. »Emma!«, sagte er leise. »Du hast es überstanden, Emma. Alles wird gut.«

»Du hast mich gerettet, Paul. Du und Shasta.«

»Wir und ein paar andere Männer.« Er stützte sich auf den rechten Unterarm, und sie hatte schon das Gefühl, er würde sich zu ihr hinüberbeugen und sie küssen, aber er unternahm nichts und lächelte nur. »Ich bin froh, dich wiederzusehen, Emma. Ich habe dich … ich habe dich vermisst.« Er errötete wie ein Schuljunge und schälte sich aus den Decken. »Ich bringe dir heißen Tee.«

Er verschwand im Nebenraum und kam wenige Minuten später mit zwei dampfenden Bechern zurück. »Wir haben Glück«, sagte er. »Die beiden Männer, die dich verfolgen, sind noch unten im Tal, und der Pass bleibt wegen der Schneeverwehungen mindestens einen Tag geschlossen, sagen die Mounties.«

»Du weißt von den … den Männern?«

Er setzte sich neben sie auf den Boden und hielt seinen Becher mit beiden Händen. Er schien sein Spiegelbild im Tee zu betrachten. »Ich habe sie belauscht. Sie haben überall nach einer Emma gefragt und dich beschrieben, da wurde ich misstrauisch. Vor allem, als sie über deinen Bruder sprachen. Ich bin ihnen gefolgt und war ganz in ihrer Nähe, als sie einen gewissen Forester verfluchten, der sie auf einen Willie angesetzt hatte. So heißt dein Bruder?«

»Willie Hansen«, bestätigte sie, »aber er hat sich als William I. Swenson in die Passagierliste eingetragen.« Inzwischen war sie mit ihm so vertraut, dass sie ihm die ganze Geschichte erzählte, angefangen von der angeblichen Vergewaltigung bis zu ihrer Begegnung mit den Verfolgern in der Nähe von Dyea.

»Sie wollen ihn töten«, sagte Paul. »Sie sind rücksichtslose Killer. Soweit ich mitbekommen habe, kassieren sie ein Vermögen für ihren Auftrag und wollen noch mehr rausschlagen, wegen der Kälte, die sie hier ertragen müssen.« Er lachte spöttisch. »Die werden staunen, wenn der Winter kommt!«

»Du meinst, die suchen weiter nach Willie?«

»Ganz bestimmt. Dieser Forester bezahlt sie nur, wenn sie einen eindeutigen Beweis für den Tod deines Bruders vorweisen können. Sie müssen ihn töten, wenn sie das Geld haben wollen. Sie wollen einen Indianer anheuern, der sie über die Berge bringt und als Spurenleser für sie arbeitet. Anscheinend hat ihnen Forester ein paar hundert Dollar für solche Dienste mitgegeben.«

»Und ich dachte immer, Forester wäre ein Gentleman.«

»Er muss deinen Bruder sehr hassen.«

»Er hat Angst um den Ruf seiner Tochter, um das Ansehen seiner Familie. In seinen Kreisen spielt so was eine große Rolle. Seine Tochter könnte sich nirgendwo mehr blicken lassen und würde nie einen Mann bekommen, wenn bekannt würde, dass sie sich die Vergewaltigung nur ausgedacht hat. Und er könnte seine Firma schließen, wenn dieser Makel auf seine Familie fällt. Ich glaube gar nicht, dass er sich rächen will. Er hat Angst, alles zu verlieren.«

»Was hast du vor?«

»Das ist es ja«, stöhnte Emma, »ich weiß es nicht. Ich wollte meinen Bruder vor den Killern warnen, aber was dann passieren sollte, weiß ich nicht. Ich weiß ja nicht mal, wie ich nach Dawson City kommen soll. Wenn der Yukon erst mal zufriert, habe ich gehört, bleibt einem nichts anderes übrig, als ein paar Monate in einem Zeltlager durchzuhalten. Das schaffe ich nie.«

»Keine Sorge«, beruhigte sie der Fallensteller, »es gibt noch eine andere Möglichkeit. Wir fahren mit meinem Hundeschlitten nach Dawson City. Ich hab mit den Mounties gesprochen. Der Yukon friert dieses Jahr zwei Wochen früher zu. Es sieht ganz so aus, als würden sie in zwei, drei Tagen gar keinen mehr ohne Hundeschlitten über den Pass lassen. Dein Bruder könnte es gerade noch über den Fluss nach Dawson schaffen, aber dann geht nichts mehr.«

»Du meinst, wir kriegen einen großen Vorsprung vor den Killern?«

»Rufus McSwain und Billy Womack«, erklärte er, »so hatten sie sich in das Gästebuch der Unterkunft im Sheep Camp eingetragen. McSwain ist der Schlanke, Womack der Kräftige.« Er trank einen Schluck. »Ein paar Tage sicher, bis sie einen Indianer und einen Hundeschlitten aufgetrieben haben.«

»Sie werden uns jagen.«

»Ich bin am Yukon zu Hause. Ich kenne Schleichwege.«

»Du willst mir wirklich helfen?«

»Dein Bruder ist unschuldig, oder?«

Sie blickte ihn an. »Willie ist kein Unschuldslamm, aber er würde niemals eine Frau vergewaltigen. Ich will nicht, dass ihn diese Killer umbringen.«

»Die überlass mir«, entschied er.

»Das kann ich nicht von dir verlangen, Paul.«

»Kannst du«, widersprach er.

»Paul«, flüsterte sie bewegt, »ich …«

»Wir brechen heute noch auf.«

17

Emma hatte das Glück, eine Schüssel mit heißem Wasser von den Mounties zu bekommen, und wusch sich gründlich, bevor sie sich für die lange Schlittenfahrt zurechtmachte. Weder Paul noch sie verrieten den Polizisten, dass sie verfolgt wurden, und warum sie die Grenze nach Kanada überquerten. Es reichte schon, wenn die Polizei in San Francisco nach ihrem Bruder fahndete.

Als Emma fertig war, stand Paul schon mit dem Schlitten bereit. Die acht Huskys, die ihn ziehen würden, waren während seiner Reise nach Minnesota bei den Mounties geblieben. Sie hatten für die Hunde gesorgt und sie dafür auf ihren Inspektionsfahrten eingesetzt. Der Schlitten gehörte der kanadischen Polizei. »Ich bringe ihnen alle paar Wochen frisches Fleisch vorbei«, berichtete er, während er ihren Rucksack im Schlittensack verstaute, »wir kommen gut miteinander aus. Es lohnt sich, die Mounties auf seiner Seite zu haben.«

Die Huskys zogen bereits ungeduldig an ihren Leinen, kräftige Hunde mit blauen Augen und ausgeprägten Muskeln, die sie sich auf zahlreichen Fahrten durch die Wildnis antrainiert hatten. Emma bewunderte sie. »So schöne Hunde habe ich schon lange nicht mehr gesehen«, sagte sie, hielt aber respektablen Abstand zu dem Gespann. Sie waren nervös, einer fletschte die Zähne, ein anderer schnappte nach ihr. »Man sieht, dass sie mit Wölfen verwandt sind.«

Paul wies die Huskys zurecht und befreite einen der

Hunde von den Leinen, in denen er sich verfangen hatte. »Apache! Chip! Wollt ihr wohl Ruhe geben!« Er blickte Emma an. »Die beiden sind unruhiger als ein junger Berglöwe. Ständig wollen sie streiten.« Und mit einem Blick auf seinen Leithund: »Captain! Sei du wenigstens vernünftig! Wir haben eine Lady an Bord. Das ist Emma aus San Francisco. Seid ein bisschen nett zu ihr, habt ihr gehört?«

»Wo ist denn Shasta? Gehört er nicht zum Team?«

»Shasta bleibt lieber für sich. Keine Ahnung, wo er ist.«

»Will er nicht nach Hause?«

»Sein Zuhause ist überall«, erklärte Paul. »Er kommt vorbei, wenn es ihm passt. Manchmal bleibt er sogar ein paar Tage, dann bekommt er sein Futter wie alle anderen Huskys auch. In ihm steckt mehr Wolf als in den anderen.«

Emma setzte sich auf die Wolldecken, die Paul auf der Ladefläche des Schlittens ausgebreitet hatte, und hielt sich mit beiden Händen fest, als Paul sich von den Mounties verabschiedete und die Hunde antrieb. »Vorwärts!«, rief er ihnen zu. »Ihr habt lange genug gefaulenzt! Legt euch in die Riemen!«

Das ließen sich die Huskys nicht zweimal sagen. Kaum war das Kommando erklungen, warfen sie sich in die Geschirre und zogen den Schlitten auf den Trail, der zu den Seen im Tal hinabführte. Paul stand mit beiden Beinen auf den Kufen und lenkte den Schlitten, indem er geschickt sein Gewicht verlagerte, sich mal nach der linken und mal nach der rechten Seite neigte. Er umklammerte mit beiden Händen die Haltestange, trat mehrfach auf die Bremse, damit der Schlitten auf dem steilen Hang nicht zu schnell wurde.

Sie hätten keinen besseren Zeitpunkt für ihre Abfahrt

wählen können. Weil der Pass gesperrt war, hatten sie freie Bahn und trafen bis zum Crater Lake kaum einen Goldsucher. Dicke Flocken wirbelten vom Himmel herab. Der Trail führte über verwaiste Hänge und durch stille Wälder, und die einzigen Laute, die sie vernahmen, waren das Rauschen des Windes und das Scharren der Kufen im knöcheltiefen Neuschnee. Wenn irgendwo ein Schneebrett abbrach oder ein Ast knackte, war das Geräusch ungewöhnlich laut zu hören.

Emma brauchte einige Zeit, um sich an das Schwanken des Schlittens zu gewöhnen. Sie fühlte sich an eine Fahrt mit dem Cable Car erinnert, nur dass es in der Wildnis keine Schienen gab. Der Fahrtwind blies ihr ins Gesicht und zwang sie, den Kragen ihrer Jacke hochzuschlagen und ihren Schal bis über die Nase zu ziehen. Bewundernd studierte sie die Huskys, die geschmeidig wie Rennpferde vor dem Schlitten rannten und die Leinen gespannt hielten. Sie liefen beinahe geräuschlos, kein Bellen, kein Jaulen, kein Hecheln.

»Wie weit ist es bis zum Klondike?«, fragte Emma nach einer Weile.

»Drei Wochen. Zwei Wochen zu meiner Hütte.«

»So weit?« Sie hatte damit gerechnet, dass sie einige Zeit unterwegs sein würden, aber nicht daran gedacht, was das für sie bedeutete. Drei Wochen auf einem schaukelnden Schlitten, Tag für Tag die eisige Kälte zu ertragen, mit einem Mann, den sie kaum kannte, durch menschenleeres Land zu fahren und irgendwo in der Wildnis zu übernachten. Umgeben von feindlicher Natur, wilden Tieren und immer in Gefahr, in einen höllischen Blizzard zu geraten.

»Du wirst dich an dieses Land gewöhnen«, tröstete er sie,

»und falls du im Sommer, wenn du deinen Bruder gefunden hast, wieder zurückfahren willst, wirst du ein bequemes Dampfschiff nehmen und gemütlich in deiner Kabine liegen. Die Fahrt dauert noch länger, aber dafür ist es wärmer, und du musst dir nicht mehr den kalten Wind um die Nase wehen lassen. Auf den Dampfschiffen nach Seattle oder San Francisco soll es lange nicht so voll sein.«

»Solange ich mir die Kabine nicht mit Mary Beth teilen muss.«

»Wo sind die Frauen geblieben?«

»In Skagway«, sagte sie, »sie haben ein Etablissement aufgemacht. Cherry … die Jüngste … nun, sie kann gut mit Männern und …« Die Antwort war ihr peinlich. »Dort haben die Killer nach mir gefragt. Wenn Cherry nicht gewesen wäre, hätten sie mich entdeckt und sonst was mit mir angestellt.«

Paul trieb die Huskys in eine weite Kurve und feuerte sie mit einigen Worten an. »Wir haben mindestens eine paar Tage Vorsprung vor McSwain und Womack«, sagte er, als die Hunde wieder geradeaus liefen. »Für einen Indianer, der sie wochenlang durch die Wildnis führen soll, müssen sie tief in die Tasche greifen. Wenn dein Bruder schlau ist, versteckt er sich, bis wir nach Dawson kommen. Weiß er, dass du ihm bis nach Alaska nachgereist bist?«

»Nein, das glaube ich nicht. Vielleicht hofft er es.«

»Wenn er wirklich unschuldig ist, weiß die Polizei in San Francisco vielleicht schon Bescheid, wenn ihr dort an Land geht, und es kommt gar nicht mehr zur Verhandlung. Irgendwann kommt die Wahrheit immer raus. Wenn dieser Hunnicut den Mund aufmacht, kommt die Millionärstochter mit ihren Lügen nicht mehr durch. Und mit McSwain und Womack werden wir fertig.«

»Du willst gegen sie kämpfen?

Er lächelte grimmig. »Wir gehen ihnen aus dem Weg. Sie werden uns gar nicht zu Gesicht bekommen. Ich kenne mich besser als jeder Indianer in den Bergen aus. Und meine Hütte liegt so versteckt, die findet auch ein erfahrener Spurenleser nicht. Die Killer wären nicht die ersten, die ich in die Irre führe.«

Sie hatten bereits etliche Meilen hinter sich gebracht und kürzten über einige kleinere Seen ab, die schon zugefroren waren und sie schnell vorankommen ließen. Auf dem Eis war es besonders kalt und windig. Am Lake Lindeman trafen sie auf eine größere Zeltstadt, in der reger Trubel herrschte, weil einige Goldsucher noch immer versuchten, gegen den Befehl der Mounties zum Yukon aufzubrechen oder an Hundeschlitten zu kommen, mit denen sie Dawson City auf dem Landweg erreichen wollten. »Die meisten Männer haben noch nie einen Hundeschlitten gesteuert und wissen gar nicht, worauf sie sich einlassen würden«, sagte Paul. »Sie kämen wahrscheinlich keine Meile weit. Sie warten besser auf das Frühjahr und nehmen ein Boot.«

»Sie sind gierig, sie wollen so schnell wie möglich an das Gold.«

»Seltsam, nicht wahr?« Paul blieb oberhalb des Dorfes und steuerte den Schlitten über einige Hügelkämme. »Ich hab mir nie was aus Gold gemacht. Was soll ich damit? Mit meinen Pelzen verdiene ich gerade so viel, dass ich davon Ausrüstung und Vorräte bezahlen kann, alles andere besorge ich mir in der Natur. Ich habe viel von den Verwandten meiner Großmutter gelernt.«

»Ich komme aus einer reichen Familie«, erwiderte sie, »ich weiß, wie es ist, viel Geld zu haben. Wenn die Leute wüssten, wie schnell man es wieder verlieren kann, würden sie zu Hause bleiben. Meine Eltern mussten sogar Schulden machen, als ihre Aktien in den Keller fielen. Und als es nicht mehr weiter ging, kamen sie bei einem Unfall ums Leben. Glück ist was anderes.«

Sie sprach nicht gern über das Schicksal ihrer Eltern und fühlte sich auch jetzt unwohl dabei. Anstatt ihm zu erzählen, wie ihre Eltern gestorben waren, hüllte sie sich in Schweigen, und er machte keine Anstalten, sie darauf anzusprechen. Sie schwiegen beide und beobachteten das geschäftige Treiben am Ufer, wo es von aufgeregten Goldsuchern nur so wimmelte. Die Männer, die genug Geld dabeihatten, würden einen Indianer mit seinem Hundeschlitten anheuern, andere würden versuchen, so weit wie möglich über den Yukon zu kommen, bevor er zufror, und sich dann zu Fuß nach Dawson durchkämpfen.

Ein ähnliches Bild bot sich ihnen am Lake Bennett weiter nördlich, an dessen Ufer die Goldsucher sogar Holzhäuser errichtet hatten, ein Hotel, einen Saloon, einen Drug Store und einige andere Läden. Über einem der Zelte, die nahe den Holzhäusern an der Hauptstraße lagen, ragte ein großes Kreuz empor, und Emma vernahm eine vertraute Stimme: »Liebe Brüder und Schwestern, vertraut mir! Gott macht uns den Weg ins Paradies nicht leicht, aber wenn wir zu ihm beten und seiner Güte vertrauen, werden wir schon in wenigen Wochen am Klondike sein und unser Glück finden. Doch seid nicht töricht! Auch Satan findet einen Weg in die Wildnis und stellte sich uns mit glühenden Augen und fauchendem Atem entgegen. Es liegt an uns, seiner Feindseligkeit zu widerstehen und ihm zu zeigen, dass wir allein der Barmherzigkeit unseres Herrn vertrauen. Lasst uns ein Gotteshaus in der Wildnis errichten, eine Kirche, in der wir zu Gott beten und uns bei ihm für seine Liebe bedanken können. Zeigt mir, was euch Gott bedeutet! Seid großzügig und spendet, was ihr geben könnte, für unser neues Gotteshaus, das ich in Dawson City errichten und mit Gottes Segen zu unserem Treffpunkt machen werde!«

Paul hatte den Schlitten angehalten. Sie befanden sich auf dem zugefrorenen See dicht am Ufer, und zwischen ihnen und der Hauptstraße standen mehrere Zelte, aber Emma brauchte den Gottesmann gar nicht zu sehen, um zu erkennen, dass es sich um den Prediger vom Schiff handelte. »Damals wollte er seine Kirche noch in Skagway bauen«, sagte sie. »Ich möchte wetten, er braucht die Spendengelder vor allem für sich. Ein Verbrecher, der sich einen schwarzen Mantel und einen weißen Kragen zugelegt hat und die Leute betrügt. Gibt es überhaupt rechtschaffene Menschen auf den Goldfeldern?«

»Auf der *Galena* hab ich einen wirklichen Pfarrer getroffen«, sagte Paul, bevor er weiterfuhr. »Der sagt, der Goldrausch würde die schlechtesten Eigenschaften in einem Menschen hervorbringen. Leider wären seine Gebete nicht stark genug, um jede verlorene Seele vor dem Teufel zu bewahren.«

»Wenn Gott nicht hilft, hilf dir selbst. Das stammt von meinem Vater.«

Sie hatten vorgehabt, eines der Lokale am Lake Bennett aufzusuchen, mieden aber den Trubel und rasteten außerhalb der Stadt zwischen Bäumen. Beide gaben sich mit Pemmikan und heißem Tee zufrieden. Die Huskys gingen leer aus, bekamen nur morgens und manchmal auch abends zu fressen. Wenn es nach ihnen gegangen wäre, hätten sie gar keine Rast gebraucht. Sie hatten sich gerade erst warmgelaufen und wollten rasch weiter.

»Jetzt haben wir die vielen Menschen hinter uns«, sagte Paul. Er tätschelte jeden einzelnen Husky und nahm seinen Leithund kameradschaftlich in den Arm. »Was meinst du, Captain? Gehen wir es jetzt etwas schneller an? Ich sehe doch, wie sehr dir das Getümmel an den Seen zu schaffen gemacht hat.«

Captain jaulte leise, was wohl hieß, dass sein Herr recht hatte.

Paul löste sich von seinem Husky und setzte sich neben Emma auf den Schlitten. »Schmeckt das Pemmikan?«, fragte er, und als sie zufrieden nickte: »Zu seinem Leithund muss man immer etwas freundlicher sein als zu den anderen Huskys. Er muss merken, wie sehr man ihn schätzt. Auch das hab ich von den Indianern gelernt. Gib deinem Leithund zuerst zu fressen, sonst ist er beleidigt und lässt es dich irgendwann spüren. Es soll Leithunde geben, die ihrem Besitzer davongelaufen sind, weil sie sich benachteiligt fühlten.«

»Das würde Captain niemals fertigbringen«, glaubte Emma.

»Weil ich ihn wie ein rohes Ei behandele«, erwiderte Paul lachend.

»Anders als Shasta?«

»Shasta ist was Besonderes. Der hat seinen eigenen Willen und entscheidet selbst, wen er mag und wem er in die Wade beißt. Dich mag er anscheinend.«

»Und ich mag ihn. Ein großartiger Hund.«

»Ein halber Wolf.« Paul trank einen Schluck heißen Tee. »Würde mich nicht wundern, wenn er sich von mir verabschieden und deiner Spur folgen würde. Einen besseren Beschützer hättest du dir nicht aussuchen können.«

Emma war überrascht. »Meinst du wirklich? Aber ich weiß doch gar nicht, wie ich mit ihm umgehen soll. Ich hatte nie einen Hund, nur ein Pony, das mir mein Vater zum sechsten Geburtstag geschenkt hat. Ich wüsste nicht mal, was für Futter ich ihm geben soll. Und was mache ich, wenn er mit meinem Bruder und mir nach San Francisco kommt? Wo soll ich dann mit ihm hin?«

»Mit Shasta hast du keine Arbeit«, erwiderte Paul. »Der entscheidet ganz allein, was er als Nächstes tut. Wenn es ihm einfällt, fährt er sogar nach San Francisco mit euch.« Er grinste. »Obwohl ich ihm das nicht raten würde. Wir hatten ziemlichen Ärger in der Stadt. Einmal wollte er einen Polizisten beißen, und ich wäre beinahe im Gefängnis gelandet. Zum Glück hatte der Constable was gegessen, das Shasta nicht gefiel. Was Chinesisches, nehme ich an. Das kennt Shasta nicht. Der frisst lieber frischen Lachs und so was.«

Sie aßen eine Weile schweigend. Emma beobachtete die Huskys, die sich in den Schnee gerollt hatten, aber ungeduldig darauf warteten, dass es weiterging und sich ständig zu ihnen umdrehten. Sie mochte Huskys. Bisher hatte sie nie viel mit Hunden im Sinn gehabt, sich sogar vor ihnen gefürchtet, wenn ihr besonders große oder gefährlich aussehende Exemplare in den ländlichen Gegenden vor der Stadt begegnet waren. Auch waren zwei dieser Huskys auf sie losgegangen, aber wenn man sie näher kannte, wusste man ihre

Stärke und ihr Selbstbewusstsein wohl zu schätzen. Huskys waren anders als die Hunde, die sie aus der Stadt kannte, sie waren wie Alaska, unberechenbar und wild.

»Vielleicht willst du ja auch nicht mehr nach San Francisco zurück«, sagte Paul, als sich ihr Schweigen zu sehr in die Länge zog. »Ich habe schon einige Männer getroffen, die hier oben am Yukon bleiben wollten, nachdem sie gemerkt hatten, wie schön dieses Land ist. Hier kannst du noch frei atmen.«

»Männer … aber gab es auch Frauen?«

»Du meinst …«

»Außer den angemalten Damen in Skagway und Dawson City.«

»Nicht, dass ich wüsste, aber das heißt nichts. Du bist aus einem anderen Holz geschnitzt als die Frauen, die mit ihren Männern zum Yukon kommen und schon beim ersten Schnee zusammenbrechen und sich nach dem heimischen Herd in der Stadt zurücksehnen. Du passt hierher. Würde mich gar nicht wundern, wenn du bald selbst einen Hundeschlitten steuern würdest.«

»Ich? Auf einem Hundeschlitten?« Sie blickte ihn amüsiert an. »Ich tue mich schon beim Fahrradfahren schwer. Mit einem Schlitten käme ich nicht mal bis zur nächsten Kurve. Ich hab keine Ahnung, wie man den steuert.«

»Und wenn ich's dir beibringe?«

»Ich komme aus San Francisco. Ich bin eine Städterin.«

»Eine Städterin, die sich hier bald wie zu Hause fühlen wird. Wer weiß? Vielleicht war die Sache mit deinem Bruder nur dazu gut, dich nach Alaska und Kanada zu bringen. Ich bin auch nicht hier aufgewachsen, ich hab erst nach einer

Weile erkannt, wie gut mir die Wildnis tut. Hier bin ich frei, hier kann ich alles vergessen, was mich in meinem früheren Leben bedrückt hat.«

»Bist du vor irgendwas weggelaufen?«

»Ich wollte allein sein.«

Zum wiederholten Male hatte sie das Gefühl, dass Paul ihr etwas Entscheidendes verheimlichte. Wenn sie daran dachte, dass er den ganzen Weg nach Minnesota gefahren war, um seine Eltern lediglich aus der Ferne zu beobachten, musste etwas Schwerwiegendes vorgefallen sein. Sie hütete sich jedoch, danach zu fragen, packte ihren Tee weg und beeilte sich aufzustehen.

»Willst du nicht wissen, wo ich die ganze Zeit gewesen bin?«

Sie blickte ihn fragend an.

»In Port Essington. Du hast dich doch sicher gewundert, warum ich plötzlich verschwunden war und nicht mehr an Bord der Humboldt gekommen bin.« Man sah ihm an, wie schwer es ihm fiel, diese Worte auszusprechen.

»Du warst bei den Indianern und hast an irgendeiner Zeremonie teilgenommen. Jeder dachte, du hättest mit der jungen Indianerin ... nun ja, aber dann kam heraus, dass du die Indianer kanntest und an einer religiösen Zeremonie teilgenommen hast.« Sie lächelte beinahe amüsiert. »Das hab ich von einigen Goldsuchern. Ich hab gehört, wie sie über dich sprachen und sich ein wenig lustig über dich machten. Dass du die meiste Zeit an Bord von mir gesprochen hättest und bis über beide Ohren in eine Emma verliebt wärst.«

Ihm schoss das Blut ins Gesicht. »Das haben sie gesagt?«

»So wahr ich hier stehe und dir gleich einen Kuss gebe.«

Bevor er etwas sagen konnte, beugte sie sich nach vorn und küsste ihn auf die Lippen. Kein leidenschaftlicher Kuss, nicht in dieser Kälte, nur eine Geste, die ihm zeigen sollte, wie sehr sie sich über seine Liebeserklärung freute.

»O verdammt!«, flüsterte er nur.

18

Ihr flüchtiger Kuss schien ihn aus dem Gleichgewicht gebracht zu haben. Er benahm sich wie ein schüchterner Junge, so wie bei ihrem ersten gemeinsamen Frühstück auf dem Dampfschiff, beschäftigte sich auffallend mit den Leinen, die sich verheddert hatten, und wirkte beinahe ein wenig mürrisch, als er die Huskys ausrichtete und ihr auf die Ladefläche half. »Wir müssen weiter«, sagte er. »Je schneller wir vom See wegkommen, desto besser.«

Emma wusste selbst nicht, was in sie gefahren war. In San Francisco, vor allem in den Kreisen, in denen sie vor dem Tod ihrer Eltern verkehrt hatte, wäre es mehr als unschicklich für eine junge Dame gewesen, einen Mann zuerst zu küssen. Manche hätten sich sogar den Mund über sie zerrissen. Eine Frau durfte niemals die Initiative ergreifen, hatte sie einmal gelernt, sie konnte lediglich mit allen möglichen Tricks versuchen, einen Mann dazu zu bringen.

Dennoch lächelte sie, nachdem er losgefahren war, und sie sicher sein konnte, nicht von ihm beobachtet zu werden. Der Kuss hatte sich gut angefühlt, auch wenn es nur eine flüchtige Berührung gewesen war. Selbst in diesen wenigen Sekunden hatte sie seine Zuneigung gespürt. Er mochte sie, vielleicht liebte er sie sogar, und diese Erkenntnis überstrahlte in diesem Augenblick sogar die Sorge um ihren Bruder und die Angst vor den Killern, die bei dem fürstlichen Lohn, den Forester ihnen versprochen hatte, niemals aufgeben würden. Ihr Glücksgefühl war so groß, dass es nicht einmal vor der Ungewissheit verblasste, die sie nach ihrer Ankunft in Dawson erwarten würde.

Bisher hatte sie nur von heute auf morgen gedacht. Sie würde mit Paul nach Dawson City fahren, und er würde ihr vielleicht sogar helfen, ihren Bruder zu finden, aber was dann? Würde es Willie und ihr gelingen, den Killern zu entkommen? Was erwartete ihn in der Heimat? Und was würde sie tun? Bevor sie Paul kennengelernt hatte, wäre es ihr nicht einmal im Traum eingefallen, überhaupt darüber nachzudenken, sich in Alaska oder Kanada anzusiedeln. Gab es hier eine Zukunft für sie? Oder würde sie in ihr bisheriges Leben zu den Mayfields zurückkehren? Worauf hatte sie sich da bloß eingelassen?

Ein kühler Schneeschauer, den ihr der Wind ins Gesicht trieb, holte sie in die Wirklichkeit zurück. Der Lake Bennett lag hinter ihnen, und sie fuhren am Ufer des Yukon River entlang nach Norden. Nur wenige Goldsucher, die so viel Geld dabeihatten, um einen Indianer mit seinem Hundeschlitten bezahlen zu können, benutzten denselben Trail. Die meisten hatten sich damit abgefunden, den Winter in einem der Zeltdörfer zu verbringen, um erst im Frühjahr, wenn das Eis auf dem Yukon aufbrach, nach Dawson aufzubrechen.

»Wir nehmen einen anderen Weg«, rief Paul ihr zu, als er nach etlichen Meilen vom Trail abbog und sich durch den Neuschnee zum Waldrand durchkämpfte, dabei die meiste Zeit neben dem Schlitten herlief und seinen Huskys half, eine schneereiche Senke zu durchqueren. Im Wald lief es besser, dort lag der Schnee nicht so hoch, obwohl sie von zahlreichen Birken und Espen umgeben waren, deren kahle Äste ihnen kaum Schutz boten. Hinter den Wolken schien irgendwo die Sonne und ließ den Himmel in einem fahlen Grau schimmern. Klirrende Kälte begleitete sie durch den Wald und über die langgestreckten Hügel, die sich weit abseits des Flusses nach Norden ausdehnten.

Vor Emma tat sich eine neue Welt auf. War sie in Skagway und Dyea noch mit der Zivilisation verbunden gewesen, und die verschneiten Berge hatten sich wie eine Kulisse hinter den Siedlungen erhoben, bot sich ihr in dieser Einsamkeit ein Anblick, der ebenso fantastisch wie die Illustrationen in den Märchenbüchern waren, aus denen ihr ein Kindermädchen vor vielen Jahren vorgelesen hatte. Das Land, das sich erst im fernen Dunst verlor, schien auf einen fernen Planeten zu gehören, war mit unberührtem Schnee bedeckt, der im matten Sonnenlicht die Farbe von Elfenbein angenommen hatte. Die Bäume waren kleiner als in Kalifornien und standen nicht so dicht, und nur vereinzelt ragten Felsen aus dem harten Boden. Der Wind wehte eisig kalt.

»Verstehst du jetzt, warum ich nach Norden gezogen bin?«, fragte Paul. Sie hatten eine kurze Rast eingelegt und von ihrem Tee getrunken. »Ich weiß, dass sich viele Menschen vor dieser Weite fürchten, aber für mich ist dieses Land genau richtig. Manchmal komme ich mir hier draußen wie in einer Kathedrale vor. Einer dieser großen Kirchen, wie man sie in Europa findet.«

»Du warst schon mal in einer Kathedrale?«

Er lächelte. »Nein, aber ich kann mir vorstellen, wie man sich dort fühlt. Irgendwie erhaben und von innerem Frieden erfüllt. Ich bin kein Dichter, aber so hat's mir mal ein Missionar in einem der kleinen Indianerdörfer erklärt.«

»Ein kluger Mann, dieser Missionar.«

»Nicht klug genug«, verbesserte sie der Fallensteller. »Im letzten Sommer hat ihn ein Grizzly erwischt. Die Wildnis ist nicht nur verlockend, sondern auch gefährlich, das darf man nicht vergessen. Hier muss man wachsam sein, sonst geht es einem irgendwann an den Kragen. Selbst im Paradies gab's eine Schlange, daran hätte er sich erinnern müssen. Er hatte die Bibel im Gepäck.«

Vielleicht war es gerade diese Spannung, die man beim Anblick dieses Landes empfand, dieser Gegensatz zwischen Einsamkeit und Stille und den möglichen Gefahren, die überall in der Wildnis lauerten, das viele Menschen auf magische Weise anzog. Ein Zauber, dem sich auch Emma nicht entziehen konnte. Obwohl sie noch nie so vielen Gefahren ausgesetzt gewesen war, die Kälte bis unter ihre dicke Jacke kroch und sie sogar zwei Killer auf ihrer Spur wusste, genoss sie die aufregende Fahrt ins Unbekannte.

Es war bereits dunkel, als Paul den Schlitten zwischen einige Bäume lenkte und sie ihr Nachtlager aufschlugen. Der Fallensteller hatte einen zweiten Schlafsack von den Mounties bekommen und bedeckte den eisigen Untergrund mit Fichtenzweigen, bevor er mehrere Wolldecken darauf ausbreitete und eine Plane zwischen zwei Bäumen befestigte, um sie während des Schlafs vor treibendem Schnee zu schützen. Emma half beim Bauen einer hüfthohen Schneemauer mit, die böigen Wind aus dem Norden abhalten sollte. Während sie in der näheren Umgebung Brennholz für die Nacht sammelte, entzündete Paul ein Feuer und taute das Fressen für die Huskys auf. Auch das Hundefutter hatte er von seinen Mountie-Freunden gekauft.

Die Hunde konnten es gar nicht erwarten, ihr Fressen zu bekommen. Als Emma mit dem letzten Bündel Holz zurückkehrte, verschlangen sie bereits ihr Abendessen aus Lachs und Reis. Paul sah seinem Leithund beim Fressen zu. »Das habt ihr gut gemacht, Captain. Hier draußen findet uns keiner, den Trail kennen nicht mal alle Indianer. Wir bringen diese Lady sicher nach Dawson und helfen ihr, diesen Willie in Sicherheit zu bringen. Da oben gibt es Hütten, die liegen so einsam, dass die Killer ihn niemals finden werden, egal, wen sie anheuern. Irgendwann haben selbst sie genug und fahren nach Hause zurück.«

Sie legte das Holz neben dem Feuer ab und rieb ihre Hände trocken. »Bist du sicher? Die beiden sahen ziemlich entschlossen aus. Die geben nicht auf.«

»Mal sehen, ob sie mit dem Winter klarkommen«, erwiderte Paul. »Und mit der Dunkelheit. Ich bin mit Big George fertiggeworden, ich hab keine Angst vor zwei Killern aus der Großstadt.« Er klang leider wenig überzeugt.

»Big George?«

»Ein Grizzly«, erklärte er, »größer als die meisten Grizzlys und ziemlich wütend, als ich ihn traf. Kein Wunder, ich hatte ihm gerade seine Beute weggeschossen. Er wurde so wild, dass ich beinahe zu lange brauchte, um mein Gewehr nachzuladen und ihn erst im letzten Augenblick erwischte. Später stellte sich heraus, dass er schon anderen Jägern das Leben schwergemacht hatte. Wir nannten ihn Big George, weil er angeblich einem Fallensteller ähnlich sah, der so hieß.« Er grinste. »Hier oben erlebt man merkwürdige Dinge.«

»Jägerlatein«, sagte sie.

»Wie kommst du denn darauf?«

Sie aßen Corned Beef aus der Dose, tranken heißen Tee und hingen eine Weile ihren Gedanken nach. Dicht neben dem Feuer war es erstaunlich warm. Das meiste Holz war feucht und entwickelte starken Rauch, aber der Wind blies in ihrem Rücken und vertrieb ihn rasch. Gelegentlich platzte ein Harzknoten in den Flammen. Emma war erstaunt, wie warm die Schlafsäcke waren. Sie hatte Schlafsäcke bisher nur aus den Anzeigen des *San Francisco Chronicle* gekannt, in dem sie als »neue und nützliche Erfindung« gepriesen wurden, besonders für winterliche Expeditionen in die Sierras. Ein Abenteuer, auf das sich Menschen wie ihre Eltern niemals eingelassen hätten.

Auch Emma musste sich an diese Art von Leben erst gewöhnen, vor einigen Wochen hätte sie noch herzhaft gelacht, wenn ihr jemand gesagt hätte, dass sie mit einem Fallensteller durch die winterliche Wildnis am Yukon River fahren und die Nächte dicht neben ihm in einem Schlafsack verbringen würde. Aber sie fand die Erfahrung aufregend und irgendwie sogar romantisch.

»Wo mag Shasta wohl sein?«, fragte sie.

»Irgendwo da draußen«, antwortete er.

»Und er kommt wirklich allein zurecht?«

»Wenn einer allein zurechtkommt, dann er.«

»Sogar, wenn er einem Grizzly wie Big George begegnet?«

»Sogar dann«, sagte er. »Außerdem sind die Bären gerade mächtig satt und ziehen sich in eine Höhle zum Winterschlaf zurück. Sie haben es nicht so mit der Kälte, obwohl sie ein dickeres Fell als die meisten anderen Tiere haben.«

»Aber Bären sind nicht die einzige Gefahr hier draußen.«

»Wölfe halten keinen Winterschlaf.«

Emma hatte sich zu ihm umgedreht und spürte, wie ihr Herz schneller zu schlagen begann, als sie sich seiner Nähe bewusst wurde. So nahe war sie ihm noch nie gewesen, nicht einmal während der gemeinsamen Frühstücke an Bord der Humboldt. Es ziemte sich nicht, als unverheiratete Frau so dicht neben einem Mann zu liegen und Gedanken nachzuhängen, die einem verschämte Röte ins Gesicht trieben, schon gar nicht in der Wildnis, in einer Umgebung, die angeblich für Männer geschaffen war und die Hölle für Frauen und Kinder sein sollte. Doch genau das passierte, als sie ihn anblickte und beobachtete, wie sich die zuckenden Flammen in seinen Augen spiegelten.

Sie war versucht, ihn auf seine Eltern anzusprechen, das Rätsel zu lösen, das seine Reise nach Minnesota umgab. Wer fuhr tausende von Meilen, nur um seine Eltern aus der Ferne zu sehen? Welche Erfahrung war leidvoll genug, um einen solchen Keil zwischen ihn und seine Eltern zu treiben? Sie durfte ihn nicht daran erinnern. Er würde selbst entscheiden, ob und wann er darüber reden wollte. »Paul«, fragte sie stattdessen, »warum lebst du hier draußen?«

»Ich mag dieses Land«, antwortete er, als wäre damit alles gesagt.

»Wird es dir manchmal nicht zu einsam? Ich meine, du hast deine Huskys, und manchmal kommt Shasta vorbei, und wahrscheinlich kennst du einige Indianer, so wie in Port Essington, aber so weit draußen? Ich kenne viele Menschen, die würden das nicht aushalten, so ganz ohne Frau und Kinder.«

Erst als sie die Worte ausgesprochen hatte, wurde ihr bewusst, dass sie dabei war, ein weiteres Tabu zu brechen, doch sie hatte ohne Hintergedanken gesprochen. »Ich meine ... es ist schön hier, aber auch sehr still und einsam.«

»Manche Fallensteller heiraten eine Indianerin.«

»Du nicht?«

»Ich habe nie ans Heiraten gedacht.«

»Weil du die richtige Frau noch nicht gefunden hast?«

»Ich habe nie nach ihr gesucht«, sagte er. Er blickte an ihr vorbei, als hätte er Angst, ihr seine wahren Gedanken zu verraten. »Nicht mehr, seit ich damals ...« Er hielt mitten im Satz inne und wusste anscheinend nicht, was er sonst sagen sollte. »Gute Nacht, Emma«, wünschte er ihr schließlich. »Und mach dir keine Sorgen wegen hungriger Grizzlys. Die mögen kein Feuer.«

»Und Wölfe?«

»Wölfe auch nicht.«

Emma hatte kaum Zeit, über seine Worte nachzudenken, so schnell war sie eingeschlafen. Das Jaulen der Huskys, die sich weit nach Mitternacht bemerkbar machten, hörte sie nicht. Sie schreckte auch nicht aus dem Schlaf, als Paul aufstand und neues Holz in die Flammen warf, auf den nächsten Hügelkamm stieg und nach dem Feuer eventueller Verfolger Ausschau hielt, sich wieder in seine Decken rollte und mit dem Gewehr in den Armen wieder einschlief.

Am nächsten Morgen war Paul schon auf, als sie die Augen öffnete und erstaunt feststellte, dass er die Huskys bereits gefüttert und frischen Tee gekocht hatte. Sie aßen Kekse und etwas Käse dazu, und sie kramte zwei Riegel Schokolade aus ihrer Jackentasche und freute sich, dass sie ihm schmeckte.

»War Shasta hier?«, wollte sie wissen.

»Nein, aber er ist sicher in der Nähe.«

»Weil er auch nach Hause will?«

»Weil er dich mag«, sagte er. »Er hat einen Narren an dir gefressen. Ich glaube fast, er wäre sogar bereit, einen Teil seiner Freiheit aufzugeben, um in deiner Nähe bleiben zu können. Mich mochte er sowieso nicht besonders.«

»Das ist nicht wahr.«

»Er ist schlau. Er mag keine Männer.«

An diesem Tag spielte das Wetter mit, und sie kamen rasch voran. Blasses Zwielicht hing über den meist kahlen Hügeln und überzog den Schnee und das Eis mit bläulichem Schimmer. Der Wind hielt sich zurück, blies nicht einmal auf den Hügelkämmen so stark wie am Ufer der Seen und am Yukon.

Die Huskys mochten dieses Wetter, ließen sich auch durch die klirrende Kälte nicht abschrecken und zeigten sich von ihrer besten Seite. Sie hatten längst gelernt, dass ein Gespann nur erfolgreich war, wenn alle Hunde zusammenhielten. Selbst der streitsüchtige Apache und der muntere Chip hielten sich zurück, wenn sie unterwegs waren. In dieser Wildnis war einer auf den anderen angewiesen, auch das hatten sie von ihren Verwandten, den Wölfen, gelernt, die nur im Rudel überlebten, wenn alle an einem Strang zogen.

Gegen Mittag, auf einem weiten Plateau mit wenig Tiefschnee, hielt Paul den Schlitten an. »Whoaa!«, rief er den Hunden zu. »Whoaa! Haltet an! Es wird höchste Zeit, dass wir Emma mal fahren lassen. In Ordnung, Captain?«

Sein Leithund drehte sich um und wusste nicht, wie er sich äußern sollte.

»Was soll das heißen?«, wunderte sie sich. »Du meinst doch nicht …«

»Und ob«, schnitt er ihr das Wort ab, »jetzt bist du dran.«

Sie war genauso sprachlos wie Captain und stieg nur zögernd von der Ladefläche. »Aber ich habe keine Ahnung, wie das geht! Ich habe noch nie einen Hundeschlitten gelenkt. Ich weiß mühsam, wo hinten und vorne ist.«

»Jeder fängt mal an, und wer weiß, wozu du es einmal brauchst? Vielleicht bleibst du länger hier, dann musst du einen Schlitten steuern können. Keine Angst, die erste Lektion ist einfach. Ich erkläre dir, wo beim Schlitten hinten und vorne ist, und dann darfst du deine erste Runde mit den Hunden drehen.«

»Ich soll allein fahren?«

»Wolltest du das nicht?«

»Ich weiß nicht recht ...«

Paul ging nicht auf ihren Einwand ein und erklärte ihr den Schlitten wie ein Lehrer. »Siehst du«, sagte er und drückte auf den Rahmen, »in einem solchen Schlitten gibt es keine Nägel. Er muss nachgeben können, sonst bricht er beim ersten Hindernis auseinander. Du stehst auf den Kufen und hältst dich an der Haltestange fest. Ich hab zwar noch nie ein Fahrrad gesehen, aber da wird es ähnlich sein. Nur im Tiefschnee, wenn es die Huskys allein nicht schaffen, musst du von den Kufen runter und ihnen helfen, manchmal sogar auf Schneeschuhen vorauslaufen und ihnen den Weg ebnen. Falls du Zügel suchst wie bei einem Pferdegespann, die gibt es nicht. Die brauchst du auch nicht. Um einen Hundeschlitten zu lenken, musst du dein Gewicht verlagern.« Er stieg auf die Kufen und ging leicht in die Knie. »Bleib locker, damit du Hindernisse abfedern kannst, und lehn dich nach außen, wenn du in eine Kurve gehst. Klingt alles ein wenig kompliziert, ist aber einfacher, als du denkst.«

Emma war noch immer nicht überzeugt. »Meinst du?«

»Steig auf die Kufen!«, forderte er sie auf. »Siehst du die beiden Felsbrocken dort hinten? Das ist ungefähr eine Viertelmeile. Dort wartest du auf mich.«

Sie stieg zögernd auf den Schlitten. Sie hatte große Lust, auf die kurze Tour zu gehen, war aber nervös und traute sich nicht allzu viel zu. »Also gut«, machte sie sich selbst Mut. »Es wird schon schiefgehen. Vorwärts … go, go!«

Die Huskys rannten so plötzlich los, dass sie beinahe von den Kufen geschleudert wurde. Gerade noch rechtzeitig umklammerte sie die Haltestange. Die Hunde schienen ihr beweisen zu wollen, wie gut sie waren, und liefen schneller als die Kutschpferde der Mayfields, zumindest bildete sie sich das ein. Es fiel ihr schwer, den leicht schlingernden Schlitten auf Kurs zu halten.

»In die Knie!«, rief Paul. »Geh in die Knie, Emma!«

Sie tat, was er verlangte, ging in die Hocke, um die vor ihr liegenden Bodenwellen abzufedern, doch es war schon zu spät. Der Schlitten polterte über das harte Eis, und sie verlor das Gleichgewicht. Sie flog im hohen Bogen von den Kufen und landete im Tiefschnee abseits des Trails. Durch den Schwung drehte sie sich ein paarmal um die eigene Achse und blieb prustend liegen.

»Wohaa!«, hörte sie Paul rufen. »Whoaa! Bleib stehen, Captain!«

Als Paul sie erreicht hatte, war sie bereits aufgestanden und schlug sich den Schnee aus den Kleidern. Sie wusste nicht, ob sie lachen oder weinen sollte, und entschied sich für ein verlegenes Grinsen. »Das war wohl nichts.«

»Morgen versuchen wir es nochmal«, tröstete er sie.

19

Bei ihren nächsten Versuchen stellte sich Emma schon wesentlich geschickter an. Sie wurde besser mit dem Schlitten vertraut und freundete sich mit den Huskys an. Als hätte Paul eine Ahnung, sie könnte bald auf sich allein gestellt sein, beeilte er sich, ihr das Führen eines Hundeschlittens beizubringen. »Hier draußen musst du einigermaßen mit einem Gespann umgehen können«, sagte er während einer Rast. »Man weiß nie, was passiert. Stell dir vor, du bist allein unterwegs und stirbst, nur weil du nicht genug über die Wildnis weißt.«

Emma war eine wissbegierige Schülerin, auch weil sie eine große Ehrfurcht vor der Natur empfand, seitdem sie am Yukon unterwegs war, und spürte, wie mächtig sie war. »Leg dich niemals mit der Natur an, hat mir ein Fallensteller gesagt, als ich zum ersten Mal meine Fallen ablief«, sagte Paul. »Genauso gut könntest du Gott oder den Großen Manitu zum Duell fordern. Du ziehst immer den Kürzeren. Zeige der Natur, dass du Respekt vor ihr hast, dann belohnt sie dich mit allem, was sie zu bieten hat, und das ist eine Menge.« Er blickte sie an. »In der Wildnis gelten andere Gesetze als in der Stadt.«

Unterhalb eines Steilhangs, zwischen einigen Felsen, die ihren Lagerplatz vor dem Wind schützten, zeigte er ihr, wie man ein Feuer entzündete. Mit etwas trockenem Gras, das er stets mit sich führte, brachte er die Flammen in Gang, bevor er größere Äste und Zweige hineinwarf. »Ohne Feuer

213

kommst du in diesem Land nicht weit«, sagte er, »und wenn du noch so viele Decken dabeihast. Wenn es richtig kalt wird, legt sich nur ein Narr zum Schlafen hin, ohne ein Feuer anzuzünden.« Sie probierte es selbst, brauchte einige Zeit, bis sie es schaffte, das aufflackernde Streichholz vor dem Wind zu schützen, und lächelte stolz, als das Feuer brannte. Aber sie wusste auch, dass sie ohne seine Hilfe dennoch verloren wäre. Es genügte nicht, einen Schlittern steuern und ein Feuer anzünden zu können. Sie konnte weder schießen noch Spuren lesen, die Richtung zu bestimmen, fiel ihr schwer, und wenn sie mit ihrem Schlitten allein in den Tiefschnee geriet, würde sie keine Meile schaffen.

»Ich bleibe wohl besser in deiner Nähe«, sagte sie, als sie in ihren Schlafsäcken lagen. »Es dauert sicher ein paar Jahre, um aus einer verwöhnten Städterin wie mir eine Wildnisfrau zu machen.« Obwohl ich es gerne versuchen würde, spann sie den Gedanken zu ihrer eigenen Überraschung weiter. »Ich würde wie ein Kaninchen rennen, wenn ich einem Grizzly begegnen würde.«

»Und das wäre das Falscheste, was du tun könntest«, erwiderte Paul, der sein Gewehr wie immer in Reichweite liegen hatte. Weil es während der vergangenen Nacht noch kälter geworden war, hatten sie auch über die Schlafsäcke noch Fichtenzweige gelegt, um besser gegen die eisigen Temperaturen geschützt zu sein. »Ein Grizzly rennt dreimal so schnell wie du. Du kannst ihn nur aufhalten, wenn du stehen bleibst und dich so groß wie möglich machst.« Er grinste. »Und wenn du ihm entweder eine Kugel ins Herz jagst oder deinen Glückstag erwischt hast. Aber wie gesagt, die Grizzlys legen sich gerade zur Ruhe. Die zweibeinigen Wölfe, die deinen

214

Bruder jagen, sind gefährlicher. Um ihnen zu entkommen, braucht er mehr als ein bisschen Glück.«

»Ich hätte nicht gedacht, dass Forester so gemein ist«, sagte sie. »Selbst wenn Willie seine Tochter tatsächlich vergewaltigt hätte, dürfte er keine Killer beauftragen. Das ist Selbstjustiz, ein Auftragsmord! Er kennt seine Tochter besser als jeder andere. Er sollte doch wissen, dass Florence die ganze Geschichte nur aus Eifersucht erfunden hat.« Sie seufzte verzweifelt. »Warum lässt er sich auch mit diesen Frauen ein? Eine wäre schon schlimm gewesen.«

»Wir können es nicht mehr ändern«, erwiderte Paul. »Wir können nur versuchen, ihn vor den Killern zu beschützen.« Sie rechnete ihm hoch an, dass er sich nicht über Willie lustig machte. »Keine Angst! Wir kriegen das hin. Sobald wir ihn gefunden haben, schaffen wir ihn in ein Versteck, das niemand findet, nicht mal ein Indianer. Du kannst dich auf mich verlassen, Emma.«

»Ich weiß, Paul. Weißt du was?«

»Was?«

»Ach, nichts«, wich sie ihm aus.

In dieser Nacht träumte sie wirr. Nach einer verzweifelten Flucht durch einen Schneesturm stürzten Paul und sie vom Schlitten, und die beiden Killer beugten sich über sie und grinsten gehässig, während sie ihre Gewehre auf sie richteten, doch bevor sie abdrücken konnten, stürzte sich Shasta auf sie und schnappte fauchend nach ihnen. Sie rannten schreiend davon, doch Shasta war schneller und erwischte sie, bevor sie im nahen Wald untertauchen konnten. Wenige Minuten später kehrte er mit blutverschmierter Schnauze zurück.

Emma fühlte seine raue Zunge auf ihren Wangen und umarmte ihn weinend, glücklich darüber, dem sicheren Tod entkommen zu sein. »O Shasta!«, flüsterte sie. »Wenn ich dich nicht hätte!« Sie küsste und liebkoste ihn und lag plötzlich in Pauls Armen, schmiegte sich dicht an ihn und sagte: »Ich liebe dich! Ich liebe dich wirklich, Paul!« Doch als sie ihn küssen wollte, verschwand er vor ihren Augen, und um sie herum war es plötzlich schwarz. Sie flüsterte seinen Namen, rief nach ihm und nach Shasta und sah die Killer zurückkommen, die Gewehre schussbereit erhoben, und alles begann von vorn.

Sie öffnete die Augen und schreckte hoch, seufzte erleichtert, als sie sah, wie Paul neues Holz ins Feuer warf und die Kanne mit dem Teewasser auf die Steine stellte. Er wurde auf sie aufmerksam und lächelte. »Guten Morgen«, begrüßte er sie. »Du bist spät dran. Ich dachte schon, du wachst gar nicht mehr auf. »Wie wär's mit Bohnen und Speck? Die Grizzlys sind in ihren Höhlen, und wir sind weit genug vom Yukon entfernt, als dass jemandem der Duft in die Nase steigen könnte. Etwas Kräftiges könnte nicht schaden.«

Sie war hungrig und stimmte erfreut zu. »Aber lass mich das machen. Ich bin zwar keine Meisterköchin, aber Bohnen kriege ich warm, und du musst dich sicher noch um die Hunde kümmern.« Sie kroch aus dem Schlafsack und wusch ihr Gesicht und ihre Hände mit Schnee, der einzigen Wäsche, die hier draußen möglich war. Man schlief in seinen Kleidern und zog den Schal nur zum Essen und Trinken vom Mund. »Habe ich …« Sie rührte mit einem Löffel in den Bohnen herum. »Habe ich heute Nacht im Schlaf gesprochen?«

»Nein, du warst nur ein wenig unruhig. Ich bin ein paar-mal aufgewacht, hab Holz nachgelegt und die Gegend mit meinem Fernglas abgesucht.« Er schlug auf seine Manteltasche. »Keine Angst, es war niemand in der Nähe.«

»Ich dachte, Shasta wäre hier gewesen.«

»Shasta? Kann schon sein. Er wollte vielleicht nach dir sehen.«

»Nach mir?«

»Er mag dich. Schon vergessen?«

»Und warum bleibt er dann nicht bei uns?«

»Wahrscheinlich ist es ihm zu langweilig bei uns.« Paul hatte die Huskys längst gefüttert und war damit beschäftigt, die Schlafsäcke und Decken auf den Schlitten zu packen. »Er war die letzten Wochen nur in Städten unterwegs. San Francisco, Great Falls, Skagway … er freut sich, wieder zu Hause zu sein. Er braucht seine Freiheit. In einer Stadt könnte er niemals leben.«

»So wie du.«

»So wie ich«, bestätigte er. »Du hättest mich sehen sollen, was die Wildnis für dich, war San Francisco für mich. Wie hat Mary Beth mich auf dem Schiff genannt? Waldschrat … ich habe mich wie ein Waldschrat benommen. Es hätte nicht viel gefehlt, und ein Polizist hätte mich eingesperrt, weil Shasta und ich vor einem Cable Car davonrannten. Ich hatte doch keine Ahnung, dass die Bahn auf Schienen fährt, und hatte Angst, er würde mich rammen.«

Sie nahm die Bohnen und den Speck vom Feuer und verteilte sie auf die beiden Blechteller, die Paul in seiner Umhängetasche mitführte. »Du hättest bei mir klopfen können, dann hätte ich dir geholfen. Mit einem Cable Car kämst du leichter zurecht als mit einem Hundeschlitten. Du brauchst nur den großen Hebel zu bewegen, und schon hängt der Wagen an einem dicken Kabel. Eine tolle Erfindung, besonders in San Francisco, wo manche Straßen steiler als die goldenen Treppen zum Chilkoot Pass sind. Bauen sie in Skagway nicht auch an einer Drahtseilbahn? Das würde vieles einfacher machen.«

An diesem Morgen verschlechterte sich das Wetter. Zuerst sah es gar nicht danach aus. Der Himmel war bedeckt und so grau wie beinahe jeden Tag, der Wind wirbelte den Schnee auf, der während der Nacht gefallen war und noch locker auf den vereisten Hügeln lag, und nichts ließ darauf schließen, dass sich der heraufziehende Tag in irgendeiner Weise von den vorangegangenen unterscheiden würde. Doch Paul erkannte die Zeichen und auch die Huskys schienen unruhiger als sonst zu sein. Er blickte zum Himmel empor. »Das sieht nicht gut aus. Könnte sein, dass uns ein heftiger Blizzard bevorsteht.«

»Ein Schneesturm?«, erschrak Emma. »Es ist doch alles ruhig.«

»Vor jedem Sturm ist es ruhig.«

»Und was willst du dagegen tun?«

Paul deutete nach Norden. Der kaum sichtbare Trail führte über die langgestreckten Hügel, die einen halbmondförmigen Wall oberhalb eines zerfurchten Tales bildeten und vor einem Fichtenwald endeten. Selbst aus der Entfernung war zu erkennen, dass die Schwarzfichten dort dichter standen als bisher und guten Schutz gegen einen Sturm bieten würden. »Wir müssen so schnell wie möglich den Wald erreichen«, sagte er. »Wenn uns der Sturm auf den Hügelkämmen erwischt, könnten wir eine böse Überraschung erleben.«

Emma klammerte sich mit beiden Händen an den Schlitten. »Dann beeilen wir uns besser. Ich hab keine Lust, hier draußen zu erfrieren. Dann hätten die Killer doch freie Bahn. So leicht lassen wir uns nicht unterkriegen, oder?«

»Auf keinen Fall«, antwortete Paul. »Halt dich gut fest!«

Natürlich war ihre Lockerheit nur gespielt. Tief in ihrem Inneren hatte sie plötzlich große Angst. Sie brauchte nur an den Sturm zu denken, den sie an Bord der *Humboldt* erlebt hatte, um zu erahnen, was sie in diesen Bergen erwarten könnte. Aber sie wollte tapfer sein und nichts anmerken lassen, auf keinen Fall durfte sie zu einer Last für Paul werden. Er lebte seit vielen Jahren hier draußen und würde schon wissen, was zu tun war. Er hatte sicher schon viele Blizzards erlebt, gefährliche Situationen gemeistert, die jedem noch so mutigen Mann aus der Stadt die Angstblässe ins Gesicht getrieben hätte. Er mochte sie, er liebte sie, er würde sich um sie kümmern, ganz sicher.

Paul gab sich alle Mühe. Er feuerte seine Huskys mit lauten Zurufen an und fuhr so schnell, dass es sie über jeder Bodenwelle von der Ladefläche hob, und sie von Glück sagen konnte, dass er sie vorgewarnt hatte, und sie sich mit beiden Händen an den Schlitten klammerte. Sie war viel zu sehr mit sich selbst beschäftigt, um zu erkennen, wie der Himmel über ihnen immer dunkler wurde, und der Wind mit jeder Sekunde zunahm. Wie der rettende Wald sich immer weiter von ihnen zu entfernen schien. Doch sie spürte die Bedrohung, die in der Luft lag und ihnen kaum noch Luft zum Atmen ließ.

Ihr Schal hatte sich verschoben, und der Wind blies ihr direkt ins Gesicht. Ihre Wangen und Lippen waren taub. Sie schaffte es nicht, den Kopf zu senken, wurde so stark durchgeschüttelt, dass sie zu keiner eigenständigen Bewegung mehr fähig war. Alles um sie herum verschwamm. Sie schafften es nicht, sie waren noch zu weit vom Wald entfernt. Das rettende Ufer versank in der plötzlichen Dunkelheit, als der Blizzard über sie herfiel. Heftiger Wind fegte den Schlitten vom Hügelkamm. Emma hing sekundenlang in der Luft und landete im Tiefschnee, fiel so weich, dass sie kaum Schmerz verspürte.

In ihrer Benommenheit glaubte sie zu sehen, wie Paul von den Kufen stürzte. Anstatt im weichen Tiefschnee zu landen, kam er mit dem linken Bein auf und knickte ein, verschwand mit einem Aufschrei im Flockenwirbel. Sie wollte schreien, zu ihm laufen und ihn aus dem wirbelnden Schnee ziehen, doch über ihre Lippen kam kein Laut, und sie war unfähig, sich zu bewegen. Um sie herum tobte der Flockenwirbel, angetrieben von dem Blizzard, der wild und unnachgiebig über die Hügelkämme hetzte und den losen Schnee zu schäumenden Wogen aufzuwirbeln schien. Paul, eben noch ein dunkler Schatten inmitten des weißen Chaos, war ebenso wenig zu sehen wie die Huskys, die mit dem Schlitten ins dunkle Nirgendwo getaucht waren.

Schon jetzt war sie versucht, aufzugeben und sich der tobenden Natur zu ergeben, doch ihr Schwächeanfall währte nur kurz, dann wehrte sie sich mit Händen und Füßen gegen den Wind und den Schnee und kroch auf allen Vieren in die Richtung, in die Paul verschwunden war. Ihre Anstrengung erschien sinnlos, schon nach wenigen Sekunden hatte sie keine Ahnung mehr, in welche Richtung sie kroch, und wurde immer nervöser. »Paul!«, schrie sie in ihrer Verzweiflung.

»Wo bist du, Paul?« Ihre Stimme war ein panisches Krächzen, mehr als noch vor einem Augenblick, doch sie verstummte im dumpfen Grollen des Blizzards, der es darauf abgesehen zu haben schien, sie und Paul zu vernichten. Lange würde sie nicht durchhalten, nicht in diesem Unwetter und bei dieser Kälte, niemand überlebte in einem solchen Sturm.

Ein dunkler Schatten tauchte dicht vor ihren Augen auf, irgendetwas berührte sie, ohne dass sie es merkte. Das war … das war doch Shasta! Sie hob den Kopf und wischte sich den Schnee vom Gesicht, nur um ihn gleich darauf wieder auf der Haut zu spüren. Sie kroch auf den Schatten zu. Kein Trugbild, kein verführerischer Traum, das war Shasta! Nur für den Bruchteil sah sie seine blauen Augen, glaubte Zuversicht zu entdecken, und spürte neue Kraft und neuen Mut. Auf allen Vieren folgte sie dem Husky, der dicht vor ihr blieb und darauf achtete, sie nicht zu verlieren. Ihm schien der Blizzard nichts auszumachen. Auch wenn sich seine Fellhaare in dem Sturm aufstellten und der Wind an ihm zerrte, hielt er seinen Kurs und steuerte unbeirrbar auf sein Ziel zu. Sie blieb dicht hinter ihm, nahm alle Kräfte zusammen, um ihm zu folgen.

Ihre Zuversicht kehrte zurück. Anscheinend wusste Shasta, wo Paul abgeblieben war. Der Instinkt eines erfahrenen Huskys, den man besonders Leithunden nachsagte. Selbst wenn ein Mann oder ein anderes Tier längst die Orientierung verloren hatten und hilflos im Schnee herumirrten, behielt ein Husky die Übersicht und erreichte sicher sein Ziel. Sie blieb dicht hinter ihm, stapfte inzwischen wieder gebückt durch den Schnee, den Husky, so gut es ging, im Blick und grub sich mit beiden Armen durch den Blizzard.

Sie stieß nur auf Paul, weil Shasta plötzlich stehen blieb und der Wind für einen Augenblick innehielt und den Blick auf den verletzten Fallensteller freigab. Er war benommen, aber nicht bewusstlos. Stöhnend versuchte er, einen Arm zu heben, um ihn gleich wieder zu sinken zu lassen. Der Wind war zu stark. Seine Fellmütze war verrutscht, und in seinen Haaren und Augenbrauen klebten Eisbrocken. In seinen Augen spiegelte sich heftiger Schmerz.

Sie ging neben ihm zu Boden und umarmte ihn. »Paul! Paul! Shasta hat dich gefunden! Sieh doch, er ist hier! Ohne dich hätte ich niemals …« Sie sah den Schmerz und blickte ihn entsetzt an. »Paul! Du bist verletzt!« Ein flüchtiger Blick auf sein linkes Bein zeigte ihr, dass es gebrochen war. »Dein Bein!«

»Du musst es richten und schienen«, ächzte er. »Wenn nur dieser verdammte Sturm nicht wäre!« Er hob den Kopf und sank wieder zurück. »Wo sind die Hunde mit dem Schlitten? Hast du gesehen, wo sie hin sind?« Sie musste sich über ihn beugen, um ihn verstehen zu können, so laut war der Sturm. »Sie können nicht weit sein. Sie haben sich irgendwo eingerollt, das tun sie immer in einem Blizzard.« Auch in seiner Stimme schwang Panik mit.

Emma blickte sich verzweifelt um. Shasta war noch bei ihr, und auch der Wind schien ein Einsehen mit ihr zu haben und ließ etwas nach. Doch die Flocken wirbelten immer noch wild durcheinander, und das Gespann und der Schlitten waren nirgendwo zu sehen. Sie mussten so schnell wie möglich raus aus dem Sturm, wenn sie eine Chance haben wollten. Zum Waldrand, zwischen die Bäume, wo der Wind nicht so stark war und sie ein Feuer entzünden konnten. Sie brauchte einen Ast, um sein gebrochenes Bein schienen zu können. Hier draußen konnte sie ihn unmöglich verarzten. Wo war der Schlitten, zum Teufel? Mit dem Schlitten konnten sie ihn zum Waldrand bringen.

Wieder half ihr Shasta, als wäre er nur aus diesem einen Grund zurückgekehrt. Er jaulte lauter als ein Wolf, ließ seine klagenden Laute mit dem Wind über die weite Senke wandern, bis Antwort von einem anderen Husky kam.

»Captain! Das ist Captain!«, rief Paul. »Er kann nicht weit sein!«

Emma sammelte bereits Kraft, um Shasta weiter durch den Schnee zu folgen, als sich der Schnee erneut zu lichten schien, und sie die Huskys mit dem Schlitten im Flockenwirbel stehen sah. Es war etwas heller geworden. Wie ein Gewitter, das für eine Weile über einem tobt und dann weiterzieht, hatte sich der Blizzard verabschiedet und wanderte nach Süden ab. Kein Grund, deswegen aufzuatmen, wie sie schon bald feststellte. Auch wenn der Sturm nicht mehr tobte und dröhnte, war der Flockenwirbel immer noch so heftig, dass man die Umgebung nur schemenhaft erkannte. Immerhin konnte sie jetzt den Waldrand erkennen. Zu weit entfernt, um einen Mann mit einem gebrochenen Bein dorthin zu schleppen. Sie brauchte die Hunde und den Schlitten.

»Die Huskys! Der Schlitten!«, rief sie erleichtert.

20

Entweder hatten sie unverschämtes Glück, oder Shasta war tatsächlich ein außergewöhnlicher Husky und sie hatten es nur ihm zu verdanken, dass die Hunde mit dem Schlitten in der Nähe geblieben waren. Normalerweise wären sie in einem solchen Blizzard durchgegangen und bis zu seiner Hütte gelaufen, erklärte Paul einige Minuten später, als er wieder bei Bewusstsein war.

Paul konnte von Glück sagen, dass er nicht mitbekam, wie Emma ihn auf den Schlitten wuchtete. Er hätte wohl bei jeder Bewegung vor Schmerzen geschrien, so unmöglich war es ihr, das gebrochene Bein ruhig zu halten, während sie zuerst seinen Oberkörper und dann seine Beine auf die Ladefläche schob. Selbst bewusstlos stöhnte er noch bei jeder unbedachten Bewegung.

Als sie ihn endlich verfrachtet hatte, blieb sie minutenlang neben dem Schlitten hocken, bevor sie die Kraft fand, sich an der Haltestange nach oben zu ziehen und den Hunden zu helfen, ihn zum Waldrand zu ziehen. Was im Schneetreiben wie ein paar hundert Schritte ausgesehen hatte, wäre ihr bei klarem Wetter wie ein Katzensprung vorgekommen, und doch brauchte sie unendlich lange, um die Entfernung zu überbrücken. Auch wenn der Blizzard nachgelassen hatte, peitschte der Wind noch immer eisige Schleier über die Hügel, und es fiel ihr schwer, den Kurs zu halten. Quälend langsam gruben sie sich durch die Schneewehen, das Stöhnen des Fallenstellers in den Ohren, bis sie endlich den Waldrand erreichten und sich unter die Bäume retteten.

Sie sank auf den Boden und rang nach Atem. Es dauerte eine ganze Weile, bis sie wieder einigermaßen bei Kräften war. Unter den Fichten war es wesentlich ruhiger, und lästig waren nur die Schneeschauer, die von den Bäumen regneten, wenn sich der Wind in den Kronen verfing. Sie schlug den Schnee von ihrer Jacke, dem Rock und der Hose, die sich als bester Kauf seit Langem erwies und sie besser gegen den Schnee schützte als der Rock, auch wenn dieser Aufzug nicht der aktuellen Mode entsprach und sie in San Francisco wahrscheinlich schief angesehen worden wäre. Glücklicherweise hatte sie den Rock gekürzt, sie hätte auch ganz auf ihn verzichten können.

»Ich danke euch«, rief sie den Huskys zu, »das habt ihr wirklich gut gemacht. Ohne euch hätte ich das niemals geschafft. Shasta, du … wo steckst du eigentlich, Shasta?« Erst jetzt bemerkte sie, dass Shasta nicht mehr bei ihnen war. »Danke, Shasta!«, rief sie in den Wald hinein. »Du bist der Größte, weißt du das? Bleib nächstes Mal etwas länger. Du kannst doch nicht immer allein durch die Wildnis streifen. Gönn dir mal ein paar Tage Ruhe, einverstanden?«

Sie bekam keine Antwort, aber Paul war inzwischen erwacht und stöhnte leise vor Schmerzen. »Ich bin hier, Paul!«, rief sie. »Du bist in Sicherheit!«

Sie suchte nach einem passenden Ast, befreite ihn von störenden Zweigen und kehrte zu Paul zurück. Er war noch blasser als sonst. »Wie hast du das geschafft?«, brachte er mühsam hervor. »Ich dachte schon, es wäre vorbei.« Er versuchte, sich zu bewegen, und schrie auf. »Das Laudanum … im Schlittensack, die braune Flasche! Schnell, wir dürfen keine Zeit verlieren.«

Sie fand die Flasche, ohne lange suchen zu müssen, und reichte sie ihm. Er nahm einen Schluck. Während das Laudanum seine Wirkung tat, bereitete sie ein Lager aus Fichtenzweigen und den Decken, die im Schlittensack steckten und nicht von der Ladefläche gefallen waren, und zog Paul vom Schlitten. Obwohl sie so sachte wie möglich vorging und das Laudanum bereits wirkte, schrie er vor Schmerzen, als sie ihn auf die Decken zog. »Tut mir leid«, sagte sie schwer atmend und mit Tränen in den Augen, »es ging nicht anders.«

Er verzog sein Gesicht, bis der gröbste Schmerz vorüber war, und blickte auf den Ast, den sie mitgebracht hatte. »Zuerst musst du den Knochen richten«, sagte er. Seine Stimme klang heiser. »Ich nehme an, du hast so was noch nie gemacht.« Und als sie ihn mit leeren Augen anblickte: »Dachte ich mir.«

»Ich schaffe das, Paul. Ganz bestimmt.«

Paul verriet mit keiner Miene, ob er ihr glaubte. »Du musst mein Bein mit beiden Händen packen und so fest daran ziehen, bis der Knochen wieder gerade liegt. Ich weiß, das klingt übel, aber anders geht es nicht, wenn ich nicht für den Rest meines Lebens hinken will. Du bist eine tapfere Frau, Emma.«

Aber so tapfer nun auch wieder nicht, hätte sie beinahe gesagt. Doch sie war auch keine Frau, die schreiend davonlief, wenn sie sich einem scheinbar unlösbaren Problem gegenübersah. Sie hatte die Verarmung und den Unfalltod ihrer Eltern verarbeitet, sich eine neue Existenz bei den Mayfields aufgebaut, hatte die Fehltritte ihres Bruders geduldet und war nach Alaska gefahren, nur um dort von einer Lawine verschüttet und während eines Blizzards beinahe getötet zu werden. Zum Teufel, er hatte doch recht, sie war eine tapfere Frau.

Bevor sie weiter darüber nachdenken konnte, machte sie sich an die Arbeit. Sie packte sein gebrochenes Bein, schloss die Augen, atmete nur einmal kurz durch und zog so plötzlich und fest daran, dass sie das Gleichgewicht verlor und zu Boden fiel. Paul schrie vor Schmerzen laut auf, trotz des Laudanums, von dem er noch mal getrunken hatte, und verlor das Bewusstsein.

Emma hatte keine Ahnung, ob sie erfolgreich gewesen war, beeilte sich aber, das gerichtete Bein mit dem Ast zu schienen und fest mit einem Verband zu umwickeln, den sie in seinem Medizinkasten gefunden hatte. Immerhin hatte er keinen offenen Bruch erlitten. Sein Bein hatte sich so angefühlt, als wäre der Knochen glatt gebrochen, ein gutes Zeichen, wie sie aus Erzählungen wusste. Solche Brüche heilten schneller. Aber er würde einige Wochen außer Gefecht sein, vielleicht sogar zwei oder drei Monate, und nicht auf die Jagd gehen können. Er brauchte dringend einen Arzt, der ihn fachkundig behandelte. Sie musste ihn so schnell wie möglich in ein Krankenhaus nach Dawson City bringen, falls es in der Goldgräbersiedlung so etwas gab.

Sie blickte durch die Bäume zum Waldrand. Der Blizzard war vorüber, aber das Schneetreiben noch immer so heftig, dass man dort draußen kaum die eigene Hand vor Augen sehen würde. Selbst wenn es nachließ, würde sie nicht wissen, wohin sie sich wenden sollte. Sie hatte keine Ahnung, wo sie sich befand. Weitab vom Ufer des Yukon River, irgendwo zwischen dem Lake Bennett und Dawson City, mehr wusste sie nicht. Sie würde einige Stunden hier bleiben, am besten die Nacht an diesem geschützten Ort verbringen und darauf warten, dass Paul aus seiner Bewusstlosigkeit erwachte, ihr den Weg zeigte und kräftig genug war, die anstrengende Fahrt nach Norden zu überstehen. Wenn sie richtig rechnete, waren es noch einige Tage bis Dawson.

»Wir bleiben hier«, rief sie den Huskys zu. Die Hunde hatten ihrem Treiben scheinbar teilnahmslos zugesehen, und lediglich Captain und der unruhige Apache waren aufgesprungen, als Paul vor Schmerzen geschrien hatte. »Sobald ich Paul versorgt habe, kümmere ich mich um euer Fressen. Keine Angst, wir schaffen das. Wenn ihr mir helft, schaffen wir das ganz sicher.«

Sie deckte Paul mit Decken und Fichtenzweigen zu und sammelte Holz für ein Feuer. Über ihr Gesicht huschte ein amüsiertes Lächeln, das aber gleich wieder verschwand. Gestern noch hatten sie davon gesprochen, wie wichtig es für einen Menschen in der Wildnis war, sich in einer Notsituation behaupten zu können, und schon war sie gezwungen, ihr Wissen anzuwenden. Nachdem sie dreimal vergeblich versucht hatte, ein Streichholz anzuzünden, und schon nahe daran war zu verzweifeln, erinnerte sie sich daran, wie Paul den Wind selbst mit seinem Körper abgeschirmt hatte, riss sie ein viertes Streichholz an und war mehr als erleichtert, als endlich ein Feuer aufflackerte.

Wenig später hatte sie tatsächlich ein Feuer in Gang gebracht und genug trockenes Holz aufgeschichtet, um über die nächsten Stunden zu kommen. Paul war immer noch bewusstlos, stöhnte aber leise und schien schlecht zu träumen. Sie beugte sich über ihn und küsste ihn liebevoll auf die Stirn.

»Du hast das Gröbste überstanden«, tröstete sie ihn, »ich bin sicher, morgen früh geht es dir schon viel besser.« Sie küsste ihn erneut und strich ihm sanft über den Kopf. »Ich hab sogar ein Feuer in Gang gebracht.« Sie verschwieg ihm, dass sie vier Streichhölzer dazu gebraucht hatte. »Nicht übel für eine verwöhnte Städterin, oder?« Es kam ihr beinahe so vor, als lächelte er schwach.

Sie war viel zu beschäftigt, um Angst zu haben. Ihr größtes Glück war, dass sie in dem Blizzard außer ein paar Decken nichts verloren hatten, und sie den Medizinkasten mit dem Laudanum hatte. Als sich Paul bei Einbruch der Dunkelheit vor Schmerzen wand, flößte sie ihm etwas von dem Mittel ein und war dankbar, als er sich wieder beruhigte. In dem großen Topf, den er in dem Schlittensack mitführte, taute sie den Eintopf für die Hunde auf und fütterte Captain zuerst, wie sie es bei Paul gesehen hatte. Der Leithund bekam sein Fressen immer als Erster, er war der Anführer des Gespanns. »Tut mir leid, dass es so lange gedauert hat«, sagte sie, »ich muss mich erst an das Leben hier draußen gewöhnen. Wenn ihr jemals in San Francisco gewesen wärt, wüsstet ihr, wie schwer die Umstellung ist.« Sie lächelte bei der Vorstellung, mit einem Hundeschlitten durch das winterliche San Francisco zu fahren. Die Polizisten wären sicher nicht erbaut darüber.

Bevor sie in ihren Schlafsack kroch, legte sie Holz nach und untersuchte noch einmal Pauls Bein. Die Wunde blutete nicht, und es gab keine Anzeichen dafür, dass sie sich entzündet hatte. Wie Paul in den vergangenen Nächten legte auch sie das Gewehr in Reichweite, als sie sich zum Schlafen niederlegte. Sie hatte ihren Vater, einen begeisterten Schützen und Jäger, zu einigen Preisschießen und einmal sogar auf die Jagd begleitet und wusste, wie man ein Gewehr bediente. Geschossen hatte sie damit allerdings noch nie.

Allein ihrem Schlafsack wurden Einsamkeit und Einbildung zu ihren größten Feinden. Die dunklen Schatten zwischen den Bäumen erwachten zum Leben und wirkten wie böse Geister auf sie ein. Jedes Geräusch, jeder noch so geringe Laut klang bedrohlich in der Stille, die sich mit der Dunkelheit auf das Land senkte. Und als fernes Wolfsgeheul an ihre Ohren drang, griff sie erschrocken nach dem Gewehr und umklammerte es nervös. Sie blickte auf die Huskys. Einige hatten den Kopf gehoben und die Ohren aufgestellt, entspannten sich aber schon nach wenigen Augenblicken und schliefen weiter.

In dieser Nacht fand sie kaum Schlaf. Wenn sie nicht ängstlich in die Dunkelheit blickte, kümmerte sie sich um Paul, der heftig schwitzte und anscheinend Fieber bekommen hatte. Sie tupfte ihm mit einem Tuch den Schweiß vom Gesicht. »Morgen bringe ich dich zu einem Arzt!«, versprach sie. »Captain wird schon wissen, wo es langgeht.« Sie legte eine Hand auf seine Stirn und blickte besorgt auf ihn hinab. »Du wirst wieder gesund, ganz bestimmt!«

Über Nacht ließ das Fieber tatsächlich nach, aber er war noch immer benommen und fantasierte im Schlaf. Emma verstand nur einige Wörter und Halbsätze. »Mary!«, rief er immer wieder, mal liebevoll und besorgt, dann in scheinbar panischer Angst. »Mary ... nicht ... bleib hier, Mary ... verdammt, ich hätte ... der Blizzard ... du kannst nicht ...« Dabei warf er den Kopf hin und her, als versuchte er verzweifelt, eine Last abzuwerfen, um wieder ruhig atmen zu können. Er weinte leise. »Ich bin schuld ... o verdammt, Mary ...«

Eine andere Frau, vermutete sie, irgendein tragisches Ereignis, in das er und diese geheimnisvolle Mary verwickelt gewesen waren. Eifersucht stieg in ihr auf. Fühlte er sich zu der Frau noch immer hingezogen? Sehnte er sich nach ihr? War er ihretwegen aus Minnesota verschwunden? Hatte sie damit zu tun, dass er nicht gewagt hatte, seinen Eltern unter die Augen zu treten? Wie qualvoll war sein Geheimnis, dass es ihn bis in seine Träume verfolgte?

Es kostete sie einige Überwindung, die Gedanken zu verdrängen und sich auf die Probleme zu konzentrieren, die im Augenblick viel wichtiger waren. Mit lästigen Fragen und mädchenhafter Eifersucht würde sie Paul bestimmt nicht helfen, gesund zu werden. Viel wichtiger war es, ihm zu zeigen, dass sie in der Lage war, seine Aufgaben zu übernehmen und den Schlitten zu steuern.

Nachdem sie selbst noch einige Stunden geschlafen hatte, kroch sie aus ihrem Schlafsack und warf weiteres Brennholz ins Feuer. Sie hatte keine Ahnung, wie spät es war. So weit im Norden wurde es zu dieser Jahreszeit erst gegen zehn Uhr hell, und es war noch dunkel. Paul war aus seiner Bewusstlosigkeit erwacht, aber so benommen, dass er kaum reagierte, wenn sie etwas sagte. Zu essen wollte er nichts. Er begnügte sich mit dem heißen Tee, den sie ihm mit einem Löffel einflößte, und verlangte nach weiterem Laudanum, als die Schmerzen wieder stärker wurden. Sie hatte irgendwo gehört, dass Laudanum süchtig machte, aber seine Schmerzen waren anscheinend heftig, und es wäre unverschämt gewesen, ihm das starke Schmerzmittel zu verweigern.

Als sie die Wunde untersuchte, erschrak sie. Sie hatte sich entzündet, und er brauchte dringend Hilfe. Wenn man zu lange mit einer Behandlung wartete, konnte es passieren, dass sie ihm das Bein abnehmen mussten. Von solchen Fällen hatte sie oft gehört. Sie schmierte etwas Wundsalbe auf die Wundränder und verband sie neu, verschloss seine Hose, die sie bei jeder Untersuchung nach unten gezogen hatte, ohne so etwas wie Scham zu empfinden, und knöpfte den Mantel zu. Sie umarmte ihn lange und liebevoll, war dankbar, ihm in diesen schweren Stunden wenigstens etwas helfen zu können. Die geheimnisvolle Mary aus seinen qualvollen Träumen hatte sie längst vergessen.

»Ich liebe dich!«, flüsterte sie. Wieder so ein Tabubruch, den man ihr in San Francisco nur schwer verziehen hätte. Lag es nicht an dem Mann, seine Zuneigung als Erster zu gestehen? »Ich liebe dich über alles, weißt du das?«

Was er flüsterte, war kaum zu verstehen.

»Und für dich bin ich stark genug, das alles zu überstehen. Die Huskys werden mir dabei helfen, dich nach Dawson City zu bringen. So wahr ich Emma Hansen heiße und Kälte immer verabscheut habe. Und ich verspreche dir, auf keinen Fall vom Schlitten zu fallen. So dumm war ich nur einmal.«

Er lächelte dankbar und versuchte, etwas zu sagen. Sie sah ihm an, dass er ähnlich dachte wie sie und sie am liebsten umarmt und geküsst hätte. Sie küsste ihn vorsichtig auf die Lippen. Er schaffte es kaum, ihren Kuss zu erwidern, so geschwächt war er. Sie hatte große Angst, dass der Beinbruch schlimmer war, als sie angenommen hatte, und ihn die Entzündung in ernsthafte Schwierigkeiten bringen würde, aber sie sagte nichts.

Ihn auf den Schlitten zu heben, war etwas leichter als am vergangenen Abend, weil die Wunde jetzt geschient war und er ihr zumindest ein wenig behilflich sein konnte. Er fluchte unterdrückt, als er es endlich schaffte, auf die Ladefläche zu kommen, und stöhnte vor Schmerz, als sie sein verletztes Bein auf den Schlitten hob. Sie blickte ihn erschrocken an. »Das wollte ich nicht, Paul!« Sie deckte ihn mit einigen Wolldecken zu und drückte ihn liebevoll. »Bald liegst du in einem bequemen Krankenbett, und die Schwestern reißen sich darum, dir heißen Tee und Kekse zu bringen.« Sie kicherte leise. »Aber das werde ich nicht zulassen! Ich werde Tag und Nacht an deinem Bett verbringen und jede Schwester, die dir schöne Augen macht, zum Teufel jagen!«

Seine Augen glänzten, ob vom Fieber oder weil er sich über ihre Worte amüsierte, konnte sie nicht sagen. Sie küsste ihn noch einmal und stellte sicher, dass er bequem auf der Ladefläche lag. Selbst die Huskys schienen Rücksicht auf ihn zu nehmen und zerrten nicht an ihren Geschirren wie sonst.

Emma löste den Bremspflock und steuerte den Schlitten zum Waldrand zurück. Die Huskys halfen ihr, sie brauchte keine Kommandos, um den Trail zu finden und schlugen ein gemächliches Tempo ein. Außerhalb des Waldes wurden sie schneller, doch es schneite kaum noch, die dunklen Wolken hatten sich verzogen, und der Trail lag deutlich vor ihnen. Anfangs noch unsicher und zaghaft in ihren Bewegungen, wurde Emma mit jeder Viertelmeile, die sie zurücklegten, sicherer und selbstbewusster. Ihr Herzschlag, eben noch aufgeregt und viel zu schnell, normalisierte sich, und sie schaffte es sogar, die Huskys anzufeuern und ihnen Befehle zuzurufen. »Vorwärts. Ihr Lieben! Ich glaube, jetzt habe ich den Bogen raus! Wir lassen uns nicht mehr aufhalten.«

Wäre die Lage, in der sie sich befanden, nicht so ernst gewesen, hätte es ihr sogar Spaß gemacht, den Schlitten zu steuern. Es war ein erhebendes Gefühl, auf den Kufen zu stehen und das Gefühl zu haben, körperlich mit dem Schlitten verbunden zu sein. In die Hocke zu gehen und Hindernisse abzufedern, vorsichtig das Gewicht zu verlagern, wenn es in eine Kurve ging.

Doch ihre Zuversicht sank rasch wieder auf den Nullpunkt, als sie bemerkte, wie Paul gegen seine Schmerzen ankämpfte, und wie leer und einsam das Land vor ihr war. Wo lag Dawson City? Würde sie die Stadt rechtzeitig erreichen, um Paul vor einer ernsthaften Entzündung zu bewahren? Würde er durchhalten? Warum begegneten sie keinen anderen Fallenstellern oder Indianern, die ihr helfen konnten? Der Krieg gegen die Indianer war lange vorbei.

»Paul! Sind wir noch richtig, Paul?«

Er gab keine Antwort.

»Paul! Sag doch was, Paul!«

Sie hielt den Schlitten an und beugte sich zu ihm hinab. Er war bei Bewusstsein und lächelte verkniffen. »Alles gut«, antwortete er. Seine Stimme war nur zu hören, wenn sie aufmerksam lauschte. »Nach Hause … schnell!«

»Du willst nach Hause? Deine Hütte ist in der Nähe? Aber …«

»Besser so. Bis Dawson … halte ich nicht durch.«

»Aber du brauchst einen Arzt.«

»Skookum Jim«, sagte er nur.

»Skookum Jim? Ein Indianer?«

Sie bemerkte, dass seine Schmerzen wieder größer wurden, und wollte gerade etwas sagen, als ein vertrautes Jaulen durch den morgendlichen Dunst drang. Verwundert blickte sie in die Ferne. In dem spärlichen Licht, das durch den grauen Himmel nach unten drang, stand ein Husky und wartete auf sie.

»Shasta!«, rief sie hoffnungsvoll.

21

»Nach Hause«, sagte Paul wieder. »Fahr Shasta nach, er kennt den Weg! Bis wir nach Dawson kommen, ist es zu spät.« Sie sah ihm an, dass er immer noch starke Schmerzen hatte und seine letzten Kräfte mobilisierte. Das Fieber schien wieder gestiegen zu sein. »Bring mich in meine Hütte! Ich ...« Er schloss die Augen. »Ich ... brauche dringend etwas Ruhe.«

»Aber du brauchst einen Arzt!«

»Dawson ... Dawson ist zu weit. Nach Hause ...«

»Dein Bein! Das ist zu gefährlich!«

»So ist es ... es am besten.«

Emma stieg auf die Kufen und trieb die Hunde an. Solange der Trail eben war und das Wetter mitspielte, kam sie gut zurecht. Die Huskys, allen voran Captain, schienen zu spüren, dass sie eine Anfängerin war, und halfen ihr, die Richtung beizubehalten. Nur Apache versuchte manchmal auszubrechen, riss sich aber zusammen, wenn sie ihn mit lauter Stimme zurechtwies. Sie hatte längst erkannt, dass nicht alle Huskys gleich waren. Wie bei den Menschen gab es unterschiedliche Charaktere, die man nur in den Griff bekam, wenn man auf die Hunde einging. Sie hatte nie einen Hund besessen, auch als Kind nicht, und war überrascht, wie viel Freude ihr der Umgang mit den Huskys machte. Sie waren keine Schoßhündchen, sondern willensstarke Kreaturen.

Besonders Shasta, der gar nicht wartete, um sie zu begrüßen, sondern weiter über den Trail rannte, als sie näher kam, als wäre er als Kundschafter und Wegbereiter für ihr Gespann unterwegs. Er lief noch rhythmischer und eleganter als die anderen Huskys, wirkte stärker und entschlossener, beinahe wie ein einsamer Wolf, der sein Rudel verlassen hatte und allein zurechtkommen musste. Er blickte sich nicht einmal um, verließ sich anscheinend darauf, dass ihm seine Artgenossen folgten und auch sie sich auf seinen Instinkt verließ.

Nach ungefähr zwei Meilen bog er nach rechts in den Wald ab. Er war langsam genug, um sicher sein zu können, dass sie und die Huskys mit ihm Schritt hielten, drehte sich unter den Bäumen aber einmal um. Er schien zu wissen, dass sie zum ersten Mal einen Hundeschlitten steuerte und bei jedem Schritt überlegen musste. Ihr Gewicht in einer Kurve zu verlagern, fiel ihr immer noch schwer, und der Schlitten kam gefährlich ins Schlingern, als sie in den Wald abbog. Es war Captain zu verdanken, dass sie einen der Bäume nur streifte und sicher auf dem schmalen Jagdpfad durch die Fichten landete.

Im Wald empfing sie düsteres Licht. Der Wind rauschte kaum hörbar in den Schwarzfichten, erholte sich nach dem heftigen Blizzard, um irgendwann wieder zuzuschlagen. Unter den Schlittenkufen knackten herabgefallene Äste und Zweige. Den Trail erahnte sie nur, doch Paul würde ihr später berichten, dass es tatsächlich einen Pfad in diesem Wald gab, kaum breit genug für einen Schlitten, sodass sie höllisch aufpassen musste, keinen Baum zu rammen. Shasta kannte den Weg und half den anderen Huskys, einen Weg durch das Labyrinth zu finden. Sie akzeptierten ihn, sogar Captain, der normalerweise auf jeden eifersüchtig war, der ihm seine Stellung streitig machen wollte.

Emma hielt den Kopf gesenkt, um nicht von einem tief-
hängenden Ast von den Kufen geschleudert zu werden,
wehrte sich mit ihrer ganzen Kraft dagegen, zu verkrampfen
und die Kontrolle über den Schlitten zu verlieren. Erst als die
Bäume etwas lichter standen und wieder ein Trail zu erkennen war, entspannte sie sich ein wenig. Vielleicht hatte Paul
recht, dachte sie, vielleicht war es tatsächlich am besten, die
anstrengende Fahrt nach Dawson City zu verschieben und
erst einmal auszuruhen. Wenn die Wunde nur nicht entzündet wäre. Wer sollte ihn in der Hütte behandeln? Etwa dieser
Skookum Jim?

»Whoaa!«, bremste sie das Gespann. Sie musste den Befehl
noch zweimal wiederholen, bis die Hunde kapierten und
langsamer wurden und anhielten. Shasta blieb ebenfalls stehen und blickte sich erwartungsvoll nach ihnen um.

Emma stieg von den Kufen und blickte auf Paul hinab. Er
hatte kein Laudanum mehr genommen und wirkte wacher,
litt aber immer noch unter großen Schmerzen. »Paul«, sagte
sie, »deine Wunde ist entzündet. Die muss sich ein richtiger
Arzt ansehen. Willst du nicht doch lieber nach Dawson fahren?«

»Zu weit«, erwiderte er, »ich will nach Hause. Skookum
Jim …«

»Wer ist dieser Skookum Jim?«

»Ein Indianer«, klärte er sie auf, »und ein Freund.« Das
Sprechen bereitete ihm keine Schwierigkeiten mehr, nur
manchmal, wenn die Schmerzen zu groß wurden, hielt er
kurz inne. »Die Weißen nennen ihn Medizinmann, und
viele … viele lachen über ihn, weil er behauptet, übernatürliche
Kräfte zu besitzen. Er spricht … er spricht mit den Geistern.

Ein heiliger Mann, sagen die Indianer. Er kommt mich öfter besuchen und teilt sich eine Pfeife mit mir.«

»Ein Medizinmann, der mit Geistern spricht? Du glaubst so was?«

»Am Anfang war ich genauso … genauso misstrauisch wie du. Aber wenn du ihn kennenlernst, wirst du anders denken. Er ist … was Besonderes. Ob er mit den Geistern spricht, weiß ich nicht. Aber … aber es würde mich nicht … nicht wundern. Es gibt mehr Dinge zwischen Himmel und Erde, als man denkt.«

»Skookum Jim … und er soll dich heilen?«

»Nicht nur mit … Zauberkräften, wenn du … du das meinst. Er hat in einem Krankenhaus gearbeitet und … und weiß beinahe so viel über Krankheiten wie … wie ein weißer Doktor. Wenn einer mein Bein heilen kann, dann er.«

»Bist du sicher?«

»Ich hätte … hätte gleich an ihn denken sollen.«

»Und wie erfährt er, dass er vorbeikommen soll?«

»Er weiß es. Er kommt, wenn ich ihn brauche.«

Sie nahm seinen Kopf in beide Hände und küsste ihn auf die Stirn. »Ich hoffe, wir tun das Richtige, Paul. Wenn du meinst, dass dieser Indianer dein Bein heilen kann, fahren wir zu dir nach Hause. Geht es ohne Laudanum?«

»Ich brauche einen klaren Kopf, Emma.«

Sie nahm an, dass er seine Schmerzen inzwischen ganz bewusst in Kauf nahm, um sie nicht allein mit den Hunden zu lassen und ihr zumindest mit Worten helfen zu können, falls es Probleme gab, und küsste ihn noch einmal. »Ich fahre so sanft wie möglich, Paul. Im Wald geht es einigermaßen, aber draußen auf den Hügeln tue ich mich schwer. Da ist der Boden uneben, und der Schlitten holpert ständig. Ich glaube, ich tauge nicht für das Leben hier.«

»Du machst das toll«, sagte er, »wie ein ... ein erfahrener Fallensteller.«

»Ich habe Captain. Und Shasta.«

Sie stieg auf die Kufen, trieb das Gespann an und fuhr weiter. Shasta, der bereits näher gekommen war und aus seiner Ungeduld kein Hehl gemacht hatte, zeigte sich zufrieden und rannte weiter in den Wald hinein. Auch er zweifelte anscheinend nicht daran, dass es besser war, nach Hause zu fahren. Mit weiten Sprüngen setzte er durch den Neuschnee, der unter seinen Pfoten hochwirbelte und in feinen Schleiern über dem Boden hing, die sich immer dann auflösten, wenn sie mit dem Schlitten kam. Das Krächzen einiger Raben begleitete sie durch den Wald und hing wie ein unheilvolles Echo in der Luft.

Nach ungefähr einer Stunde ließen sie den Wald hinter sich und überquerten einen zugefrorenen See, der matt in der kaum sichtbaren Sonne schimmerte. Auf dem teilweise glatten Eis konnten die Husky ein höheres Tempo gehen, nur der böige Wind, der von den fernen Bergen wehte, machte ihnen zu schaffen. Emma und Paul hatten beide ihre Schals über die Nase gezogen.

»Jetzt haben ... haben wir nicht mehr weit!«, rief Paul.

Am anderen Ufer wartete erneut ein dichter Fichtenwald auf sie, und sie waren wieder einigermaßen sicher vor dem Wind. Emma zog ihren Schal nach unten. »Shasta!«, rief sie. »Wo steckst du? Sind wir dir zu langsam?«

»Er weiß, dass du ... dass du ihn nicht mehr ... brauchst«, sagte Paul.

»Er ist weg? Ich dachte, er kommt mit uns.«

Paul drehte sich zu ihr um. Er wirkte nicht mehr so gequält wie während ihrer kurzen Rast. »Er weiß, dass wir ihn nicht mehr brauchen … er streunt lieber allein durch die Wälder. In einer halben Stunde sind wir … zu Hause.«

Die Blockhütte sah Emma erst, als sie auf die Lichtung am Ufer eines zugefrorenen Flusses fuhr. Eine kleine Hütte aus verwitterten Stämmen mit einem Elchgeweih über dem Eingang und einer Cache, einer Vorratskammer auf Stelzen, die sich ungefähr hundert Schritte weiter am Waldrand erhob. Aus Erzählungen wusste sie, dass Fallensteller vor allem Fleisch und Fisch in solchen Vorratskammern horteten, um Bären und andere Tiere abzuhalten.

»Home Sweet Home«, sagte Paul so leise, dass sie es kaum verstand.

»Tut mir leid, dass du so leiden musst«, sagte sie. »Du hättest mir nicht helfen sollen. Ich bringe dir nur Unglück.« Sie legte einen Arm um seine Schultern und küsste ihn auf die Wange. »Ich sehe mir die Wunde gleich nochmal an. Die Wundsalbe soll wahre Wunder wirken, sagt der Apotheker.«

»Zuerst die Hunde«, bat er, »die kommen immer zuerst.«

»Selbst wenn man so große Schmerzen hat wie du?«

»Selbst dann.«

Sie befreite die Huskys von ihren Geschirren und band sie an die langen Leinen vor ihren Hütten. Pauls Hunde hatten es besser als die meisten anderen Vierbeiner, wohnten in festen Hütten, in denen sie sich vor dem Wind verkriechen und ausruhen konnten. Ihre Leinen waren gerade so lang, dass sie sich nicht ins Gehege kommen konnten. Sie konnten sehr launisch sein.

»In einer Ecke müssen Krücken liegen«, sagte Paul, als sie darüber nachdachte, wie sie ihn in die Hütte bringen könnte.« Hab ich mir letztes Jahr geschnitzt, als ich mir den Fuß verstaucht hatte. Damit müsste ich es schaffen.«

Sie betrat die Hütte und blieb stehen, bis sich ihre Augen an das Halbdunkel gewöhnt hatten. Besonders eindrucksvoll war das Innere nicht, selbst wenn man es mit ihrer bescheidenen Bleibe in San Francisco verglich. Im Wohnraum gab es einen Herd, einen Ofen, einen Küchenschrank, einen Tisch mit zwei Stühlen und zwei offene Kisten. In der einen bewahrte Paul seine sauberen Kleider auf, wie sie sehen konnte, in der anderen die schmutzigen.

Im Schlafraum, der durch einen Vorhang vom Wohnraum abgetrennt war, erkannte sie ein breites Bett, das er anscheinend selbst gebaut hatte, an der Wand lehnte eine Matratze, und neben dem Fenster stapelten sich Felle. Über seinem Bett hing ein Gemälde, das einen See in waldreicher Umgebung zeigte. Ein Bild, das in San Francisco im Müll gelandet wäre, so wenig künstlerisch war es, wohl aber eine besondere Bedeutung für Paul hatte. Drinnen war es genauso kalt wie draußen, und beide Fenster waren mit Eisblumen bedeckt.

Sie richtete das Bett her, fand seine Krücken neben dem Küchenschrank und kehrte nach draußen zurück. »Das Bild … deine Heimat in Minnesota?«

»Der Lake Ness«, antwortete er, »das Bild hat ein Freund gemalt.«

Paul hatte sich etwas erholt, war wieder klar bei Sinnen und hatte die Schmerzen einigermaßen im Griff. Er konnte wieder reden, ohne ständig Pausen einlegen zu müssen, lä-

chelte sogar ein paarmal, doch als er sich mit ihrer Hilfe vom
Schlitten quälte und auf die Krücken stützte, übermannte
ihn der Schmerz erneut, und er musste sich anstrengen,
nicht das Bewusstsein zu verlieren. Stöhnend humpelte er
neben ihr die wenigen Schritte in die Hütte.

Sie spürte sein ganzes Gewicht, als er sich auf sie stützte,
und war heilfroh, als sie das Bett erreichten, und er sich auf
die Matratze fallen ließ. Sein Aufschrei ging ihr durch Mark
und Bein und erschreckte sogar die Huskys. Ihr Jaulen
drang von draußen in die Hütte. Sie nahm ihm die Krücken ab und lehnte sie gegen die Wand, stellte den Nachttopf in Reichweite und machte sich daran, den Ofen in
Gang zu bringen. Neben dem Ofen stapelte sich Brennholz, und es gab eine Schüssel mit Reisig, um ein Feuer an-
zufachen.

Sie schaffte es auf Anhieb, legte einige Holzscheite in die
Flammen und beobachtete stolz, wie sich die Flammen hin-
einfraßen. Dennoch dauerte es eine ganze Weile, bis es einigermaßen warm in der Hütte wurde. Sie zündete die beiden
Öllampen an, eine im Wohnraum, die andere auf dem
Nachttisch neben seinem Bett, und trug die Gästematratze
in den Wohnraum. »Ich schlafe neben dem Ofen«, über-
spielte sie ihre Unsicherheit. Neben den Kisten mit seiner
Kleidung lagen genug Wolldecken und Felle, die sie nehmen
konnte.

Bevor sie an sein Bett zurückkehrte, setzte sie Tee auf. Der
Einfachheit halber stellte sie die Kanne auf den Ofen. Inzwischen war es so warm, dass sie ihre Jacke ausziehen konnte.
Sie brachte Paul einen Becher Tee und erkannte an seinen
flackernden Augen, dass er wieder starke Schmerzen hatte.

Sie gab ihm von dem Laudanum zu trinken. »Sei lieber sparsam mit dem Zeug. Wer weiß, wann der Indianer … wann Skookum Jim hier auftaucht.«

Er spülte mit heißem Tee nach und zog vor Schmerzen eine Grimasse, als sie ihm den Mantel und die Hose auszog. Aus Verlegenheit ließ sie ihm die lange Unterhose, riss lediglich den Stoff über der Wunde auseinander, reinigte vorsichtig die Wundränder, schmierte sie mit der Salbe ein und legte einen neuen Verband an. Schon während sie ihn behandelte, schlief er ein.

Sie nützte die Zeit, um seinen Schlittensack und sein Gewehr hereinzuholen, die Vorräte aufzuräumen und das Gewehr neben sein Bett an die Wand zu lehnen. Am Fenster, das inzwischen wieder eisfrei war, blieb sie stehen und blickte auf die Lichtung hinaus. Bis zum Ufer des schmalen Flusses und den Waldrändern ging der Blick, die Berge waren nur schemenhaft zu sehen. Die Huskys hatten sich im Schnee eingerollt und genossen die Kälte. Shasta war nicht zu sehen. Ihr fiel auf, wie sehr sie sich nach ihm sehnte. Obwohl er ständig unterwegs zu sein schien, war er zu einem guten Freund geworden, dem ersten Vierbeiner, dem sie sich näher fühlte als manchem Menschen.

Während sie den Horizont nach ihm absuchte, spürte sie, wie todmüde sie war. Die Schlittenfahrt war anstrengender gewesen, als sie gedacht hatte. Sie legte sich in ihrem Rock und der Bluse auf die Matratze, rollte sich in alle verfügbaren Wolldecken ein und schloss die Augen. Nach wenigen Sekunden war sie eingeschlafen. Ihre Träume waren wirr und voller seltsamer Bilder, doch die Wärme und Ruhe taten ihr gut und lösten die Anspannung, die sie während der vergangenen Tagen bedrückt hatte. Sie schlief so fest, dass sie nicht einmal Pauls Schnarchen und das Heulen der Huskys störte.

Als sie aufwachte, war es bereits früher Morgen und das Feuer fast erloschen. Paul schlief noch fest. Sie warf einige Scheite in den Ofen, schenkte sich Tee ein und trank einen Schluck, anschließend wusch sie sich in dem warmen Wasser in der Schüssel, die sie vor dem Schlafengehen mit Schnee gefüllt und auf den Ofen gestellt hatte. In der frischen Unterwäsche, die sie anschließend anzog, fühlte sie sich schon wesentlich besser. Ein rascher Blick in den Schlafraum zeigte ihr, dass Paul sich unruhig von einer Seite auf die andere drehte und im Schlaf sprach. Wieder hörte sie ihn »Mary« flüstern.

Sie hörte ihm widerwillig zu, unterdrückte mühsam ihre Eifersucht, die jedes Mal in ihr aufstieg, wenn sie den fremden Namen hörte. Als ob ihr die kurze Freundschaft mit ihm das Recht gab, auf eine Frau eifersüchtig zu sein, die er vor ihrer Zeit gekannt hatte. Nur weil sie mit ihm auf demselben Schiff gewesen und gemeinsam durch die Wildnis gezogen war, besaß sie noch lange nicht das Recht, ihn für sich zu vereinnahmen. Weder er noch Shasta gehörten zu den Wesen, die man festbinden konnte. Sie liebten ihre Freiheit über alles, sonst wären sie bestimmt nicht in den hohen Norden gezogen. In dieser Einsamkeit lebten nur Menschen, die stark und selbstbewusst waren.

Doch als er am frühen Morgen die Augen öffnete, und sie ihm Kekse, Speck und heißen Tee ans Bett brachte, wusste sie, dass ihre Neugier die Oberhand gewinnen würde. »Guten Morgen«, begrüßte sie ihn. Sie küsste ihn zärtlich auf den Mund und lächelte aufmunternd. »Geht es dir besser?«

»Geht so«, antwortete er, »die Ruhe tut mir gut.«

»Wäre aber gut, wenn der Medizinmann bald käme.«

»Heute … spätestens morgen.« Er griff dankbar nach dem Teller mit dem Frühstück und dem Becher. »Ohne dich wäre es das wohl gewesen«, sagte er.

»Vergiss Shasta und die Huskys nicht.«

»Die besten«, betonte er. »Und Shasta gibt es nur einmal.«

»Er ist wieder verschwunden.«

»So ist er halt. Ein hilfsbereiter Einsiedler.« Er spülte einen Keks mit Tee hinunter und blickte auf seine Hose, die sie säuberlich gefaltet und auf die Felle gelegt hatte. Verstohlen berührte er unter der Decke seine Unterhose und war erleichtert, sie vorzufinden. »Hast du mir die Hose ausgezogen?«

»Hätte ich auf den Indianer warten sollen?«

»Nein, schon gut. Ich dachte nur …«

»Schmeckt das Frühstück?«, fragte sie schnell. »Ich dachte, wir brauchen erst mal die Vorräte von unterwegs auf. Magst du Zucker in deinen Tee?«

»Lieber nicht«, erwiderte er, »sonst gewöhne ich mich noch dran, und das Zeug kostet ein Vermögen in Dawson. Seitdem sie Gold am Klondike gefunden haben, gehen die Preise durch die Decke.« Ihm fiel anscheinend jetzt erst auf, dass sie auf der Matratze geschlafen hatte. »Warum hast du nicht im Bett geschlafen? Ich hätte mich doch auf die Matratze legen können. Ich bin nicht wählerisch, was das Schlafen angeht. Das Bett hab ich aus reiner Langeweile gebaut. Im Frühling vor zwei Jahren, bevor der Rummel um das Gold begann. In San Francisco hast du sicher in einem bequemen Bett geschlafen.«

»Du bist krank«, sagte sie, »und musst noch eine ganze Weile liegen.« Sie blickte an ihm vorbei zum Fenster hinaus. »Darf ich dich was fragen, Paul?«

»Sicher.« Er lächelte unsicher. »Ich wollte dir auch etwas sagen.«

»Ja?«

»Du zuerst«, sagte Paul.

22

»Du sprichst im Schlaf«, sagte sie. Schon als sie die Worte aussprach, wäre sie am liebsten davongelaufen. Warum hatte sie bloß damit angefangen? Sie hatte kein Recht, ihn auf seine Geheimnisse und schon gar nicht auf vergangene Freundinnen anzusprechen. Dazu kannten sie sich zu wenig. Sie wollte irgendetwas anderes und möglichst Belangloses sagen, aber ihr fiel nichts ein.

»Ich weiß, was du mich fragen willst.« Er wirkte ebenso verlegen wie sie und wagte nicht, ihr in die Augen zu blicken. »Ich habe wieder von Mary geträumt, und du willst wissen, warum ich im Schlaf ihren Namen schreie. Ob sie etwas damit zu tun hat, dass ich nicht zu meinen Eltern gegangen bin.«

»Das wusstest du?« Sie hatte sich zu ihm auf den Bettrand gesetzt und blickte ihn ungläubig an. »Ich wollte nur … ich dachte … ich weiß, ich habe kein Recht, dich so etwas zu fragen, Paul. Es klang nur so … so verzweifelt.«

»Du brauchst dich nicht zu entschuldigen«, sagte er. »Das ist doch genau das, was ich dir erklären wollte. Ich hätte es dir auch gesagt, wenn du mich nicht gefragt hättest.« Er hob den Kopf und zwang sich, sie anzusehen. »Mary … die Frau, die ständig in meinen Träumen auftaucht … war meine Verlobte.«

»Deine Verlobte? Du wolltest sie heiraten?«

»Das ist schon ein paar Jahre her, eine halbe Ewigkeit, so kommt es mir jedenfalls vor, aber in meinen Träumen taucht sie immer noch auf.« Seine Augen waren feucht geworden. »Sie geht mir einfach nicht aus dem Kopf.«

Sie wollte nach seiner Hand greifen und zog sie wieder zurück. Ihre Kehle war eng geworden. »Du brauchst dir keine Vorwürfe zu machen, Paul.« Die Worte fielen ihr schwer. »Und du brauchst dich nicht vor mir zu rechtfertigen. Wir kennen uns erst ein paar Tage, und keiner ist dem anderen auf irgendeine Weise verpflichtet. Außer dass ich dir mein Leben verdanke. Wenn du mich nicht aus der Lawine gegraben hättest, wäre ich erstickt.«

»Shasta hat dich gefunden«, sagte er. »Und wenn du mir nicht in dem Blizzard geholfen hättest, wäre ich ebenfalls tot. Wenn überhaupt, sind wir quitt.«

»Liebst du … liebst du Mary noch?«

»Das ist es nicht«, erwiderte er. »Damals habe ich sie wohl geliebt, das stimmt. Wir wollten heiraten, hätten am Ufer des Lake Ness ein Haus gebaut, und ich wäre wohl niemals auf die Idee gekommen, in die Wildnis am Yukon zu ziehen und mir als Fallensteller die Winter um die Ohren zu schlagen.«

»Sondern? Wärst du Farmer geworden oder so was?«

Er lächelte schwach. »Das nun auch wieder nicht. Keine Ahnung, was aus mir geworden wäre. Da hätte wohl auch Mary noch ein Wörtchen mitgesprochen. Sie war anders als die meisten Frauen in unserer Gegend. Sie konnte mit einem Hundegespann umgehen und war sich nicht zu schade dafür, mit mir auf die Jagd zu gehen. Und wenn wir auf die County Fair gingen oder zum jährlichen Ball der Freiwilligen Feuerwehr, war sie stets die Schönste.«

»Noch ist es nicht zu spät, Paul. Warum gehst du nicht zu ihr zurück?«

»Sie ist tot, Emma.«

»Sie ist tot?« Sie blickte ihn entsetzt an.

»Sie ist tot, und ich bin schuld! Niemand wird mich jemals von dieser Schuld reinwaschen können. Das ist es, was ich dir die ganze Zeit zu sagen versuche. Ich habe sie in den Blizzard hinausgejagt. Und jedes Mal, wenn sie in meinen Träumen aus dem Haus rennt, rufe ich ihren Namen und versuche sie zurückzuhalten. Aber sie hört nicht auf mich. Sie lacht sogar über mich.«

Jetzt griff sie doch nach seiner Hand und rückte etwas näher an ihn heran. »Was ist passiert, Paul? Ich glaube nicht, dass du schuld an ihrem Tod bist.«

»So ist es aber.« Er wischte sich ein paar Tränen von den Wangen und hielt eine Weile inne, bis er sich wieder in der Gewalt hatte. Die Erinnerung an den tragischen Tod seiner Verlobten schien stärker als sein körperlicher Schmerz zu sein. »Wir waren damals ungefähr ein Jahr zusammen. Mary arbeitete in einem Drugstore an der Hauptstraße, und ich hatte wochenlang sinnloses Zeug bei ihr gekauft, nur um sie sehen zu können. Als ich sie um unser erstes Date bat, machte sie sich über mich lustig, warum ich sie nicht schon früher gefragt und stattdessen Seife und Haarwasser für ein Jahr gekauft hätte, und nach dem dritten Date machte ich ihr einen Antrag, und wir verlobten uns.«

Emma fiel es schwer, seinen Worten zu folgen. Er sprach so liebevoll über seine frühere Verlobte, als läge ihr Tod erst einige Tage und nicht Jahre zurück, und als würde er sofort zu ihr zurückkehren, falls ein Wunder geschähe und sie von den Toten auferstehen würde. Wie kann er mich lieben, wenn er immer noch von seiner Verlobten träumt, fragte sie sich in Gedanken, gab sich aber Mühe, sich nichts anmerken zu lassen. »Und dann?«, fragte sie leise.

»Sie hat mich betrogen«, antwortete er. Es lag mehr Trauer als Wut in seinen Worten. Zwei Monate nach unserer Verlobung. Mit einem Handelsreisenden. Sie hat es mir selbst gesagt. Fing an zu weinen, er hätte sie betrunken gemacht, und sie hätte sich vergessen. Es wäre eine einmalige Sache gewesen und würde nie mehr vorkommen. Natürlich hab ich ihr verziehen, aber zwei Wochen später passierte es wieder. Mit einem Mann, der mit mir zur Schule gegangen war und damit prahlte, sie …« Er ließ den Satz unvollendet. »Ich weiß nicht, warum sie fremdging. Vielleicht, weil sie mich nicht so sehr liebte, wie es anfangs den Anschein hatte. Oder weil ich ihr plötzlich nicht genug war. Ich dachte, das würde schon wieder werden, und hielt den Mund. Weder ihren noch meinen Eltern verriet ich etwas, und sie hielt sowieso den Mund.«

»Du hast sie geliebt.«

Er drückte ihre Hand, als wollte er sich dafür entschuldigen. »Vielleicht wäre ja auch alles gutgegangen, und sie hätte sich wieder gefangen, aber dann saßen Mary und ich in dieser Hütte an Silvester zusammen, und sie fing an mich zu beschimpfen. Ich wäre langweilig, und sie hätte einen anderen Mann kennengelernt, der ihr viel mehr bieten könnte. Sie schrie mich an, und ich schrie zurück, konnte mich plötzlich nicht mehr beherrschen und warf ihr üble Schimpfwörter an den Kopf.« Er hielt inne und brauchte einige Zeit, um sich wieder einigermaßen in die Gewalt zu bekommen. »Ich wollte, ich hätte es nicht getan. Ich hätte sie nicht beschimpfen dürfen, Emma!« Er wischte sich mit dem Ärmel übers Gesicht.

»Aber wir hatten uns beide in Rage geredet, und anstatt uns zu trennen und wieder eigene Wege zu gehen, fauchten wir uns an. Sie würde jetzt zu dem Mann gehen, der sie wirklich verstehen würde, einem ganzen Kerl und nicht so einem Versager wie mir. Ich schrie sie an, dann geh doch, du wirst schon sehen, wie weit du mit ihm kommst.«

»Sie wollte wohl alles«, sagte Emma, als Paul wieder nach Worten suchte, »einen liebenden Ehemann und den Spaß mit ihren Liebhabern. Ich kannte auch so eine Frau. Sie war mit einem rechtschaffenen Mann verheiratet, einem Lokomotivführer der Southern Pacific, und jedes Mal, wenn er unterwegs war, betrog sie ihn mit irgendwelchen Kerlen. Ich versuchte, ihr ins Gewissen zu reden, und sie antworte nur: Ich will wohl zu viel vom Leben.«

»Haben sich die beiden getrennt?«

»Nein, das ging immer so weiter. Obwohl ihm seine Freunde verrieten, was seine Frau trieb, und er sie einmal sogar auf frischer Tat ertappt hat, blieb er bei ihr. Man sagt ja, dass vor allem Männer fremdgehen, aber diese Frau war anders. Wäre ihr Mann nicht Lokführer gewesen, wäre sie ihm wohl davongelaufen, aber so hatte sie genug Zeit, sich mit anderen Männern einzulassen.«

»Ich habe dir noch nicht alles erzählt, Emma«, erwiderte er. »An jedem Silvesterabend, als wir uns in der Wolle hatten, tobte ein Blizzard über Minnesota. Ein heftiger Schneesturm, noch stärker als der, in dem wir waren. Bei so einem Wetter jagt man nicht mal seinen Hund vor die Tür, aber ich rief: ›Wenn du unbedingt zu einem anderen Mann willst, dann geh doch! Du wirst schon sehen, wie weit du kommst!‹ Ich dachte nicht, dass sie wirklich aus dem Haus laufen würde.

Jedes Kind in Minnesota weiß, wie gefährlich so ein Blizzard ist, aber bevor ich sie zurückhalten konnte, war sie schon draußen.«

»Sie lief allein in den Sturm hinaus?«

Er nickte schuldbewusst. »Ich weiß bis heute nicht, wer der Kerl war, zu dem sie wollte. Ich weiß nicht mal, ob es ihn wirklich gab. Und ich hab noch immer keine Ahnung, wie sie ihn in dem Wetter erreichen wollte. Ich weiß nur, dass sie in den Blizzard rannte und von einer Sekunde auf die andere verschwunden war. Als hätte sie es niemals gegeben. Dabei lief ich sofort hinter ihr her. Ich war höchstens zwei, drei Sekunden hinter ihr. Taumelte wie ein Betrunkener durch den Sturm, bis ich kaum noch was sehen konnte. Aber wir waren an der kanadischen Grenze, etliche Meilen von der nächsten Siedlung entfernt, und um mich herum war plötzlich alles schwarz. Ich war mitten in die Hölle geraten, und Mary ... sie war spurlos verschwunden.«

»Wie furchtbar.«

Sein Gesicht verzog sich, als wären seine Schmerzen wieder stärker geworden. »Ich rannte zurück ins Haus und zog meine dickste Winterkleidung an, nahm die Laterne aus dem Schuppen mit und suchte die ganze Nacht nach ihr. Es war mir egal, dass ich mich selbst in Gefahr brachte. Ich hatte wohl Glück, sonst wäre ich in dieser Nacht erfroren, aber Mary fand ich erst am nächsten Morgen, als der Blizzard vorüber war, und man wieder klar sehen konnte. Sie lag erfroren im Schnee, keine hundert Schritte vom Haus entfernt. Ich musste sie während der Nacht nur knapp verpasst haben. Ich packte sie auf meinen Schlitten und fuhr so schnell wie möglich zum nächsten Arzt, aber es war längst zu spät. Sie war in dem Blizzard erfroren. Sie war tot.«

»Das tut mir leid, Paul«, sagte sie leise.

Er schwieg eine Weile, schien nicht zu wissen, ob er traurig oder wütend sein sollte. »Du wolltest wissen, warum ich es nicht fertigbrachte, meinen Eltern unter die Augen zu treten? Weil ich Angst vor ihren Vorwürfen und Beschimpfungen hatte. Selbst wenn sie nichts gesagt hätten, wäre ich mir wie ein Mörder vorgekommen. Alle gaben mir die Schuld. Ihre Eltern, meine Eltern, sogar meine Freunde. Und sie hatten recht. Ich habe Mary in den Tod getrieben. Ich hätte niemals zulassen dürfen, dass sie aus der Hütte rannte. Ich hätte es gar nicht dazu kommen lassen dürfen. Ich war schuld, ich allein.«

»Du warst nicht schuld«, widersprach sie. »Sie hat dich betrogen und dich gedemütigt. Bei dem, was sie dir an dem Abend angetan hat, hätte jeder die Nerven verloren und sie beschimpft. Sie war selbst schuld. Sie kam auch aus Minnesota, oder etwa nicht? Sie hätte wissen müssen, wie gefährlich so ein Blizzard ist. Warum hat sie denn nicht vor Silvester mit dir Schluss gemacht, wenn du ihr so gleichgültig warst? Warum nicht vor Weihnachten? Du hättest deinen Eltern sagen müssen, dass sie dich betrogen hat. Und ihren Eltern vielleicht auch. Dann hätten sie zumindest verstanden, warum es Krach gab.«

»Sie hätten es niemals verstanden, Emma. Alles, was ich damals tun konnte, war, meine Sachen zu packen und so schnell wie möglich zu verschwinden, sonst hätten sie mich noch am nächsten Baum aufgeknüpft. Wenn ich geblieben wäre, hätte ich alles nur noch schlimmer gemacht. Ich bin nicht mal zur Beerdigung geblieben. Ich konnte von Glück sagen, dass mich ihre Eltern nicht anzeigten, aber die Polizei glaubte mir und ließ mich laufen. Ich bin mir nicht sicher, aber ich glaube, einer der Polizisten kannte Mary näher und … was weiß ich. Ist auch nicht wichtig. Ich werde mir die Sache wohl niemals verzeihen. Ich bin sicher, meine Eltern mussten sich einiges anhören, nachdem ich gegangen war. Kein Wunder, dass sie meine Briefe nie beantwortet haben.«

»Du hättest sie ansprechen sollen, Paul. Erzähl ihnen, was Mary getan hat, und dass sie selbst ihren Tod verschuldet hatte. Selbst wenn ihr euch gestritten habt, darf sie nicht so leichtsinnig sein und in einen Blizzard laufen. Du hast sie doch nicht bedrängt oder geschlagen und schon gar nicht rausgeworfen.«

»Das würde nur neues böses Blut schaffen.«

»Du liebst sie immer noch?«

»Nein, ich liebe sie nicht mehr.« Er blickte sie zum ersten Mal seit einigen Minuten wieder direkt an. Sein Blick war offen und ehrlich. »Seitdem ich dir auf dem Schiff begegnet bin, weiß ich, dass ich nur dich mag. Aber ich wollte, dass du erfährst, mit wem du es zu tun hast. Du solltest wissen, dass ich große Schuld auf mich geladen habe. Deshalb habe ich dir das alles erzählt.«

»Wir haben alle unser Bündel zu tragen.« Einer dieser Floskeln, die ihre Mutter so gerne von sich gegeben hatte, aber was anderes fiel ihr nicht ein.

»Du meinst, irgendwann werde ich nicht mehr davon träumen?«

»Ganz bestimmt sogar, aber jetzt wird es höchste Zeit, dass du was Ordentliches in den Magen bekommst. Hast du noch Vorräte in dem Stelzenhaus?«

»Einen Elchschinken, der dürfte fürs Erste reichen.« Er zog sie zu sich heran, und sie küssten sich liebevoll, bevor sie aufstand und Jacke, Mütze und Handschuhe anzog. Nimm mein Gewehr mit, man weiß dort draußen nie.«

Ein wenig seltsam war ihr schon zumute, als sie nach seinem Gewehr griff und sich noch einmal zeigen ließ, wie es funktionierte. Noch vor ein paar Wochen hätte sie jeden für verrückt erklärt, der ihr gesagt hätte, dass sie mitten im Winter mit einem Gewehr vor eine Blockhütte am fernen Yukon treten würde. Sie hängte sich die Waffe über die Schultern und trat nach draußen.

Die Huskys begrüßten sie jaulend, hofften wohl, schon wieder mit Fressen an der Reihe zu sein, aber das würde noch einige Stunden dauern. »Immer mit der Ruhe, Captain«, rief sie dem Leithund zu. »Heute Abend bringe ich euch leckeres Fleisch und Reis. Jetzt muss ich mich erst mal um Paul kümmern.«

Sie ließ ihren Blick über die Lichtung wandern und spürte den frischen Wind auf ihrer Haut. Inzwischen hatte sie sich einigermaßen an die niedrigen Temperaturen gewöhnt und brauchte nicht mal ihren Schal. Die Sonne stand weit über den grauen Wolken und war nur an dem hellen Schimmer zu erkennen. Der zugefrorene Fluss glänzte im fahlen Licht. Die Bäume, vor allem die mit Schnee beladenen Fichten, schwankten im leichten Wind. Der Dunst hatte sich verzogen, und die schneebedeckten Berge waren jetzt klar zu erkennen.

Nachdem sie sicher war, nicht beobachtet zu werden, stapfte sie durch den tiefen Schnee zum Stelzenhaus. Die Leiter war vereist, und es war einigermaßen schwierig für sie, das Gleichgewicht zu halten, obwohl sie sich mit beiden Händen festhielt. Oben angekommen, verharrte sie erneut und hielt Ausschau nach zweibeinigen und vierbeinigen Feinden, glaubte plötzlich, eine Bewegung am Waldrand jenseits des Flusses zu erkennen und griff unwillkürlich nach ihrem Gewehr. Als sie genauer hinblickte, entdeckte sie einen Schneehasen, der in wilden Zickzacksprüngen im nahen Wald verschwand.

Der Elchschinken war in Felle eingewickelt und lag in mehreren Portionen in einer Kiste. Sie nahm vier Portionen heraus, stopfte sie in ihre Jackentaschen und kehrte zum Haus zurück. Wieder wurde sie auf eine Bewegung jenseits des Flusses aufmerksam. Gleichzeitig klang ein langgezogenes Heulen zu ihr herüber, und sie begriff, dass Wölfe in der Nähe waren. Auch die Huskys waren auf sie aufmerksam geworden, waren aufgesprungen und hatten die Ohren aufgerichtet. Ihre wilden Brüder hielten sich in der Nähe auf, als hätten sie es darauf abgesehen, sie in die Wildnis zurück zu locken.

Sie war froh, wieder die Hütte betreten zu können, und schloss die Tür besonders sorgfältig. »Kein Grund zur Sorge«, beruhigte Paul sie, als sie ihm das Gewehr reichte und ihre Jacke auszog. »Das sind alte Bekannte von mir.«

»Wölfe?«

»Ein ganzes Rudel«, bestätigte er. »Sieben, wenn ich richtig gezählt habe. Ihr Revier liegt jenseits des Flusses. Dort gibt es genug Wild, auch im Winter, und sie haben es nicht nötig, über den Fluss zu kommen. Wölfe haben Angst vor Menschen. Das glaubt mir zwar kaum jemand, aber so ist es tatsächlich.«

»Aber das sind wilde Tiere«, erwiderte sie. »Die sind doch gefährlich.«

»Nur wenn sie keine Beute mehr finden, und das kommt nur in besonders strengen Wintern vor. Alle paar Jahre mal. Normalerweise halten sich Wölfe von Menschen fern. Sie glauben, dass wir stinken, und gehen uns aus dem Weg.« Er stützte sich auf den rechten Unterarm und schien die Erinnerung an den tragischen Tod seiner Verlobten schon wieder verdrängt zu haben. »Wusstest du, dass Wölfe uns Menschen ähnlicher sind, als viele glauben?«

»Weil sie in Rudeln leben?«

»Einer ist für den anderen da«, erklärte er. »Die Wölfin ist das erste Jahr nur für ihre Jungen da, der Anführer sorgt dafür, dass jeder etwas zu fressen bekommt, und einer hilft dem anderen, besonders den Schwachen und Kranken. Bei den Menschen ist es nicht immer so, vor allem nicht am Klondike, wo jeder nur hinter dem Gold her ist, aber es sollte wenigstens so sein.«

»Ich brauche keine Angst zu haben?«

»Zeig Respekt, dann kann dir nichts passieren.«

Emma setzte Reis auf, würzte ihn mit gebratenen Speckstücken und schnitt für jeden eine Scheibe von dem Elchschinken ab. Paul hatte ihn vor einigen Wochen selbst geräuchert. Das Essen schmeckte köstlich, zumindest kam es ihnen nach der langen Fahrt durch die Wildnis so vor. Sie hatte noch nie so guten Schinken gegessen. Zum Nachtisch aßen sie Pfirsichstücke aus einer Dose, die sie im Küchenschrank gefunden hatte. »Mein Lieblingsnachtisch.«

»Meiner auch«, sagte er. »In Dawson gibt es ein Lokal, da gießen sie flüssige Schokolade über die Pfirsiche, nur deshalb lasse ich mich manchmal in der Stadt blicken.« Er zerteilte eine Pfirsichhälfte und stöhnte plötzlich laut.

»Paul! Was ist passiert?«, erschrak sie.

Sie lief zu ihm und sah, dass er sich mit schmerzerfülltem Gesicht an sein verletztes Bein griff. »O verdammt!«, fluchte er. »Und ich dachte schon, ich hätte das Schlimmste überstanden. Hast du noch Laudanum? Einen Schluck.«

Sie reichte ihm die Flasche, und er setzte sie hastig an den Mund. Sein Gesicht war schweißbedeckt. Sie legte ihm eine Hand auf die Stirn und merkte, dass sein Fieber wieder gestiegen war. Seine Haut brannte. »Das fühlt sich nicht gut an, Paul. Mit dem Laudanum allein kommen wir nicht mehr weit.«

»Skookum Jim ist … er ist sicher schon unterwegs«, sagte er.

»Woher willst du das wissen?«

»Ich weiß es eben … ich hoffe es.«

23

Skookum Jim kam am nächsten Morgen. Emma hatte bereits die Huskys gefüttert, und sie waren gerade mit dem Frühstück fertig, als sie einen Schlitten kommen hörten und Paul den Indianer durch das Fenster erkannte. »Skookum Jim«, sagte er. »Hab ich dir nicht gesagt, dass er rechtzeitig kommt?«

Emma wartete, bis er sein Gespann versorgt hatte, und öffnete die Tür. Der Indianer schien nicht überrascht zu sein, sie zu sehen. »Emma.« Es klang mehr wie eine Feststellung als ein Gruß. »Ich habe schon viel von dir gehört.«

»Von mir?«

»Du bist die Frau, die Paul aus der Lawine gerettet hat.« Ein amüsiertes Blitzen trat in seine dunklen Augen. »Die Leute erzählen, dass du mit ihm in die Wildnis gezogen bist. Paul hat noch nie eine Frau mitgenommen. Einige meiner Leute nennen ihn ›Mann, der ohne Frau auskommen muss‹.« Er schulterte lachend seine Umhängetasche, wurde aber gleich wieder ernst. »Er muss sehr krank sein, sonst wäre er selbst zur Tür gekommen. Wie geht es ihm?«

»Er hat sich das Bein gebrochen. Die Wunde hat sich entzündet.«

Skookum Jim kam näher und grüßte sie mit einem Kopfnicken, als er die Hütte betrat. Er war erstaunlich groß für einen Indianer, ungefähr einen Kopf größer als Paul, und trug seine grauen Haare nur so lang, dass sie seine Ohren bedeckten. Seine Kleidung aus Karibuleder, der Parka, die

Hose und die Mokassins, trug er mit der behaarten Seite nach innen, wie sie später erfuhr, weil sie so am wärmsten hielt. Selbst die Handschuhe, die Umhängetasche und vor allem sein breiter Gürtel waren mit bunten Perlen bestickt.

Er lehnte sein Gewehr an die Wand und legte seine Pelzmütze und seine Handschuhe ab. Mit einem besorgten Lächeln wandte er sich an den Fallensteller. »Paul! Du hast dir eine gute Frau genommen. Hat sie deine Sinne so verwirrt, dass du nicht mehr weißt, wie man einen Hundeschlitten steuert?«

Paul schoss das Blut ins Gesicht. Er warf Emma einen flehentlichen Blick zu, bat sie auf diese Weise, den Indianer nicht zu ernst zu nehmen, und beeilte sich zu sagen: »Ich habe mir Emma nicht genommen.« Er betonte das letzte Wort. »Sie ist eine starke Frau. Ich wollte sie nach Dawson City zu ihrem Bruder bringen, dann kam der Blizzard und warf mich vom Schlitten. Ich habe nur ihr zu verdanken, dass ich noch am Leben bin. Sie ist sehr tapfer.«

»Eine Kriegerfrau«, sagte Skookum Jim. Er gebrauchte dasselbe Wort wie der Indianer in Dyea. »Keine andere Frau wäre einer Lawine entkommen und hätte wenige Tage später einen Mann wie dich aus einem Blizzard gerettet.«

Emma fragte sich, woher Skookum Jim das alles wusste, wagte aber nicht zu fragen. Sie hatten ohnehin schon zu lange geredet. Paul brauchte dringend Hilfe. »Ich wollte ihn zu einem Arzt nach Dawson City bringen«, sagte sie deshalb, »aber seine Schmerzen waren zu groß. Ich weiß nicht mehr weiter.«

»Paul ist hart im Nehmen.« Das Englisch des Indianers war besser als der Slang, den viele weiße Goldsucher auf dem

Trail benutzten. »Hat er dir nicht von Big George erzählt? So hieß der größte Grizzly, der jemals in dieser Gegend gesehen wurde. Er riss Paul beinahe das Herz aus der Brust. Angeblich hatte er es schon zwischen seinen Pranken, als Paul ihm drei Kugeln in den Schädel jagte. Nur ein paar Wochen später war Paul wieder auf den Beinen.«

Emma musste lachen. »Die Geschichte kenne ich. Aber in der Version, die ich gehört habe, berührte ihn der Grizzly nicht mal, und Paul brauchte nur eine Kugel. Kommt mir beinahe so vor, als hätte Paul maßlos untertrieben.«

Skookum Jim machte sich sofort an die Arbeit. Er war kein Medizinmann, wie sie ihn aus Büchern und Erzählungen kannte, verbreitete keinen Hokuspokus, rief weder Beschwörungen noch sang er Lieder. Beinahe so fachgerecht wie ein weißer Arzt löste er den Verband und untersuchte die Wunde.

»Skoo hat bei einem weißen Arzt gelernt«, erklärte Paul mit verkniffener Miene. »Er war auf einer Missionsschule und hat dort einige Jahre in der Krankenstation gearbeitet, als er fertig war. Dort hat er einiges gelernt, auch sein Englisch. Ich komme mir immer wie ein ungebildeter Straßenjunge vor, wenn er mit mir spricht. Der Arzt hätte ihn am liebsten als Helfer behalten.«

»Aber?«

»Den Patern gefiel nicht, dass er mit den Geistern sprach. Sie wollten, dass er jeden Morgen in die Kirche ging und zum einzig wahren Gott der Weißen betete. Sie hatten jahrelang versucht, ihm das Christentum aufzuzwingen.«

»Unsere Götter sind dieselben«, sagte Skookum Jim. »Außer dem Gold, das beten nur die Weißen an. Weil sie sich damit Dinge kaufen können, die sie nicht brauchen. Und unsere Geschichten sind besser als das, was in der Bibel steht. Unser Gott lässt sich nicht besiegen und an ein Kreuz nageln.«

Paul stöhnte unterdrückt. »Sei vorsichtig, Skoo!«

Skookum Jim hatte die Wunde freigelegt und sie sachte mit zwei Fingern berührt. Mit einem sauberen Lappen, den er in das heiße Wasser tauchte, das Emma ihm in einer Schüssel reichte, wischte er sie sauber. Emma stellte ihm einen Becher heißen Tee auf den Nachttisch. »Sie ist entzündet, nicht wahr?«

»Nicht der Bruch, aber der Riss, den er sich wohl an einem Stein geholt hat.« Er holte einige Kräuter aus einem Beutel in seiner Umhängetasche, formte sie mit heißem Wasser zu einem zähen Brei, den er vorsichtig auf die verkrustete Wunde verteilte. »Unsere Medizin wächst im Wald«, erklärte er.

»Ich habe ihm Laudanum gegen die Schmerzen gegeben«, sagte sie.

»Laudanum ist schlecht. Den Schmerz aushalten, ist besser.«

»Dann wünsche ich dir nicht, dass es dir so ergeht wie mir«, erwiderte Paul. »Es tat höllisch weh. Es tut jetzt noch weh. Das ist schlimmer als dieses schlimme Gefühl nach einer durchzechten Nacht mit schlechtem Whiskey.«

»Hast du nach deinem Kampf mit Big George was gebraucht?«

»Nur weil er mein Herz in den Pranken hielt? Wo denkst du hin?«

Beide Männer lachten, bis Skookum Jim gegen das verletzte Bein stieß, und Paul so laut schrie, dass Emma zusammenzuckte. Der Indianer entschuldigte sich mehrmals. Nachdem er die Wunde frisch verbunden hatte, nahm er eine Axt von der Wand, griff nach einem Stuhl und hackte mit einem wuchtigen Hieb ein Bein ab. Er stutzte es auf die gewünschte Länge und band es als Schiene an das gebrochene Bein. Danach fühlte sich Paul schon viel besser.

»Das hätten sie im Krankenhaus auch nicht besser gemacht«, sagte er.

»Du wirst wieder gesund«, tröstete ihn der Indianer. »Es geht dir schon viel besser, als ich dachte. Die Kräuter saugen die giftigen Säfte aus der Wunde.«

»Danke, mein Freund«, sagte Paul.

»Auch ich bin dir sehr dankbar«, sagte Emma. »Ich bin froh, dass ich auf Paul gehört habe und ihn nicht nach Dawson City gebracht habe.« Sie berührte Paul sanft an der Schulter. »Was sind das für Kräuter?«, wollte sie wissen.

»*Heshkeghkaa* für den gebrochenen Knochen«, antwortete Skookum Jim. »Die Weißen nennen es *Devil's Club. Fireweed* und alles Mögliche für die Wunde, die sich entzündet hat.« Er deckte Paul zu und grinste schwach. »Jeder Medizinmann, wie ihr uns nennt, hat seine eigene geheime Mischung.«

»Du solltest eine Praxis aufmachen«, schlug Emma vor.

»Ich weiß«, sagte Skookum Jim, »die weißen Ärzte in Dawson City werden reicher als jeder Goldsucher. Aber wer geht schon zu einem Indianer?«

Den Tag verbrachte Skookum Jim damit, neues Feuerholz zu schlagen und vor der Hütte aufzustapeln. Mit der Axt stellte er sich genauso geschickt an wie mit den Händen.

Emma blieb im Haus und räumte gründlich auf, wusch die schmutzige Wäsche und hing sie an einer Rohhautschnur über dem Ofen auf. Als Wolfsgeheul aus der Ferne drang, trat sie vor die Tür und blickte auf den Waldrand jenseits des Flusses, sah aber genauso wenig wie der Indianer, der ebenfalls in der Arbeit innehielt und ihr zurief: »Die tun uns nichts.«

Vor dem Abendessen fütterten Emma und der Indianer die Hunde. Captain bekam wie gewohnt als Erster sein Fressen. »Keine Angst, ich habe euch nicht vergessen«, begrüßte sie den Leithund. »Habt ihr schon gehört? Paul wird wieder gesund. Es wird noch ein bisschen dauern, bis ihr wieder mit ihm durch die Wälder fahren könnt, aber er wird nicht ewig im Bett bleiben. Ich bin sicher, in ein paar Tagen kann er euch schon selbst das Fressen bringen.«

Skookum Jim steuerte einen Schneehasen, den er am Nachmittag geschossen hatte, zum Essen bei und freute sich über den Reiseeintopf, den Emma mit dem Fleisch anreicherte. Einen Eintopf bekam sie einigermaßen hin. Sie hatte der Köchin oft genug über die Schultern geblickt, aber sobald etwas Komplizierteres auf dem Essensplan stand, würde sie passen müssen. Sie hatte noch einiges zu lernen, wenn sie in der Wildnis bestehen wollte, erkannte sie.

Nach dem Essen wusch Emma das Geschirr ab, und Skookum Jim kümmerte sich um das Feuer. »Wenn es dir nichts ausmacht, bleibe ich ein paar Tage, bis die Entzündung zurückgegangen ist«, schlug der Indianer vor. »Nach Dawson kommen Emma und ich noch früh genug. Die Killer hängen fest.«

»Du willst Emma nach Dawson bringen?«, wunderte sich Paul.

»Die Killer? Woher weißt du von den Killern?«, fragte Emma.

Skookum Jim stopfte in aller Seelenruhe seine Pfeife, setzte den Tabak in Brand und paffte ein paar Züge, bevor er sich zu Emma umdrehte: »Die Mokassin-Post arbeitet schneller als die Post des weißen Mannes. Ich weiß, dass dein Bruder auf der Flucht ist und sich am Klondike verstecken will. Warum, weiß ich nicht und will es auch gar nicht wissen. Und ich habe erfahren, dass zwei Killer auf seiner Spur sind und ihn töten wollen. Ich kenne sogar ihre Namen: Rufus McSwain und Billy Womack. Sie wissen auch von dir und würden alles tun, um das Versteck deines Bruders herauszufinden. Du willst so schnell wie möglich zu deinem Bruder und ihn warnen, weißt aber auch nicht, wo er steckt. So erzählt man sich in den Dörfern. Das stimmt doch?«

Emma war sprachlos. Dieser Indianer schien tatsächlich mit den Geistern in Verbindung zu stehen, denn wie hätte er sonst an dieses Wissen kommen sollen? Oder hatte Sadzi, die Indianerin, die sie in der Nähe von Dyea getroffen hatte, das Geheimnis weitergegeben, und es war mit einigen Indianern, die über den Pass gestiegen waren, in die Dörfer gewandert? »Willie, mein Bruder, soll eine Frau vergewaltigt haben«, klärte sie Skookum Jim auf, »aber das stimmt nicht. Ich muss ihn unbedingt finden, bevor die Killer kommen.«

Skookum Jim paffte an seiner Pfeife. »Sie sind im Gefängnis.«

»Wie bitte?«

»Leider nur für ein paar Tage«, erklärte er. Die Mounties haben sie am Lake Bennett verhaftet, als sie einen Krieger meines Volkes zwingen wollten, sie nach Dawson zu führen.

Sie schlugen den armen Mann halbtot, als er sich weigerte und auch keinen anderen vorschlagen wollte, und rechneten wohl nicht damit, dass die meisten Mounties keinen Unterschied zwischen Weißen und Indianern machen. Leider haben sie nur die Schlägerei gegen sie in der Hand. Von dem Auftrag, deinen Bruder umzubringen, wissen sie nichts. In ein paar Tagen sind sie sicher wieder frei. Man wird ihnen nahelegen, in die Vereinigten Staaten zurückzukehren, aber sie werden sicher einen Weg finden, die Grenze zu überqueren. Und wenn sie einigermaßen tief in die Tasche greifen, erklärt sich auch ein Indianer bereit, sie nach Dawson zu bringen.«

»Das heißt, ich habe mehr Zeit«, freute sich Emma.

»Wir fahren in drei Tagen«, entschied Skookum Jim. »Ich weiß, dass du einen Hundeschlitten steuern kannst, aber die Strecke ist gefährlich, und es treibt sich allerhand Gesindel in den Bergen herum. Es ist besser, wenn ich dich bringe. Wenn du willst, helfe ich dir auch, deinen Bruder zu finden.«

»Das ist sehr freundlich von dir«, erwiderte Emma. »Ich fahre gern mit dir, aber meinen Bruder suche ich selbst. Du hast sicher Wichtigeres zu tun, als einer Städterin zu helfen, ihren verrückten Bruder aus einem Saloon oder einer Opiumhöhle zu zerren oder in einer verlassenen Hütte oder einem Stollen aufzuspüren. Mein Bruder ist unberechenbar. Wenn ich dir verraten würde, was er schon alles angestellt hat, würdest du mich nicht mal nach Dawson bringen. Er ist zwei Jahre älter als ich und benimmt sich manchmal wie ein dummer Junge. Ich kenne kaum einen, der gut auf Willie zu sprechen ist.«

»Meine Leute und ich werden die Killer so lange wie möglich aufhalten«, versprach der Indianer, »das sind wir der Frau unseres weißen Freundes schuldig.« Er blickte Paul an und kicherte. Er wusste genau, wie seine Worte auf ihn und Emma wirken mussten, und amüsierte sich königlich. Nur weil es um das Leben von Menschen ging, verschwand sein Lachen gleich wieder. »Du wirst genug Zeit haben, um ungestört nach deinem Bruder zu suchen.«

»Wie wollt ihr das anstellen?«, fragte sie.

»Es gibt Mittel und Wege, auch ohne dass ich die Geister rufe.«

Paul hatte sich ebenfalls eine Pfeife angesteckt und rauchte nervös. Er wirkte immer noch besorgt. »Sobald ich wieder einigermaßen auf den Beinen bin, fahre ich nach Dawson und helfe dir«, sagte er. »Fragt sich nur, wohin wir mit deinem Bruder sollen, wenn wir ihn gefunden haben. Hier wird es ein wenig eng mit drei Leuten. Wir könnten eine neue Hütte für euch bauen.«

»Willie muss sich stellen«, erwiderte sie ernst. »Wir müssen ihn dazu bringen, nach San Francisco zurückzufahren und sich der Polizei zu stellen. Wenn wir Glück haben, wissen die Behörden inzwischen, dass er Florence Forester nicht vergewaltigt hat. Hier könnte er für eine Weile untertauchen, aber lange ginge das sicher nicht gut. Entweder die Killer erwischen ihn, oder die Polizei in San Francisco telegrafiert an die kanadische Polizei, und die Mounties suchen nach ihm. »Ich bringe ihn persönlich an Bord und sorge eigenhändig dafür, dass er in San Francisco nicht wieder das Weite sucht. Willie ist unberechenbar, er glaubt ständig, er könnte den Teufel überlisten und merkt leider immer erst zu spät, dass er gegen den Gehörnten den Kürzeren ziehen muss.«

»Du willst mit nach San Francisco fahren?«, fragte Paul besorgt.

Das Heulen der Wölfe, die sich jenseits des Flusses zwischen den Bäumen aufhalten mussten, ließ sie aufhorchen und ersparte ihr eine Antwort. Sie hatte keine Ahnung, was sie tun würde, wenn sie Willie gefunden hatte. Noch in Skagway hätte sie zumindest gewusst, dass sie selbst nach San Francisco zurückkehren würde. Sie war in einer der größten Städte der Westküste aufgewachsen und hatte mit der Wildnis nie etwas anfangen können. Erst Paul hatte ihr die Augen geöffnet, für die urwüchsige Natur, die landschaftlichen Schönheiten und die scheinbar unendliche Weite des Nordens. Sie hatte sich mit Shasta angefreundet, einem wilden Husky, der seinen eigenen Willen hatte und seine Freiheit genoss und ihr dennoch ans Herz gewachsen war. Und da war Paul, dieser manchmal etwas mürrische Fallensteller, ohne den sie sich ein Leben kaum noch vorstellen konnte. »Ich liebe dich«, sagte sie in Gedanken zu ihm. Wäre Skookum Jim nicht gewesen, hätte sie es laut gesagt.

Skookum Jim schlief neben Paul auf dem Boden und schnarchte so laut, dass Emma kaum die Augen zubekam. In den beiden Nächten, die sie gemeinsam in der Hütte verbrachten, lag sie oft minutenlang wach und lauschte dem Wind, der leise und manchmal böig um die Wände strich. Nachts heulten die Wölfe, klagende Laute, die die Städter, die zum Klondike unterwegs waren, erschreckten und ängstigten, ihr aber bereits vertraut waren und keinen Schauer mehr über den Rücken jagten. Sie lächelte sogar bei dem Gedanken, Shasta könnte sich dem Rudel angeschlossen haben und mit ihnen durch die Wälder ziehen. Würden sie einen Husky akzeptieren?

Am Morgen des zweiten Tages näherte sich ein Fremder auf einem Hundeschlitten der Hütte. Skookum Jim und Emma waren bei den Hunden, als der Indianer ihn entdeckte und sein Gewehr von der Schulter nahm, aber gleich darauf Entwarnung gab. »Ein Mountie«, sagte er. »Constable Bolton. Paul und ich kennen ihn. Der kommt manchmal hier vorbei … reine Routine.«

»Kein Wort über meinen Bruder«, bat sie ihn.

»Whoaa«, rief Bolton seinen Hunden zu. Er brachte den Schlitten weit genug von den anderen entfernt zum Stehen und stieg von den Kufen. »Guten Morgen allerseits«, grüßte er freundlich. Er war noch jung, nicht viel älter als Paul, und gehörte zu den besten Hundeschlittenführern der North West Mounted Police. Sein Pelzmantel reichte fast bis zum Boden. Er griff sich an die Mütze mit den langen Ohrenklappen und sagte: »Ma'am … es ist mir eine große Freude, eine Lady in dieser Einöde zu begrüßen. Ihnen, mein lieber Skoo, laufe ich sowieso ständig über den Weg. Ist Paul nicht zu Hause?«

Skookum Jim stellte sie vor. »Paul ist außer Gefecht. Kommen Sie rein!«

»Sieh an!«, staunte der Mountie, als er die Hütte betreten und seine Mütze und seine Handschuhe abgelegt hatte. »Paul Corbett, der tapfere Fallensteller, liegt flach. Jetzt sag mir bloß nicht, du bist wieder einem Grizzly begegnet?«

»So einen wie Big George gibt's nur einmal.« Während er von seinem Unfall im Blizzard berichtete, reichte Emma dem Mountie frischen Tee. »Gibt's einen bestimmten Grund für deinen Besuch, oder hattest du nur Sehnsucht nach uns? Gib's zu, du wusstest, dass eine bezaubernde Lady bei uns wohnt.«

»Natürlich wusste ich das«, räumte er ein, »ihr beide seid das Tagesgespräch auf dem Chilkoot Pass. Einige von uns haben gesehen, wie du die Lady aus dem Schnee gegraben hast und wollten mir schon Blumen mitgeben, weil sie dachten, ihr hättet inzwischen geheiratet. Aber Spaß beiseite. Eigentlich bin ich nach Dawson unterwegs, um dort nach dem Rechten zu sehen. Wir hatten zwei Rabauken eingesperrt, zwei aalglatte Burschen, die wie Gangster aus der Großstadt aussahen. Sie hatten sich mit einem Indianer angelegt. Wir mussten sie leider wieder freilassen, haben aber den Verdacht, dass sie heimlich die Grenze überschritten haben und nach Dawson unterwegs sind. Die Burschen führen irgendwas im Schilde, da bin ich sicher. Tut mir einen Gefallen, und haltet ebenfalls die Augen auf. Die beiden sind gefährlich.«

»Unsere Hütte finden die nicht«, sagte Paul. Er deutete auf das Gewehr, das neben ihm an der Wand lehnte. »Und zur Not hab ich meine Freundin.«

»Und meine«, ergänzte Skookum Jim.

Bolton stand auf und bedankte sich bei Emma für den Tee. »Ich muss weiter«, sagte er, setzte seine Mütze auf und griff nach den Handschuhen. »Die Pflicht ruft. Es war mir eine große Ehre, Ma'am.« Er salutierte und ging zur Tür. Wenige Augenblicke später hörten sie, wie er seine Huskys anfeuerte.

24

Der Mountie war noch in Sichtweite, als sich Paul in seinem Bett aufrichtete und drängte: »Am besten fahrt ihr gleich los! Gut möglich, dass die Killer noch einige Zeit brauchen, um einen Indianer anzuheuern, aber verlassen würde ich mich nicht darauf. Macht, dass ihr wegkommt! Jede Minute zählt!«

»Und was ist mit dir?«, fragte sie sorgenvoll. »Du bist verletzt.«

»Keine Bange, ich komme auch allein zurecht.« Er gab sich alle Mühe, zuversichtlich auszusehen. »Ich hab meine Krücken, genug Vorräte und Brennholz in der Hütte, und zur Not robbe ich auch auf allen Vieren zum Ofen.«

Skookum Jim war bereits dabei, seine Sachen zu packen. »Du hast recht. Ich werde einen Zahn zulegen, dann schaffen wir es in zwei, drei Tagen nach Dawson. Auf der Rückfahrt komme ich nochmal vorbei und sehe nach der Wunde. Halt dein verletztes Bein so ruhig wie möglich. Wenn der Knochen nicht richtig zusammenwächst, humpelst du für den Rest deines Lebens.«

»Aye, Skoo. Und wie komme ich auf den Nachttopf?«

»Schieb ihn dir unter den Hintern«, antwortete Skookum Jim, »so haben wir es im Krankenhaus bei den Verletzten immer gehalten. Wenn ich zurückkomme, leere ich das Ding. Der alte Skoo ist schließlich kein Unmensch.«

Emma hatte nicht hingehört, sie war damit beschäftigt, ihren Rucksack zu packen und sich anzuziehen. Ihre Miene war besorgt, als würde ihr erst jetzt das ganze Ausmaß ihres

Unternehmens klar. Diese Killer waren gnadenlos und schreckten vor nichts zurück, um Willies Versteck ausfindig zu machen. Sie riskierte ihr Leben oder zumindest schlimme Verletzungen, und das alles nur, weil ihr törichter Bruder mit zwei leichten Mädchen ins Bett steigen musste und den Rachefeldzug einer verwöhnten Millionärstochter provozierte. Warum war sie nicht in San Francisco geblieben? Ihr Bruder hatte doch oft genug bewiesen, dass er aus Schaden nicht klug wurde. Kaum hatte sie seine Spielschulden bezahlt, tappte er in die nächste Poker-Falle.

Mit der Pelzmütze in der Hand ging sie zu Paul und umarmte ihn vorsichtig. »Wir sehen uns wieder«, flüsterte sie an seinem Ohr, »ganz bestimmt.«

»Pass gut auf dich auf! Wenn ich einigermaßen laufen könnte …«

»Mach bloß keinen Unsinn!«, fiel sie ihm ins Wort. »Skookum Jim wird mich sicher nach Dawson City bringen, und dort kann ich selbst auf mich aufpassen. Zur Not melde ich mich bei den Mounties. Du bleibst schön hier und siehst zu, dass du wieder gesund wirst. Du hast gehört, was Skookum Jim gesagt hat. Oder willst du dein Leben lang humpeln? Sobald die Sache mit meinem Bruder geklärt ist, komme ich zurück und kümmere mich um dich.«

»Du magst mich«, freute er sich.

»Unsinn! Ich liebe dich!«

»Und du kommst wirklich wieder?«

Sie küsste ihn und richtete sich auf. »Eigentlich sollte ich Angst vor diesem Land haben, immerhin war ich einmal so gut wie tot und hatte großes Glück, dass uns der Blizzard nicht beide erwischt hat. Aber ich liebe dieses Land. Ich hätte nie gedacht, dass man sich in diese Wildnis verlieben kann.«

»Und in einen Fallensteller wie mich.«

»Und in einen Fallensteller wie dich«, stimmte sie ihm zu.

Er lächelte zufrieden. »Bleib nicht zu lange weg, Emma. Und mach dich darauf gefasst, dass ich vorbeikomme, falls du nach San Francisco zurückfährst. Ich hole dich eigenhändig ab, und dann fahren wir beide nach Minnesota, und ich stelle dich meinen Eltern vor. Mehr als eine Abfuhr kann ich mir nicht holen. Von den Indianern habe ich gelernt, wie wichtig Familie sein kann. Es wird höchste Zeit, dass ich mich daran halte. Wenn ich sehe, wie du dich für deinen Bruder einsetzt ... andere hätten ihn längst zum Teufel gejagt.« Sein Lächeln verschwand. »Wie lange wird es dauern, bis du kommst?«

»Er ist mein Bruder«, wich sie ihm aus.

»Ich weiß«, antwortete er. »Sieh dich vor in Dawson, das ist eine raue Stadt. Dort regiert nur das Gold. Alle sind hinter dem verdammten Gold her.«

»Ich pfeife auf das Gold. Ich hab dich gefunden.«

Nachdem Skookum Jim und sie ihr Gepäck auf dem Schlitten verstaut hatten, fuhren sie los. Sie saß in Decken gehüllt auf der Ladefläche, den Schlittensack im Rücken und ihren Rucksack im Arm. Er stand auf den Kufen und feuerte seine Hunde an, ein achtköpfiges Gespann, das ebenso perfekt aufeinander eingespielt war wie Pauls Team und ein flottes Tempo vorlegte.

Das Wetter hatte sich längst beruhigt. Über den Ausläufern der Ogilvie Mountains spannte sich ein grauer Himmel, vereinzelt drangen sogar Sonnenstrahlen durch die Wolken.

Die Schwarzfichten schienen unter dem Schnee, der auf ihren Ästen lastete, zu ächzen. Der Wind trieb kühle Schleier über die Bäume und spielte mit dem Schnee, den die Huskys aufwirbelten.

Ein friedliches Bild, das nicht einmal erahnen ließ, wie feindlich und widerborstig sich die Natur zeigen konnte, wenn ihr danach zumute war. Die Stille, nur unterbrochen von dem scharrenden Geräusch, das die Kufen auf dem Schnee verursachten, erweckte nicht den Eindruck, als würde es am nahen Klondike einen Goldrausch von ungeahnten Ausmaß geben. Als würden dort tausende Goldsucher die Erde aufreißen und darauf hoffen, dort das wertvolle Metall zu finden. Nicht umsonst nannte man ihren Zustand »Goldfieber«, dachte Emma, während sie am Waldrand entlangfuhren und auf einen indianischen Jagdpfad abbogen, ihr Zustand war eine gefährliche Krankheit.

Die Gier verdarb die Menschen, das hatte sie schon bei ihren Eltern gesehen. Obwohl sie ein Vermögen mit ihren Beteiligungen an der transkontinentalen Eisenbahn verdient hatten, waren sie ein unnötiges Risiko eingegangen und hatten in Unternehmen investiert, die sie bankrott gemacht hatten. John Forester war klüger gewesen und konnte sein Vermögen verdoppeln, nützte seine Macht aber aus, um andere Menschen zu unterdrücken und notfalls auch in den Ruin zu treiben. Seine Tochter Florence war zu einer arroganten Zicke herangewachsen, die nicht davor zurückschreckte, die Behörden zu belügen und einen Mann ins Gefängnis zu schicken, nur weil er sie gedemütigt hatte.

Skookum Jim war kein Mann der vielen Worte, verstand es aber, einen Hundeschlitten zu lenken und einigermaßen geschützte Trails zu finden. Sie hielten nur einmal am frühen Nachmittag, um etwas zu essen und trinken und den Huskys etwas Ruhe zu gönnen und schlugen ihr Nachtlager erst spätabends zwischen Felsen auf, die ihnen genügend Schutz vor dem frischen Wind boten und den Schein ihres Feuers vor unliebsamen Besuchern verbargen. Es war zwar unwahrscheinlich, dass sich die Killer in diese Gegend verirrten, aber der Indianer wollte kein unnötiges Risiko eingehen.

Im Feuerschein aßen sie etwas von dem Elchschinken, den Paul ihnen mitgegeben hatte, und wärmten ein paar Bohnen auf, die Skookum Jim aus seinem Schlittensack gekramt hatte. Dazu gab es heißen Tee. Inzwischen hatte Emma sich an die herzhafte Wildniskost gewöhnt und mochte sie sogar. Nach dem Essen säuberte sie ihr Geschirr mit Schnee, und er zündete sich eine Pfeife an.

»Danke, dass du mich nach Dawson bringst«, sagte sie.

»Paul ist mein Freund. Und du bist eine Kriegerfrau.«

Sie lächelte. »Und das sind zwei gute Gründe?«

»Die besten«, antwortete er. »Unter allen Frauen, die mit den Goldsuchern in dieses Land gekommen sind, bist du wahrscheinlich die Einzige, die diesen Winter wirklich erlebt hat. Und du hast eine Lawine und einen Blizzard überlebt, das ist fast so gut wie einen Grizzly zu besiegen. Einen wie Big George.«

Emma sah dem Indianer zu, wie er genüsslich an seiner Pfeife zog. Er machte einen zufriedenen, aber auch wachsamen Eindruck. Selbst wenn er etwas sagte, musterte er die Umgebung und hatte sein Gewehr immer in Reichweite an dem Felsen lehnen. So verhielt sich nur ein erfahrener Krieger.

»Wo bist du zu Hause, Skookum Jim?«, fragte sie. »Ich habe dich nie von einem Dorf oder einer Familie reden hören. Zu welchem Stamm gehörst du?«

»Ich bin ein Athabaske. Wir nennen uns Dene. Das heißt Menschen.«

»Einfach nur Menschen?«

»Ist das nicht genug?«

»Und du bist ein … heiliger Mann?«

Er nahm die Pfeife aus dem Mund und lächelte versonnen. »Bei meinem Volk bin ich als Heiler bekannt. Bei den Weißen als roter Quacksalber.«

Sie mussten beide lachen.

»Mein Dorf ist immer dort, wo ich gerade bin. Meine Eltern und die meisten meiner Verwandten starben an den Pocken. Ich kann mich kaum noch an sie erinnern. Ich war damals noch sehr jung und konnte froh sein, dass mich die Missionare aufnahmen. Ich habe viel von ihnen gelernt, nicht nur die englische Sprache, doch als ich sie verließ, wurde ich auf das neugierig, was mein Volk ausmachte. Ich ging bei einem heiligen Mann in die Lehre, einem Medizinmann, wie ihn die Weißen nennen würden, der inzwischen auch längst tot ist. Ich bin ein Wanderer zwischen den Welten, Emma. Ich lasse mich mit dem Wind treiben, ziehe von einem Dorf zum nächsten und versuche das zu tun, was ich immer gern getan habe: den Menschen zu helfen.«

»Und das viele Gold am Klondike reizt dich nicht?«

»Gelbes Metall? Warum sollte es? Weil es so schön glänzt?«

»Weil du damit reichen werden könntest.«

»Oder bettelarm«, erwiderte er. »Sieh dir die Männer an, die das Gold, das sie am Klondike aus der Erde graben, schon in den Spielhöllen und Bordellen von Dawson City wieder verlieren. Die nach Hause fahren und ihren Reichtum innerhalb weniger Monate verjubeln. Die Kunde von diesen Leuten hat sich bis in die Wildnis rumgesprochen. Indianer interessieren sich nicht für Gold. Ihr Reichtum in diesem Land ist das Wild, das sie ernährt. Die Lachse, die sie im Sommer fangen. Die Felle, die sie gegen Vorräte eintauschen.«

»Du bist ein guter Mann, Skookum Jim.«

Emma bezweifelte, dass alle Indianer so wie er waren, glaubte aber nicht, dass sie ein anderer nach Dawson City gefahren hätte, ohne einen Lohn dafür zu verlangen. Nicht einmal für die Behandlung von Paul hatte er Geld verlangt. In San Francisco, wo jeder Arzt und jeder Pfleger sofort die Hand aufhielt, wäre so etwas unmöglich gewesen, dort hätte man ihn für verrückt erklärt. Und ein Mann, dem nichts an Gold lag? Der konnte nur krank sein.

Sie schlief tief und fest. Skookum Jim sorgte dafür, dass das Feuer die ganze Nacht brannte, und es beinahe so warm wie in der Hütte war. Als sie frühmorgens aufwachte, war er bereits dabei, das Frühstück zuzubereiten, und neben ihr reckte sich das gefleckte Bündel, das ihren Rücken gewärmt hatte.

»Shasta!«, erschrak sie. »Ich hab dich gar nicht kommen gehört!«

»Ich nehme an, er wollte dich nicht stören«, sagte Skookum Jim.

Emma schloss den Husky erfreut in die Arme, küsste den Schnee von seiner Stirn und streichelte und liebkoste ihn wie einen Schoßhund. Shasta knurrte unwillig. Zu große Herzlichkeit war ihm suspekt, und die Küsserei gefiel ihm gar nicht. Vielleicht schämte er sich auch nur vor den Schlittenhunden des Indianers. Er war ein wilder Husky, mehr Wolf als Hund, der allein durch die Wälder zog und seinen Artgenossen gern den kratzbürstigen Einsiedler vorspielte. Seine leuchtenden blauen Augen zeigten ihr jedoch, dass er sich über den herzlichen Empfang freute und sich bestimmt nicht neben sie gelegt hatte, um von ihr vernachlässigt und links liegen gelassen zu werden. Er jaulte leise und kehrte zögernd zurück, hob zufrieden den Kopf, als sie ihn unter dem Kinn kraulte. Seine Augen glänzten im Feuerschein.

Nur mit wenigen Menschen hatte sie eine solche Verbundenheit gefühlt wie mit diesem Husky. Ihre Zuneigung war nicht einseitig. Sie war keine einsame Lady, die ihren Hund wie ein Stofftier liebkoste und ihn als Kindersatz betrachtete. Shasta besaß einen starken Charakter und einen eigenen Willen, er war eine Persönlichkeit, und sie begegneten sich auf Augenhöhe wie zwei gleichwertige Partner. Auch wenn Shasta nicht ihren Schlitten zog , spürte sie doch, wie abhängig sie von ihm war, wenn sie in wirklich ernsthafte Gefahr geriet, so wie auf dem Chilkoot Pass in der Lawine und in dem Schneesturm. Sie waren eine Beziehung eingegangen und waren Partner im besten Sinne.

Als hätte er schon wieder genug von ihr, rannte er noch während des Frühstücks davon, tauchte aber später wieder auf, als er in respektvoller Entfernung über einen Hügelkamm rannte und sie nach Norden begleitete. Wie ein einsamer Wolf auf seiner Wanderung in ein neues Territorium kämpfte er sich durch den Schnee, ein Wachhund, der einen wertvollen Transport begleitete und ihn gegen mögliche Feinde beschützte. Erst wenige Meilen vor Dawson City, als man die Häuser schon sehen konnte, war er verschwunden.

Am Stadtrand verabschiedete sich Emma von Skookum Jim. »Sieh dich vor«, warnte er sie, »die Stadt ist gefährlich. Lass dich nicht von den Mounties täuschen, es gibt immer noch dunkle Ecken in der Stadt.« Er schüttelte ihr die Hand und hätte sie beinahe umarmt. »Falls die Killer zu nahe sind, werde ich sie aufhalten. Aber sei dir nicht zu sicher. Irgendwann werden sie hier auftauchen. Sieh zu, dass du deinen Bruder so schnell wie möglich findest.«

Emma erwiderte seinen Gruß und gab ihm die restliche Schokolade, die sie in ihrem Rucksack gefunden hatte. »Sag Paul, dass ich mich nach ihm sehne.«

»Das werde ich tun, Kriegerfrau.«

Dawson City lag auf einer Anhöhe oberhalb der Mündung des Klondike in den Yukon River. Schon nach wenigen Schritten über einen der hölzernen und notdürftig geräumten Gehsteige der Front Street erkannte sie, dass die Stadt noch geschäftiger als Skagway war. Ein Geschäft lag neben dem anderen. Gemischtwarenläden, Bäckereien, Drugstores, Schneidereien, Schuhgeschäfte, Hotels, Restaurants, Arztpraxen, aber auch Saloons, Kneipen und Spielhallen säumten die Hauptstraße. Trotz des kalten Wetters waren zahlreiche Leute unterwegs, vor allem Männer, aber auch vereinzelte Frauen, die um diese Zeit ihre Besorgungen machten. Am Straßenrand warteten Hundeschlitten und schwer beladene Maultiere. Der Schnee lag knöcheltief und ließ die Stadt ungewöhnlich sauber aussehen, das würde sich im Frühjahr bestimmt ändern.

Das mechanische Klavier in einem der Saloons hatte gerade den »Yankee Doodle« angestimmt, als eine der beiden Türen aufflog, und ein Mann auf den Gehsteig stolperte. Er prallte dicht vor Emma gegen einen Vorbaubalken, stöhnte vor Schmerzen und stürzte mit blutiger Nase in den Schnee.

Hinter ihm erschien ein vornehm gekleideter Mann mit geöltem Haar und einer funkelnden Silbernadel in seiner Krawatte, eine dicke Zigarre in der linken Hand, und blickte spöttisch auf ihn hinab. »Du gehst mir langsam auf die Nerven, Luther!«, rief er. »Du hast verloren! Finde dich endlich damit ab!«

Luther, dessen Mantel eigentlich in den Müll gehört hätte, wischte sich mit dem Ärmel das Blut vom Mund, und jammerte: »Das kannst du mir nicht antun, Rick! Wir waren doch Partner! Leih mir wenigstens ein paar Dollar! Mit zehn Bucks wäre ich schon zufrieden. Du warst mal mein bester Freund.«

»Das ist lange her, Luther. Jetzt bist du nur noch ein nichtsnutziger Schmarotzer, der in den Saloons um einen Drink bettelt und sich die Münzen holt, die ihm die Männer in die Spucknäpfe geworfen haben. Hochmut kommt vor dem Fall, Luther. Du hättest nicht den reichen Geldsack herauskehren dürfen, als wir auf die Goldader stießen. So dumm, mit den großen Scheinen zu wedeln und dir die Edelnutten aus der Paradise Alley zu holen, konntest doch nur du sein. Wenn du wenigstens die Karten liegen gelassen hättest! Aber du musstest ja gegen mich antreten. Dachtest wohl, mit deinem mickrigen Full House wärst du unschlagbar, aber unter einem Royal Flush mache ich es nicht, Luther. Dein Anteil gehört mir. Du hättest nicht die halbe Mine auf den Tisch packen dürfen, jetzt hast du gar nichts mehr, und ich bin Millionär.«

»Das kannst du nicht machen, Rick! Ich war betrunken,

das weißt du doch. Ich hätte niemals die halbe Mine gesetzt, so verrückt wäre ich niemals gewesen. Gib mir eine Chance! Lass mich wenigstens mitarbeiten, ich kenne die Mine wie kein anderer. Du brauchst mir nur normalen Lohn zu bezahlen.«

Rick lachte höhnisch. Es schien ihm Spaß zu machen, seinen ehemaligen Partner zu demütigen. »So besoffen wie du ständig bist, wärst du doch nicht mal in der Lage, unsere Hütte auszufegen. Verschwinde, Luther! Für immer!«

»Rick! Ich bitte dich ...«

»Hau ab, oder ich geb deiner Nase den Rest!«

Luther erkannte, dass er nichts erreichen würde, und stemmte sich ächzend vom Boden hoch. Viel zu verstört, um nach seiner Mütze zu greifen, die ihm vom Kopf gerutscht war, machte er sich aus dem Staub. Er hielt auf den Saloon gegenüber zu, überlegte es sich anders und verschwand in einer Gasse.

Rick lachte schadenfroh, paffte ein paarmal an seiner Zigarre und wollte schon in den Saloon zurückgehen, als er Emma bemerkte. »Tut mir außerordentlich leid, dass Sie den kleinen Zwischenfall mitansehen mussten, Ma'am. Der Mann ist ein stadtbekannter Störenfried.« Er verbeugte sich übertrieben höflich. »Rick Valentine. Darf ich Sie zu einem Glas Champagner einladen?«

»Nein, danke«, sagte sie und ging weiter.

25

Noch während sie die Straße überquerte, spürte Emma die Blicke des Mannes im Rücken. Trotz seiner eleganten Kleidung und seiner übertriebenen Höflichkeit wirkte er so unsympathisch, dass sie froh war, im Schatten des Ladens gegenüber untertauchen zu können. Er erinnerte sie an Soapy Smith, den »König von Skagway«, der sich ebenfalls wie ein Gentleman aufgeführt hatte, gegen seine Opfer aber meist grausam und unnachgiebig vorgegangen war.

Sie blieb eine Weile stehen, bis sie sicher sein konnte, dass er in den Saloon zurückgekehrt war, und ging langsam weiter. Auch unter den Vorbaudächern war es gefährlich glatt, und nicht alle Ladenbesitzer hatten Sand oder Sägespäne gestreut. Der Wind, der von den Bergen im Nordosten kam, war eisig. Es wurde höchste Zeit, dass sie sich ein Hotelzimmer nahm, in dem sie sich aufwärmen und von der anstrengenden Schlittenfahrt erholen konnte.

Als sie eine schmale Seitengasse erreichte, wurde sie auf einen schäbig gekleideten Mann aufmerksam, der an einer Tonne lehnte und vor Schmerzen zu stöhnen schien. Erst beim zweiten Hinsehen erkannte sie Luther, den Mann, den Rick Valentine vor dem Saloon gedemütigt hatte. »Geht es Ihnen nicht gut?«, fragte sie überflüssigerweise. »Kann ich Ihnen helfen, Mister?«

Luther hob den Kopf und blickte sie überrascht an. In seine Augen trat ein seltsames Glimmen, das sie sich nicht erklären konnte. »Ich bin am Ende«, jammerte er, »ich habe keinen Cent mehr. Dieser Teufel hat mich ausgenommen. Haben Sie vielleicht ein paar Dollar für einen hungrigen Mann übrig?«

Sie war geneigt, seiner Bitte nachzugeben, schon um diesem arroganten Rick Valentine eins auszuwischen, doch etwas in seinem Blick hielt sie zurück. Ein verzweifelter Ausdruck, den er vergeblich hinter seiner demütigen Fassade zu verstecken versuchte. Zu spät merkte sie, was er im Sinn hatte.

Mit einer blitzschnellen Bewegung, die sie dem eingeschüchterten Mann gar nicht zugetraut hätte, riss er ihr die Umhängetasche von den Schultern und rannte damit die Gasse hinunter. Emma war viel zu überrascht, um zu schreien, ließ wertvolle Sekunden verstreichen, bis sie endlich um Hilfe rief.

Der Zufall wollte es, dass Constable Bolton in der Nähe war, der Mountie, den sie in Pauls Hütte getroffen hatte. Er kam aus einem Café, hatte sich anscheinend einen Kaffee oder Tee geleistet und wischte sich gerade den Mund trocken, als er sie schreien hörte. »Miss Emma!«, rief er. »Was ist passiert?«

»Der Mann in der Gasse! Er hat meine Tasche!«

Bolton zog seinen Revolver und rannte hinter ihm her. Luther war noch benommen von seiner unfreiwilligen Begegnung mit dem Vorbaubalken und rannte im Zickzack. Nach ein paar Schritten verlor er das Gleichgewicht, rutschte aus und fiel der Länge nach zu Boden. Die Umhängetasche fiel ihm aus der Hand. Er schlug mit einer Faust in den Schnee und fluchte verzweifelt, wollte aufstehen und rutschte gleich nochmal aus und sackte zusammen.

Bolton musste kein guter Läufer und schon gar nicht besonders tapfer sein, um ihn einzuholen und festzunehmen. Luther jammerte verzweifelt und wäre wohl auf die Knie gefallen, wenn er nicht schon gelegen hätte, stemmte sich weinend vom Boden hoch, als der Mountie ihn an den Armen packte.

»Ihre Tasche«, sagte er und reichte sie Emma zurück. Er lächelte ein wenig, anscheinend erfreut darüber, dass es ihm der Dieb so leicht gemacht hatte. »Dawson City ist ein gefährliches Pflaster. Darf ich fragen, was Sie in dieses Sündenbabel führt? Sie wollen doch bestimmt nicht nach Gold graben?«

Sie erkannte, dass sie ihren Bruder nicht länger verschweigen konnte, und antwortete: »Ich bin mit meinem Bruder verabredet. Bei uns zu Hause ist einiges los, und er wird dringend erwartet. Ich bin die Einzige, die ihn zur Rückkehr bewegen kann.« Sie hängte sich die Umhängetasche um und lächelte. »Unsere Männer würden doch hierbleiben und selbst nach Gold suchen.«

»Wissen Sie denn, wo er sich aufhält?«

»Nein, aber er spielt gerne Karten und ist auch der Damenwelt nicht abgeneigt. Er lässt sich bestimmt bald in der Stadt blicken, wenn er nicht schon hier ist. Ein kräftiger Bursche in meinem Alter, auffallend blass. Willie.«

»Wenn ich ihn sehe, sage ich Ihnen Bescheid. Wo wohnen Sie denn?«

»Das weiß ich noch nicht.«

»Ich finde Sie schon«, erwiderte er zuversichtlich. Er packte seinen Gefangenen, der plötzlich sehr kleinlaut geworden war, am Kragen und führte ihn zum Gefängnis. Die

Mounties waren wesentlich strenger als ihre amerikanischen Kollegen, die in Skagway und Dyea überhaupt nicht im Einsatz waren und nur deshalb die willkürliche Herrschaft eines Soapy Smith ermöglichten.

Emma hatte kein Mitleid mit dem Dieb. Wer so dumm war, seinen Anteil einer ertragreichen Goldmine beim Pokern einzusetzen und sich nicht anders zu helfen wusste, als auf offener Straße eine Frau zu überfallen, hatte seine Strafe verdient. Anscheinend verdrehte das Gold den Menschen nicht nur den Kopf, es machte sie auch unberechenbar und weckte die übelsten Eigenschaften. Im Gefängnis würde Luther genug Zeit finden, darüber nachzudenken.

Das Fairview Hotel erschien Emma am seriösesten, doch als sie an die Rezeption trat, erlebte sie eine unerwartete Überraschung. Der Manager, der höchstpersönlich hinter dem Tresen stand, schüttelte bedauernd den Kopf. »Ich bedauere, Ma'am«, sagte er, »aber wir sind leider restlos ausgebucht.«

»Sie haben kein einziges Zimmer mehr frei?«

»Tut mir leid, Ma'am.« Er blickte nicht mal in sein Meldebuch. »Die haben sich die Kings geschnappt. So nennen wir die Goldsucher, die hier wirklich reich geworden sind. Sie haben genug Gold, um bis zum Frühjahr in einem teuren Hotelzimmer zu wohnen und jeden Tag literweise Champagner zu trinken. Und glauben Sie bloß nicht, einer von denen würde für eine Dame auf sein Zimmer verzichten. Sie müssten schon einen von ihnen heiraten.«

»Das meinen Sie doch nicht im Ernst.«

»Ich nicht, aber die Kings ganz sicher«, sagte der Manager. »Die glauben doch, mit Gold ließe sich alles kaufen. Für eine respektable Frau würden sie das Zehnfache von dem hinlegen, was sie für eine bemalte Lady hinlegen.«

Wer mit »bemalte Lady« gemeint war, ließ sich unschwer erraten. Auch in San Francisco nannten viele Leute die Prostituierten wegen ihrer stark geschminkten Gesichter so. »Unerhört«, erregte sie sich, »ich bin doch nicht käuflich, oder meinen Sie, ich bin eine dieser Mail Order Brides, die man sich wie einen Küchenschrank oder einen Sessel mit der Post bestellen kann?«

»Natürlich nicht, Ma'am«, beeilte sich der Manager zu sagen, »aber es hat hier zahlreiche Hochzeiten gegeben, die nur wegen des Goldes geschlossen wurden. Ich erinnere mich da an eine Witwe, eine respektable Dame aus Seattle, die ihren Mann in den Stromschnellen des Yukon verlor und von Glück sagen konnte, dass sie einer der ledigen Goldsucher vom Fleck weg heiratete, sonst wäre sie glatt verhungert. Oder die junge Frau, die ohne ihren Verlobten nach Dawson kam und den Reizen eines hässlichen, aber reichen Mannes …«

»Ich darf doch sehr bitten«, schnitt Emma ihm das Wort ab. »Dann suche ich mir eben in einem der anderen Hotels ein Zimmer. Irgendwo wird doch eines frei sein, oder ich muss mir eine Privatperson suchen, die vermietet.«

»Das wird Ihnen auch nicht gelingen, Ma'am. Ich bin sicher, in Dawson City gibt es kein einziges freies Zimmer. Hier hat doch niemand mit einem solchen Ansturm gerechnet. Sicher, wir ahnten alle, dass es einen Ansturm auf das Gold geben würde, aber doch nicht in diesem Ausmaß. Vor einem Jahr hatten wir dreihundert Einwohner, jetzt sind es über dreißigtausend!«

»Und es gibt wirklich kein Zimmer mehr?«

»Mag sein, dass sie in dem Gemeinschaftshaus am Ende der Front Street noch einen Schlafplatz frei haben. Aber dort müssten Sie im selben Raum wie die Männer schlafen und hätten wahrscheinlich keine Ruhe. Am besten kaufen Sie sich ein Zelt, aber ich muss Sie warnen: Zelte sind in Dawson sehr teuer.«

»Vielen Dank, Sir. Ich finde schon was.«

Sie verließ das Hotel und hielt sich an einem Vorbaubalken fest. Kein einziges Zimmer in Dawson. Ein schäbiger Schlafplatz wie im Sheep Camp vielleicht, aber mehr nicht. Mit dieser Nachricht hatte sie überhaupt nicht gerechnet. Oder hatte ihr der Manager etwas vorgemacht? Erwartete er ein üppiges Trinkgeld, um den Schlüssel für ein freies Zimmer hervorzuzaubern? Gut möglich in dieser seltsamen Stadt, dachte sie. Es musste doch Menschen geben, die bereit waren, einen kleinen Teil ihrer Bleibe zu vermieten. Wenn nicht aus Freundlichkeit, dann meinetwegen für eine unverschämte Miete.

Sie trat auf die Straße und blickte in die blauen Augen des Huskys, den sie während der letzten Wochen in ihr Herz geschlossen hatte. »Shasta!«, rief sie erfreut. »Ich dachte schon, du hättest dich aus dem Staub gemacht.« Sie ging in die Hocke und begrüßte ihren vierbeinigen Freund auf Augenhöhe. »Du könntest mir helfen, ein Zimmer zu suchen. Der Manager des Fairview Hotels hätte mich beinahe ausgelacht, als ich mich ins Gästebuch eintragen wollte.«

Shasta legte den Kopf schief und blickte sie verständnislos an.

»Ich weiß, du hast dieses Problem nie gehabt. Du rollst

dich in den Schnee und machst es dir in der Kälte gemütlich. Aber ich habe leider kein so dickes Fell wie du. Ich brauche dringend ein Zimmer. Leider sieht es so aus, als müsste ich wieder in eines dieser Massenquartiere gehen, wenn überhaupt.«

Sie ging die Front Street hinab und fragte in drei weiteren Hotels und zwei Pensionen und erhielt überall die gleiche Antwort: »Tut uns leid, aber wir sind leider restlos ausgebucht.« Ein Goldsucher bot ihr an, sein Bett mit ihr zu teilen, und meinte es wahrscheinlich sogar ernst. Ein Ansinnen, das sie mit einem verständnislosen Kopfschütteln quittierte. »Du hättest dir rechtzeitig einen Mann suchen sollen, Kindchen«, antwortete ihr die Besitzerin einer Pension. »Es gibt sicher hundert Männer in diesem gottverdammten Nest, die ihr Zimmer mit dir teilen würden, und das ist noch untertrieben. Warum springst du nicht über deinen Schatten und schnappst dir einen der Kerle? Einen mit Gold natürlich. Wenn du hier allein bleibst, bist du selbst schuld.«

Natürlich fragte sie schon jetzt nach ihrem Bruder, aber auch dann, wenn sie ihn genau beschrieb, bekam sie stets abschlägige Antworten. Die Wirtin, die sie mit einem reichen Goldsucher verkuppeln wollte, lachte nur. »Blass sind hier alle Männer, Schätzchen. Kein Wunder, wenn im Winter kaum die Sonne aufgeht. Die einen arbeiten Tag und Nacht und finden nur wertlose Steine, und die wenigen, die wirklich auf eine Goldader stoßen und Millionäre werden, feiern so ausgiebig, dass sie vor lauter Erschöpfung erblassen. Flaschenweise Champagner, Austern und Kaviar bekommen nicht jedem, und von der Anstrengung beim ständigen Rammeln will ich gar nicht erst reden.«

Am Horizont kündigte sich bereits die Dämmerung an, als sie Hunger verspürte und in einem Café einkehrte. Shasta machte es sich wie viele Hunde auf dem Gehsteig bequem und erweckte den Anschein, als würde er sofort wieder zur Stelle sein, wenn sie das Café verließ. Trotz der horrenden Preise bestellte Emma ein Stück Apple Pie mit Sahne, für die man extra bezahlen musste, weil Milch besonders teuer am Yukon war. Für den Tee war sie gratis. Sie verschlang den Apple Pie und las im *Klondyke Nugget*, der neuen Zeitung, für die sie ebenfalls bezahlen musste. Wenn sie gehofft hatte, dort einen Hinweis auf ihren Bruder zu finden, hatte sie sich allerdings getäuscht. Es hatte fast den Anschein, als hätte Willie die Front Street bewusst gemieden.

Die Tür ging auf, und ein vertrautes Gesicht erschien im Lichtschein der elektrischen Lampe, die flackernd von der Decke hing. Emma hätte nicht gedacht, dass sie es nochmal wiedersehen würde, schon gar nicht in Dawson.

»Mary Beth!«, rief sie erstaunt. »Ich dachte, Sie sind in Skagway.«

»Sieh an! Sieh an!«, erwiderte die Frau, mit der sie die Kabine auf der *Humboldt* geteilt hatte. »Sie haben es tatsächlich bis Dawson City geschafft.«

Emma deutete auf den freien Stuhl an ihrem Tisch und lud ihre Bekannte zu einem Milchkaffee ein, sehr zum Unwillen der anderen Gäste und des Cafébesitzers, der wohl an der vielen Schminke erkannt hatte, welchem Beruf Mary Beth nachging. »Eigentlich darf ich Sie nur zu bestimmten Zeiten bedienen«, sagte er kleinlaut, »so steht es in der Anordnung der Mounties, Ma'am.«

»Die Dame ist mein Gast«, sagte Emma so laut, dass es alle

hören konnten. Sie blickte zwei anscheinend respektable Damen an einem der Nachbartische an. »Wenn es Frauen wie sie nicht gäbe, würde hier das Chaos herrschen.«

»Wenn das so ist«, redete sich der Wirt heraus.

Emma nippte an ihrem Tee und spreizte lächelnd den kleinen Finger ab, wie es manche Damen taten, wenn sie besonders vornehm aussehen wollten. »Und Sie, Mary Beth? Gibt es in Skagway denn nichts mehr zu verdienen?«

»Der Boden wurde uns zu heiß«, berichtete sie. »Soapy Smith nahm sich immer mehr heraus. Am Schluss wollte er weit über die Hälfte von unseren Einnahmen haben. Es gingen zwar Gerüchte um, dass er nicht mehr lange durchhalten und ihm irgendein rechtschaffener Bürger einen Kugel in den Kopf jagen würde, aber darauf wollte ich nicht warten. Außerdem kommt nie was Besseres nach. Verschwindet einer dieser Halsabschneider, taucht ein neuer auf und geht noch wesentlich dreister vor. Hier in Dawson geht es etwas ziviler zu.«

»Die Mounties sind streng und unbestechlich.«

»Immer noch besser als Verbrecher wie Soapy Smith.« Mary Beth drehte sich mit geübten Fingern eine Zigarette und zündete sie an. Im Gegensatz zu Emma hatte sie ihren Mantel anbehalten, wahrscheinlich trug sie ein buntes und weit ausgeschnittenes Kleid darunter. »Wir hatten Glück, dass uns ein Indianer mit seinem Hundeschlitten mitnahm. Hat uns einiges gekostet, aber den Verlust holen wir in Dawson leicht wieder rein.« Sie senkte ihre Stimme. »An manchen Tagen macht Cherry über fünfhundert Dollar. Unglaublich!«

»Und Ihre Pläne, ein Lokal zu eröffnen, haben Sie begraben?«

»Lokale gibt es genug in Dawson.«

»Bordelle auch.«

»Aber nur wir haben die unvergleichliche Cherry«, erwiderte sie voller Stolz. »Meine Enkelin ist Gold wert. Sobald der Goldrausch vorüber ist, und wir alle drei zu Millionärinnen geworden sind, machen wir sie zum Star. Sie wird die Bühnen dieser Welt erobern, als Schauspielerin und als Sängerin.«

Das glaubte Emma ihr aufs Wort. Cherry hatte tatsächlich Talent und würde ihren Weg machen. Vielleicht nicht auf den großen Bühnen in San Francisco und New York, aber in den kleinen Theatern, in denen schwülstige Romanzen besonders gefragt waren. Allein die Art, wie sie mit Billy Womack fertiggeworden war, hätte schon eine Auszeichnung verdient gehabt. Emma verachtete die junge Frau nicht. Verabscheuungswürdig waren eher Männer wie ihr Bruder, die leichte Mädchen wie Sklavinnen betrachteten und glaubten, alles mit ihnen anstellen zu dürfen, was ihnen in den Sinn kam. Sie würde Cherry ewig dankbar sein. Immerhin hatte die junge Frau ihr das Leben gerettet.

Mary Beth deutete auf den Rucksack, den Emma neben ihren Stuhl auf den Boden gelegt hatte. »Sie haben wohl noch kein Hotelzimmer gefunden?«

»Ich suche noch. Bisher war alles ausgebucht.«

»Und das wird sich auch nicht ändern. Bis zum Frühjahr werden Sie in ganz Dawson City keine Bleibe mehr finden. Es sei denn, Sie sind steinreich und können sich ein eigenes Haus bauen. Aber wie ich höre, sind die Holzvorräte auch schon knapp. Sie könnten natürlich einen Millionär heiraten.«

»Das habe ich schon ein paarmal gehört.«

»Und?«

»Kein Interesse.«

»Aber in einer dieser hässlichen Gemeinschaftsunterkünfte oder draußen im Schnee wollen Sie sicher auch nicht schlafen.« Mary Beth grinste. »Ich könnte Ihnen einen Platz anbieten, Schätzchen. Mir gehört ein Haus in einer Seitengasse, da ist noch ein Zimmer frei. Keine Suite, aber besser als nichts.«

»Ein Freudenhaus?«

»Ein Etablissement.«

»Sie wollen doch nicht, dass ich dort mitarbeite?«

»Natürlich nicht«, beruhigte Mary Beth sie sofort. »Aber Sie könnten die wartenden Kunden mit Tee bewirten und ihnen ein wenig die Zeit vertreiben. Der Umgang mit einer respektablen Frau wie Ihnen würde ihnen das Gefühl nehmen, etwas Unanständiges zu tun. Und sie würden bei uns bleiben und nicht bei den anderen Damen der Straße anheuern. Na, was sagen Sie dazu?«

»Ich weiß nicht recht«, zögerte sie.

»Oder glauben Sie, noch ein Zimmer zu finden?«

»Einverstanden«, sagte Emma. »Aber Sie müssen den Freiern …«

»Ich nenne Sie Kunden. Das klingt irgendwie … höflicher.«

»Sie müssen den Kunden sagen, dass ich mich auf keinen Fall mit ihnen …« Sie suchte nach dem passenden Wort. »… mit ihnen einlassen würde. Und ich möchte mich auch nicht so aufreizend wie Sie kleiden. Ich meine das nicht persönlich, Mary Beth. Ich respektiere Sie und möchte sogar behaupten, wir sind Freundinnen oder zumindest gute Bekannte.« Sie schnallte ihren Rucksack um. »Sie haben doch nichts dagegen, dass ich Shasta mitbringe?«

»Shasta?«

»Meinen Husky.«

Sie grinste wieder. »Solange er meine Kunden nicht in den Hintern beißt.«

26

Emma war heilfroh, dass sie in Dawson City nicht von ihren Herrschaften oder Freunden und Bekannten beobachtet werden konnte. Sie hätten wahrscheinlich die Hände über dem Kopf zusammengeschlagen, wenn sie gesehen hätten, dass sie die Nacht in einem Bordell verbrachte. Man hätte ihr sofort gekündigt, und sie hätte sich nirgendwo mehr sehen lassen können. Selbst in Dawson City wurde Prostitution nur geduldet, offiziell war sie verboten.

»Der Husky«, sagte Mary Beth, als sie die Straße überquerten, und der Hund in ihrer Nähe blieb. »Gehört der etwa dem Waldschrat vom Schiff?«

»Er gehört niemandem«, sagte Emma, »aber es ist Shasta.«

»Dann …« Mary Beth ließ ihren Verdacht unausgesprochen.

»Ich durfte bei Paul auf dem Schlitten mitfahren«, erklärte Emma, »sonst hätten mich die Mounties gar nicht über die Grenze gelassen. Er hat mir das Leben gerettet. »Die Lawine am Chilkoot hätte mich beinahe umgebracht.«

»Und er hat Sie ausgegraben? Wow!« Mary Beth war stehen geblieben und blickte sie verwundert an. »Und warum sind Sie dann allein hier? Sie haben ihn doch nicht in seiner Hütte zurückgelassen? Er könnte Ihnen doch helfen, Ihren Bruder zu finden, und falls diese beiden Kerle wieder auftauchen …«

»Er hat sich ein Bein gebrochen und muss sich eine Weile schonen.« Diesmal verriet sie ihr nicht, was passiert war. »Ich werde allein mit meinen Problemen fertig. Irgendwer wird schon wissen, wo sich mein Bruder aufhält.«

»Und was dann? Was ist, wenn die Killer auftauchen?«

»Hier gibt es Mounties. Sie werden es nicht wagen, mir was zu tun.«

»Sie haben Nerven, das muss man Ihnen lassen.«

Tatsächlich hatte sie so große Angst, dass sie am liebsten davongerannt wäre. Aber in dieser Wildnis konnte man nicht weglaufen, schon gar nicht im Winter, wenn einen die Natur fest in den Klauen hatte. In Gedanken verfluchte sie ihren leichtsinnigen Bruder, der ihr das alles eingebrockt hatte. Sobald sie ihn fand, würde sie ihm ordentlich die Meinung geigen. »Was soll ich denn sonst tun?«, sagte sie mehr zu sich selbst. »McSwain und Womack sind schon über die Grenze. Ich hab noch zwei, drei Tage, dann sind sie hier.«

»Na, dann kommen Sie erst mal rein.«

Das Etablissement, das Mary Beth, ihre Tochter und ihre Enkelin bezogen hatten, lag in der Paradise Alley, dem offiziellen Rotlichtbezirk zwischen Front Street und First Avenue. Viel machte es nicht her. Das scheunenartige Holzhaus mit der falschen Fassade, die ein Blockhaus suggerierte, reihte sich nahtlos in die Front der anderen Behausungen ein. Über einigen Türen brannten bereits rote Lampen, obwohl es noch keine sechzehn Uhr war, und die Mounties darauf achteten, dass sich keine Frau vor dieser Zeit einem Freier anbot. »Die Mounties verstehen keinen Spaß«, erklärte Mary Beth, »wenn du die Kerle tagsüber ranlässt oder die medizinische Untersuchung schwänzt, kriegst du ein blaues Ticket und musst Dawson verlassen. Aber kein Problem, es gibt Mittel und Wege, auch dieses Gesetz zu umgehen.«

Im Innern der Behausung gab es einen Vorraum, der mit einem dunkelroten Vorhang von den einzelnen Quartieren abgetrennt war. Um diese Zeit war er noch halb geöffnet und gab den Blick auf einen langen Flur frei, von dem vier Türen abgingen. Zwei Petroleumlampen mit rot angemalten Glaszylindern ließen das Etablissement wohnlicher aussehen, als es wirklich war. Im Vorraum standen eine zerfledderte rote Couch und zwei ebenso abgenutzte Sessel sowie ein rundes Tischchen mit einer flackernden Petroleumlampe.

Abigail erschrak, als Shasta mit Mary Beth und Emma das Haus betrat, knurrend stehen blieb, als würde er eine Gefahr wittern, und an ihren Beinen schnüffelte, bevor er nach draußen verschwand. Sie redete nie viel und beschränkte sich auch diesmal auf ein genervtes Stöhnen. Ohne Emma eines Blickes zu würdigen, stand sie auf und verschwand in einem der Zimmer.

»Es ist gleich vier«, rief Mary Beth ihr nach. »Wird Zeit, dass ihr euch anmalt. Abigail, zieh das Kleid mit dem tiefen Ausschnitt an! Und du, Cherry …« Sie ging wohl davon aus, dass ihre Enkelin sie hörte. »Sei nicht so sparsam mit dem *Victorian Bouquet*. Das Zeug riechen die Kerle am liebsten.«

»Und woher soll ich Nachschub nehmen?«, kam es zurück.

Darauf wusste Mary Beth anscheinend keine Antwort. »Kommen Sie mit, ich zeig Ihnen Ihr Zimmer«, sagte sie zu Emma. »Keine Angst, Schätzchen, Sie können die Tür verriegeln, wenn Sie sichergehen wollen, dass sich kein Kunde in Ihr Bett verirrt. Es sei denn, Sie wollen sich ein paar Dollar dazu verdienen.« Sie wartete kichernd, bis Emma ihren Rucksack auf das einfache Bett gelegt hatte, und führte sie in den Vorraum zurück. Auf dem bullernden Ofen, der das ganze Haus beheizte, kochte eine Kanne Tee, auf einer Kommode daneben standen mehrere Becher. »Sie brauchen nicht die ganze Nacht hier zu sitzen. Drei, vier Stunden, so zwischen sechs und zehn, reichen völlig. Da herrscht der größte Andrang. Bieten Sie den Kerlen Tee an, und unterhalten Sie sich mit ihnen. Geben Sie ihnen das Gefühl, bei ganz normalen Leuten zu Besuch zu sein. Sie sollen sich wohlfühlen, dann geben sie mehr Trinkgeld.« Emma wollte etwas sagen, aber Mary Beth schnitt ihr sofort das Wort ab. »Ich weiß, was Sie sagen wollen. Aber keine Angst, Sie sollen nicht die Animierdame spielen. Unterhalten Sie sich mit den Kerlen. Das sind keine Monster, sondern Arbeiter, Büroleute, sogar Ärzte und Professoren ... nur ein bisschen einsam. Viele haben seit Wochen keine Frau mehr gehabt.«

Emma fühlte sich unwohl und wäre am liebsten wieder gegangen, wusste aber auch, dass sie kein anderes Quartier und – was noch viel besser war – auch kein besseres Versteck finden würde. Ihre Verfolger kamen bestimmt nicht auf die Idee, dass sie sich in einem Hurenhaus aufhielt. Und Mary Beth hatte recht, die meisten ihrer Freier waren rechtschaffene Männer, die zu lange von ihren Frauen getrennt waren und nur Dampf ablassen wollten.

Wie Mary Beth zu ihrem Essen kam, zumindest an manchen Tagen, erfuhr Emma um kurz nach sechs, als der Besitzer des Red Fox Restaurants einen Topf mit Wildsuppe vorbeibrachte. Auch sie bekam einen Teller und war überrascht, wie gut die Suppe schmeckte. Bevor ihr Dienst begann, hatte sie noch etwas Zeit, eine willkommene Gelegenheit, die Beine hochzulegen und etwas auszuruhen. Doch an Schlaf war nicht zu denken. Der erste Freier, der bei Abigail im

Nachbarzimmer zugange war, machte einen solchen Lärm, dass sie sich die Ohren zuhalten musste und immer noch jedes Wort mitbekam. Einiges war so ordinär, dass sie rot anlief und sich einmal mehr fragte, was sie in diesem entfernten Winkel der Erde in einem Hurenhaus machte.

Obwohl Mary Beth schon an die sechzig war, übernahm sie mehrere Freier und verstand es auch, sie zufriedenzustellen. Manche Männer verlangten sogar ausdrücklich nach ihr, sie hatten es anscheinend auf den mütterlichen Typ abgesehen. Was Mary Beth körperlich nicht mehr schaffte, machte sie durch verbale Einlagen wett, die noch ordinärer als die ihrer Tochter waren. Teilweise benutzte sie Ausdrücke, die Emma noch nie gehört hatte. Sie sprach so laut, dass man ihre Worte in allen Zimmern hören konnte. Nicht weniger unanständig waren die Ausrufe der Männer, die sich mit ihr eingelassen hatten. Nie und nimmer, überlegte Emma, nie und nimmer könnte sie auf diese Weise ihr Geld verdienen. Eher würde sie verhungern oder von Schnecken und Würmern leben.

Um sechs trat Emma ihren Dienst im Vorraum an und fühlte sich dabei wohler, als sie befürchtet hatte. Mary Beth hatte recht, bei den meisten Freiern handelte es sich um rechtschaffene Männer, die froh waren, respektvoll behandelt zu werden, als wären sie in einem normalen Lokal oder einer Tanzhalle. Sie erzählten Emma vor allem von ihren Frauen und Kindern, zeigten sogar Fotografien ihrer Liebsten und sprachen davon, wie sehr sie sich danach sehnten, sie wiederzusehen und in die Arme zu schließen. Erst wenn eine der drei Frauen sie holte, zeigte sich, was sie wirklich brauchten.

Gegen acht Uhr waren alle drei Frauen lautstark mit ihren Freiern beschäftigt, als Rick Valentine das Haus betrat. Er erkannte Emma sofort und lächelte süffisant. »Ah, hier haben Sie sich also versteckt! Sie sehen gar nicht wie eine von diesen Frauen aus, oder ist das Ihre Masche? Das ist Ihre Masche, nicht wahr? Mit Ihrer züchtigen Art wollen Sie die Männer verrückt machen.«

»Ich bin hier lediglich die Empfangsdame«, erwiderte sie. »Unsere Damen sind gerade sehr beschäftigt. Darf ich Ihnen inzwischen einen Tee anbieten?«

»Was will ich mit Tee? Haben Sie keinen Champagner?«

»Tut mir leid, wir beschränken uns hier auf das … äh … Nötigste.«

»Na, gut. Dann geben Sie mir einen Becher Tee.«

Emma füllte einen der Emaillebecher und reichte ihn ihr. »Wenn Sie bitte Platz nehmen wollen?« Sie deutete auf das Sofa und die Sessel. »Es kann nicht mehr lange dauern. Das Geschäftliche regeln Sie bitte mit den Damen.«

Er blieb stehen und nippte an seinem Tee, dabei grinste er herablassend und betrachtete sie ungeniert. »Sie machen das wirklich gut. In Ihrem Rock und Ihrer weißen Bluse sehen Sie wie eine Hausfrau aus, als könnten Sie kein Wässerchen trüben, doch da ist dieses versteckte Lächeln, das mir sagt, wie gern Sie sich mit mir einlassen würden. Was verlangen Sie, meine Dame?«

»Ich bin nicht käuflich«, antwortete sie ruhig.

»Nicht käuflich? In einem Hurenhaus?«

»Wir befinden uns in einem Etablissement«, verteidigte sie sich, »und ich habe Ihnen schon mal gesagt, dass ich lediglich als Empfangsdame hier bin.«

»Wie viel? Zwanzig Dollar?« Er zog einen Schein aus der Tasche.

Emma wollte vor ihm zurückweichen, doch er hatte sie gegen die Wand gedrängt, und der Ofen stand ihr im Weg. »Wie oft soll ich es denn noch sagen? Ich bin hier, um Sie zu unterhalten, bis eine der Damen frei ist. Bevorzugen Sie denn eine besondere Dame? Mary Beth, Abigail oder Cherry? Ich bin sicher, eine der drei Damen entspricht Ihren Wünschen und Vorlieben.«

»Wie heißen Sie?«, fragte er.

»Emma Hansen.«

»Dann möchte ich gerne zu Emma.«

Sie fand es nicht mehr nötig, darauf zu antworten, und drängte sich an ihm vorbei. Aus den Zimmern drangen schmutzige Worte und lautes Stöhnen in den Vorraum. Noch nie hatte sie sich so unwohl und fehl am Platze gefühlt. Ich hätte mich nie auf diesen Handel einlassen sollen, dachte sie, eher schlafe ich in einer Sammelunterkunft mit hundert Männern als in dieser Absteige.

Er wurde langsam ungehalten und stellte den halbvollen Becher auf die Kommode. »Sie wissen wohl nicht, mit wem Sie es zu tun haben, Ma'am. Ich bin einer der angesehensten Bürger dieser Stadt. Ich besitze Geld, viel Geld, und könnte mir jede Frau kaufen, die ich wollte. Ich mag Cherry, weil sie wie keine andere … egal … und ich mag Sie. Und ich werde Sie besitzen, und wenn ich tausend Dollar dafür bezahlen muss. Also, wie steht es mit uns?«

»Mit uns steht es sehr, sehr schlecht«, erwiderte sie verächtlich. »Selbst wenn Sie hunderttausend Dollar lockermachen würden, bekämen Sie mich nicht in Ihr Bett. Mit einem Blender wie Ihnen will ich nichts zu tun haben.«

»Sie wollen sich wohl wichtigmachen.«

»Das ist mein völliger Ernst.«

»Dann wird's höchste Zeit, dass Sie jemand eines Besseren belehrt.« Bevor sie sich versah, hatte er ihren linken Arm gepackt und zog sie zu sich heran. In seinen Augen glomm es gefährlich. »Wenn Sie glauben, Sie könnten …«

Weiter kam er nicht. Kaum hatte er »könnten« gesagt, sprang die angelehnte Tür auf, und Shasta stürmte fauchend in den Raum. Er biss den Angreifer in die linke Wade und verbiss sich darin, bis er Emma losließ, einige Schritte nach hinten stolperte und stöhnend auf das Sofa fiel. Als Mary Beth, durch den Lärm alarmiert, halbnackt in den Vorraum gestürzt kam, war Shasta schon verschwunden, und Rick Valentine hielt sich stöhnend seine Wade. »Das werden Sie mir büßen!«, rief er wütend. »Verlassen Sie sich drauf!«

Mary Beth ließ sich nicht so schnell aus der Ruhe bringen. »Kein Grund, sich aufzuregen, Rick. Emma ist neu hier und noch etwas unbeholfen. Einer Klassefrau wie ihr muss man ein paar Tage Zeit geben, bevor sie ins aktive Geschehen eingreift. Das werden Sie doch sicher verstehen.« Sie wechselte einen raschen Blick mit Emma, der ihr wohl sagen sollte, dass sie den wütenden Rick Valentine mit diesen Worten nur beruhigen wollte. »Wie wär's, wenn ich Ihre Wunde verarzte und Ihnen dann einen gemütlichen Dreier mit Cherry und Abigail spendiere? Na, ist das ein Angebot? Kommen Sie, Rick!«

Emma zog ihre Jacke an und trat trotz der Kälte vor die Tür, um sich abzureagieren. Die zahlreichen Männer, die sich in der Paradise Alley herumtrieben und ihr neugierige Blicke zuwarfen, ignorierte sie. Sie bedankte sich bei Shasta, der aufgesprungen war und froh zu sein schien, dass ihr nichts passiert war. »Das hast du gut gemacht, Shasta. Dieser widerliche Kerl denkt wohl, er könnte machen, was er wollte, nur weil er sich einen Haufen Geld ergaunert hat, aber nicht mit uns, Shasta. Hab ich recht? Wir halten zusammen.« Sie umarmte den Husky, sehr zur Verwunderung zweier leichter Mädchen, die aus der Nachbarhütte getreten waren und auf Kunden warteten.

»Will einer deiner Freier einen Dreier mit dir und dem Köter?«, fragte die eine und kicherte. »Da wär ich gern dabei, Schwester, das will ich sehen.«

»Oder treibst du's selbst mit dem Köter?«, fragte die andere.

»Shasta ist kein Köter«, erwiderte sie scharf, als wäre das der schlimmste Vorwurf gewesen. »Und wenn ihr das nicht glaubt, sag ich ihm, er soll es euch erklären. Haben die Damen Lust, Bekanntschaft mit ihm zu schließen?«

Sie erschraken beide.

»Schon gut«, sagte eine, »nimm's nicht gleich persönlich.«

Die meisten Freier verließen ihr Etablissement durch die Hintertür, so auch Rick Valentine nach seinem »Special« mit Cherry und Abigail, um über die Second Avenue wie ein prüder Bürger nach Hause zu gehen. Er war bereits gegangen, als Emma in den Vorraum zurückkehrte, ihre Jacke ablegte und sich einen Becher Tee zur Beruhigung einschenkte. Die Wärme tat ihr gut.

Mary Beth war gerade dienstfrei und leistete ihr Gesellschaft. »Tut mir leid, Schätzchen. Ich wusste nicht, dass Sie so aufreizend auf Männer wirken. Nun ja, Cherry und Abigail haben es ihm ordentlich gegeben, der hat seine Rachegelüste längst vergessen. Aber er ist ein fieser Kerl. Ein Angeber, wie er im Buche steht. Kam mit Betrügereien und gezinkten Karten an sein Vermögen. Jeder weiß das, aber die Mounties haben keine Beweise gegen ihn, und von den anderen Männern wagt es niemand, sich gegen ihn zu stellen.«

Die nächsten Freier waren pflegeleicht, warteten geduldig, bis sie an der Reihe waren, und verschwanden wieder. Mary Beth, Abigail und Cherry taten geduldig ihren Dienst, versorgten die Männer mit allem, was diese sich erhofft hatten. Auch eine Frau war unter den Freiern, ein eher zierliches Wesen, das ausdrücklich nach Cherry verlangte, weil sie so »wunderbar zärtlich« sei.

»Ist was?«, fragte sie vorwurfsvoll, als Emma sie fassungslos anstarrte.

»Nichts«, beeilte sie sich zu sagen. »Tee?«

»Mit Milch und Zucker bitte.«

Emma blickte ihr kopfschüttelnd nach, als sie mit Cherry in deren Zimmer verschwand, und staunte gleich noch einmal, als ein Mann den Vorraum betrat, der ihr bekannt vorkam. Sie brauchte einige Zeit, um ihn zu erkennen, auch weil sie ihn zuletzt in dieser Umgebung vermutet hätte. »Reverend!«, erschrak sie und bereute ihren Ausruf gleich wieder. »Was tun Sie denn hier?«

»Reverend?«, wiederholte er wohl nur, um Zeit zu gewinnen.

»Ich habe Sie auf der *Humboldt* gesehen«, erwiderte sie. »Wollten Sie nicht eine Kirche in Skagway bauen? Haben Sie dafür nicht gesammelt?« Sie konnte nicht anders, sie musste ihn bloßstellen. »Ich hoffe doch nicht, Sie geben das Geld Ihrer Schäfchen in einem Haus der Sünde wie unserem aus.«

»Wer die Sünde bekämpfen will, der muss sie kennen«, reagierte er diesmal schneller und gefasster. »Nur wer mit dem Teufel tanzt, kann ihn aus dem Rhythmus bringen.« Er betrachtete sie neugierig. »Sie sehen nicht wie eine dieser schmutzigen Tauben aus.« Ein anderes Wort für Huren, das sie auch schon gehört hatte. »Darf ich fragen, welche Funktion Sie ausüben?«

»Ich verkürze unseren Kunden die Wartezeit. Möchten Sie einen Tee?«

»Nein … nein danke.«

»Und Sie? Bauen Sie Ihre Kirche jetzt in Dawson?«

»In der Tat«, erwiderte er mit unübersehbarem Stolz. »Kommen Sie morgen früh um zehn Uhr in die King Street. Dort steht meine Kirche, und dort werde ich die Predigt für die gläubigen Bürger von Dawson City halten.«

»Sie haben tatsächlich eine Kirche gebaut?«

»Sagen wir, ich bin dabei«, antwortete er verlegen.

»Dann tut es mir leid«, sagte sie, »ich wollte Sie nicht beleidigen.«

Sie bot ihm einen Sessel an und schenkte sich selbst Tee nach, auch um ihm nicht in die Augen sehen zu müssen. Er wirkte nicht gerade wie ein vertrauenswürdiger Reverend auf sie, und sie traute ihm nicht. Aber sie wollte an diesem Abend keinen weiteren Freier verprellen und verkniff sich die Frage, wie oft denn ein Mann des Glaubens zu einer Hure gehen musste, um sich mit der Sünde ausreichend vertraut zu machen. »Sie sind gleich an der Reihe«, sagte sie, als sie den Mann in Cherry Zimmer vor Vergnügen schreien höre.

27

Der Sonntag war heilig in Dawson City. Keine Behörde, keine Bank, kein Laden und schon gar nicht die Bordelle, Saloons und Tanzhallen hatten geöffnet, und wer arbeitete, wurde bestraft. Die Mounties des nahe gelegenen Forts hatten die Anweisung, die Einhaltung dieses Gesetzes streng zu überwachen.

Da das Verbot bereits ab Mitternacht galt, war es in der zweiten Nachthälfte extrem ruhig, und Emma wachte einigermaßen erholt auf. Mary Beth hatte einige Eier aufgetrieben und Rührei mit Speck zubereitet. Die Kanne mit dem heißen Tee stand auf dem Ofen. Dazu gab es selbstgebackenes Sauerteigbrot.

»Sie sind eine gute Köchin«, sagte Emma nach den ersten Bissen. »Ich bin Ihnen allen wirklich sehr dankbar.« Sie kaute eine Weile gedankenverloren und sagte etwas, das schon seit einiger Zeit in ihren Gedanken herumschwirrte. »Macht es ihnen eigentlich nichts aus, ständig mit anderen Männern zu schlafen? Das ist doch sicher anstrengend, und Sie mögen doch nicht jeden.«

Mary Beth hatte die Frage wohl schon einige Male gehört und kicherte verhalten. »Aber sie zahlen gut, und wir müssen uns doch kaum dafür anstrengen. Die meisten Kunden sind schon zufrieden, wenn wir die Beine breitmachen und ein paar schmutzige Sachen sagen. Nach einer Weile ist es vollkommen egal, wer auf dir herumturnt. Hauptsache, die Kasse klingelt.«

Nach dem Frühstück machte sich Emma in die King Street auf. Sie glaubte nicht daran, dort den Reverend in einer Kirche anzutreffen, doch der selbst ernannte Pastor war tatsächlich dort, nur predigte er nicht in einem Gotteshaus, nicht einmal in einem Zelt, sondern unter freiem Himmel auf einem unbebauten Grundstück. Wie ein Racheengel stand er im knöcheltiefen Schnee, die Bibel in der rechten Hand, und verdammte alle Sünden dieser Welt. Eine stattliche Anzahl von Gläubigen hatte sich um ihn geschart und quittierte jeden Ausruf des ganz in Schwarz gekleideten Reverends mit einem lauten »Amen«, ob aus Überzeugung oder weil der Kirchenmann darauf wartete, war nicht zu erkennen.

»Und führt der Weg nach Dawson City nicht geradewegs in die Hölle?«, wetterte er. »Verschwindet der Yukon nicht in der ewigen Weite des Nordens, um sich dort mit den eisigen Wassern der rachsüchtigen Engel zu vereinen? War Satan nicht dabei, als wir Bordelle, Saloons und Tanzhallen in dieser Wildnis errichteten? Häuser der Sünde, in denen wir dem Alkohol und der Spielsucht frönen? In denen wir den süßen Gesängen der bemalten Sirenen folgen und in ihrem feuchten Schoß der Wollust verfallen? Sind wir nicht schwach und hilflos angesichts der verführerischen Larven, die den weiten Weg gekommen sind, um uns den Weg in die Tiefen der Hölle zu schicken?«

Emma hatte schon einige Wanderprediger erlebt, auf ländlichen Jahrmärkten und in den Straßen von San Francisco, und sie musste ihm zubilligen, geschickt mit Worten umzugehen. Doch warum er ausgerechnet gegen die Wollust ins Feld zog, verstand sie nicht. Hoffte er, sich die eigene Schuld mit seinen flammenden Appellen von der Seele reden zu können? Oder wetterte er gegen alles und jeden, nur um seine Stimme erheben zu können?

»Hütet euch vor dem Teufel, denn er wartet überall«, rief er. »Auf den Goldfeldern, wo ihr euch von der Gier nach dem gelben Metall treiben lasst. In den Saloons, wo ihr den Whiskey wie Wasser trinkt. In den Spielhallen, wo ihr euch gegenseitig um das bisschen Reichtum bringt, das ihr durch harte Arbeit erworben habt. Doch nichts ist schlimmer, als dem Gesang der verführerischen Sirenen zu folgen, die in der Paradise Alley und in Lousetown jenseits des Klondike auf euch warten. Schande über jene Sünder, die im Schutze der Dunkelheit in die Häuser mit den roten Laternen schleichen, denn so steht es in der Bibel: ›Denn die Hure ist eine tiefe Grube, und die fremde Frau ist ein enger Brunnen. Auch lauert sie wie ein Räuber und mehrt die Treulosen unter den Menschen.‹ Entsagt diesen angeblichen Freuden, denn auch diesen Satz finden wir in der Heiligen Schrift: ›Wer sich an Huren hängt, der wagt zu viel, den fressen Maden und Würmer, und wer so verwegen lebt, der wird hinweggerafft.‹ Seid stark, ihr Sünder, und haltet euch von ihnen fern!«

»Amen!«, kam es von den Gläubigen zurück, auch von den Männern, die in der vergangenen Nacht, den »verdorbenen Tauben« auf den Leim gegangen war. Am Sonntag waren alle fromm, denn an diesem Tag schoben die Mountains der Sünde einen Riegel vor. »Am siebten Tag sollst du ruhen«, stand im Alten Testament, aber wenn Emma sich richtig erinnerte, war dort auch zu lesen, dass die restlichen sechs Tage der Arbeit und nicht der Sünde vorbehalten waren. Sie gestattete sich ein spöttisches Lächeln. »Amen, Reverend!«

Doch der Reverend war noch nicht fertig. »Ihr fragt euch vielleicht, warum ich auf einem leeren Grundstück predige, ohne Gotteshaus und Altar und ohne Schutz vor den Himmel.« Er blickte dankbar zum Himmel, froh, dass es an diesem Morgen nicht schneite. »Weil an diesem Platz unsere neue Kirche stehen wird, liebe Brüder und Schwestern. Sobald wir genug Geld gesammelt haben, um das teure Holz zu bezahlen, werden wir hier unsere Kirche errichten. Ein Gotteshaus, das wir dem allmächtigen Herrn schuldig sind, denn haben wir nicht unzählige Häuser der Sünde gebaut? Habt ihr euer Geld nicht in die Bordelle, Saloons und Tanzhallen getragen? Habt ihr nicht sinnlose Dinge in den Gemischtwarenläden und Drugstores gekauft? Besinnt euch auf das Wesentliche, liebe Brüder und Schwestern! Zeigt dem Teufel, was ihr von ihm haltet, und kehrt zum Wahren und Schönen zurück.« Er rief zwei Kinder mit kleinen Körben herbei, die er anscheinend vor dem Gottesdienst rekrutiert hatte, und hob erneut seine Stimme: »Gebt euer Geld für diesen guten Zweck! Helft mir, den Traum von unserer neuen Kirche wahrzumachen! Schließt die Augen und stellt euch vor, wie stolz und ehrwürdig sie sich auf diesem Grundstück erheben wird, als Symbol der Reinheit und der Tugend und als weithin sichtbares Zeichen für eine bessere Welt. Füllt die Körbe dieser Mädchen mit dem Geld, das für wahren Reichtum sorgen wird!«

»Amen!«, antworteten die Gläubigen und spendeten reichlich, wohl auch, um ihr schlechtes Gewissen zu beruhigen. Doch sie war sicher, dass auf diesem Grundstück niemals eine Kirche stehen würde. Der Reverend würde alles Geld für sich behalten und damit sein sündiges Leben finanzieren.

Nur würde ihm das niemand beweisen können. Wahrscheinlich war er längst wieder verschwunden, wenn die Leute ihm auf die Schliche kamen. Oder er schob alle Schuld auf den Teufel, der ihn auf heimtückische Weise bestohlen hatte.

»Guten Morgen, Ma'am. Wie geht es Ihnen?«

Emma drehte sich um und sah Constable Bolton. Der Mountie trug einen Fellanorak mit Kapuze und lächelte fröhlich. »Constable! Freut mich, Sie zu sehen!« Sie hatte das Gefühl, er interessierte sich stärker für sie und hielt sich nur zurück, weil er nicht mit Paul konkurrieren wollte. Ein Grund, sich etwas zurückzunehmen. »Sind Sie etwa auch auf diesen Scharlatan hereingefallen?« Sie blickte auf den Reverend, der gerade seine Kollekte verstaute.

»Nur einer von vielen Betrügern«, erwiderte der Mountie, »aber wir können ihm nichts nachweisen. Er hat tatsächlich eine Firma beauftragt, die Kirche zu bauen. Vorausgesetzt, er bekommt das Geld für den Bau zusammen.«

»Und in dem Vertrag, wenn es einen gibt, steht sicher auch drin, dass er dann problemlos von der Vereinbarung zurücktreten kann. Ich habe ihn auf dem Schiff getroffen, schon da hielt er flammende Reden gegen die Sünde und sammelte Geld bei den Passagieren. Nur hatte er damals noch vor, die Kirche in Skagway zu bauen. Das Geld fließt doch alles in seine Taschen.«

Der Mountie nickte. »Ich weiß ... und irgendwann macht er einen Fehler, und dann schnappen wir ihn uns. Oder ein anderer Betrüger legt ihn herein.«

Sie hätte ihm gern verraten, dass der Reverend das Etablissement von Mary Beth besucht hatte, verspürte aber keine Lust, ihm zu erklären, warum sie selbst dort schlief. »Sie haben keinen leichten Job hier draußen, Constable.«

»Das stimmt«, erwiderte er, »aber deswegen spreche ich Sie nicht an.« Er suchte nach den passenden Worten. »Ich glaube, ich habe eine Spur von Ihrem Bruder gefunden, Ma'am. Sie hatten mich doch gebeten, nach ihm Ausschau zu halten. Willie, nicht wahr? Es gibt natürlich einige Willies hier …«

»Was haben Sie gehört, Constable?«

Er räusperte sich verlegen. »Nun, ich musste gestern einige Damen im *Bonanza King* verwarnen. Sie waren dabei, die Sperrstunde zu ignorieren, und das um Viertel nach eins. Eine der Damen, wenn ich sie als solche bezeichnen kann, schimpfte auf einen gewissen Willie. Nannte ihn einen großkotzigen Stadtjungen, dem sie wohl nicht gut genug sei. Keine Ahnung, ob sie damit Ihren Bruder meinte, aber Sie sagten, er hätte eine Vorliebe für leichte Mädchen und das Glücksspiel, und ich dachte … was soll ich sagen?«

»Wie heißt die Dame?«

»Belinda. Kein Nachname. Nur Belinda.«

»Und Sie wohnt im *Bonanza King*? Der Tanzhalle in der Front Street?«

»Im ersten Stock.«

Emma bedankte sich und steuerte zielsicher auf die Front Street zu. Am Himmel waren wieder Wolken aufgezogen, und es hatte leicht zu schneien begonnen. An die Kälte hatte sie sich allmählich gewöhnt. Nur wenn der Wind auffrischte und ihr ins Gesicht blies, spürte sie die eisigen Temperaturen. Dann entging sie der gröbsten Kälte nur noch, indem sie ihren Schal bis über die Nase zog und nur noch einen schmalen Spalt für die Augen freiließ.

Die Tanzhalle lag an einer Kreuzung und lockte mit einer

bemalten Fassade, die tagsüber und ohne die Öllampen, die abends entzündet wurden, aber eher langweilig aussah. Die breite Eingangstür war abgeschlossen, vor den Fenstern hingen Jalousien. »Sonntags geschlossen« stand auf einem Schild.

Sie klopfte ein paarmal, ohne dass sich jemand blicken ließ. Einige Passanten, die wohl gerade aus einer der Kirchen kamen, drehten sich neugierig nach ihr um und zeigten unverhohlen ihre Abscheu. Anscheinend hielten sie die meisten für eine der bemalten Damen, die im *Bonanza King* arbeiteten.

Nach dem dritten Versuch ging sie um das Gebäude herum und stieg über die Außentreppe in den ersten Stock hinauf. Auch dort war die Tür verschlossen. Sie klopfte mehrmals und war erleichtert, als sich Schritte näherten.

Eine leicht bekleidete Dame öffnete ihr. Sie trug ein buntes Kleid mit einem tiefen Ausschnitt, das über mehreren Unterröcken bis über die Knie reichte. Ihr Gesicht war stark geschminkt, die Haare zu einem Knoten gebunden. Ihr wahres Aussehen konnte man bei dieser Verkleidung nur erahnen.

»Entschuldigen Sie die Störung, Miss«, begann Emma.

»Wir haben geschlossen.«

»Ich wollte nur ...«

»Wenn Sie Ihren Mann suchen, hier ist niemand.«

Und warum bist du dann wie ein Zirkuspferd aufgetakelt, hätte sie beinahe erwidert. Stattdessen sagte sie: »Ich suche nach einer gewissen Belinda.«

»Ich bin Belinda. Was gibt's?«

»Kann ich kurz reinkommen?«

»Meinetwegen, aber ich hab nicht viel Zeit.« Belinda hielt ihr die Tür auf und ließ sie in einen düsteren Gang treten. An den Wänden brannten Öllampen. »Das erste Zimmer rechts. Wollen Sie einen Whiskey oder einen Brandy? Den Sekt darf ich leider nicht rausgeben, sonst krieg ich Ärger mit Rick.«

»Rick? Rick Valentine?«

»Wer denn sonst? Ihm gehört der Laden hier.«

»Ich suche meinen Bruder«, kam Emma gleich zur Sache. »Willie Hansen. Es geht das Gerücht, Sie hätten Streit mit ihm gehabt. Auf jeden Fall wären Sie wütend auf ihn gewesen. Es könnte gut sein, dass es sich um Willie …«

»Auffallend blass? Ungefähr so alt wie Sie?«

»Das ist er.«

»Und ob ich auf den wütend bin!« Belinda öffnete ein silbernes Etui, nahm eine Zigarette heraus und zündete sie an. Sie inhalierte nur kurz. »Er hat mich wie den letzten Dreck behandelt. Ich hab wirklich schon einiges erlebt mit meinen Kunden, aber was er sich erlaubt hat … so einen Perversen hab ich selten erlebt. Einen großen Nugget wollte er mir bringen, einen Goldklumpen, für den ich ein kleines Vermögen bekommen würde. Er hätte Gold am Bear Creek gefunden, aber das war natürlich alles gelogen. Zum Glück hab ich rechtzeitig die Notbremse gezogen, aber er schuldet mir immer noch fünfzig Dollar, so viel berechne ich für eine Nacht. Wenn ich ihn jemals erwische, drehe ich ihm den Hals um.« Sie blickte Emma lange an. »Ihr Bruder, hm?«

Emma hatte immer gedacht, die bemalten Damen in den Tanzhallen wären nur zum Animieren und zum Tanzen angestellt und würden den näheren Kontakt den leichten Mädchen in der Paradise Alley überlassen, aber sie wollten anscheinend nicht auf den Zusatzverdienst verzichten. »Tut mir leid, was er Ihnen angetan hat«, sagte sie. »Wissen Sie zufällig, wo er sich jetzt aufhält?«

»Wenn ich das wüsste, wäre er schon tot. Es geht mir nicht um die fünfzig Dollar, die hol ich beim nächsten Trottel wieder ein, aber ich kann's nicht leiden, wenn mich einer zum Gespött der Leute macht. Ich hätte mich gar nicht mit ihm einlassen sollen. Bei Rick bin ich tausend Mal besser aufgehoben.«

»Sie sind mit ihm zusammen?«

»Das staunen Sie, was?« Sie paffte an ihrer Zigarette und blies dem Rauch nach, wie er sich im Lichtschein der Petroleumlampe kringelte. »Rick Valentine ist ein Gentleman. Er gehört zu den reichsten Männern in Dawson City.«

»Wo ist mein Bruder jetzt?«, fragte Emma noch einmal.

»Was weiß ich?« Sie hob gleichgültig die Schultern. »Ich hab mir sagen lassen, er wäre mit einer Indianerin davongerannt. Nasnana oder so ähnlich. Hätte sich in ihrem Dorf versteckt, weil er Angst vor Rick hätte. So was Erbärmliches! Kriecht bei einer Indianerschlampe unter die Decke, anstatt sein verdammtes Gesicht zu zeigen. Wie konnte ich auf den nur reinfallen?« Sie drückte ihre Zigarette im Aschenbecher aus. »Sorry, aber er ist ein Feigling.«

»Nun ja, er ist etwas unstet«, wusste Emma nur zu sagen.

Belinda lachte schallend.

Im selben Augenblick klopfte es, und Rick Valentine betrat den Raum. Er war genauso angezogen wie bei ihrer ersten Begegnung und roch so aufdringlich nach einem Duftwasser, dass sie nur mühsam ein Niesen unterdrückte. »Sieh an, also hab ich doch richtig gehört«, begrüßte er sie, »die unnahbare Lady, die keinen Champagner mit mir trinken wollte.« Er musterte sie ungeniert, ein ständiges Lächeln im Gesicht. »Natürlich habe ich Verständnis dafür, es war ein besonders kalter Tag, und Sie hatten es sicher eilig. Umso mehr würde ich mich freuen, wenn Sie mir jetzt die Ehre erweisen würden.«

An seiner Bitte war nichts Anrüchiges, wäre da nicht dieses Lächeln gewesen, das kein Geheimnis aus seinen wahren Beweggründen machte. »Ich weiß Ihre Einladung zu schätzen, aber ich habe es eilig und muss gleich weiter.«

»Am heiligen Sonntag? Das ist doch nicht Ihr Ernst.«

»Warum lädst du mich nicht auf ein Glas ein?«, fragte Belinda. Ihre Stimme klang beleidigt und ein wenig trotzig. »Ich würde gern mit dir anstoßen.«

»Ich rede mit der Lady«, erwiderte Valentine scharf.

»Ich gehe dann wohl besser«, sagte Emma. Sie fühlte sich plötzlich unbehaglich und wollte den Raum so schnell wie möglich verlassen. Von Valentine ging eine Bedrohung aus, die jederzeit gefährlich werden konnte. »Ich habe heute wirklich viel zu tun und außerdem einer Bekannten versprochen, mit ihr zu Mittag zu essen. Wenn Sie mich also bitte entschuldigen wollen …«

»Kommt gar nicht infrage«, erwiderte Valentine. Sein Lächeln sollte den Worten die Schärfe nehmen, machte aber alles nur noch schlimmer. Und als er sie so fest am Oberarm packte, dass sie vor Schmerzen aufschrie, erkannte sie endgültig, dass sie in Schwierigkeiten war. »Sie kommen mit mir, Lady!«

»Lass Sie gehen!«, bat Belinda. »Von mir kannst du alles haben.«

Er drehte sich kaum nach ihr um. »Ich mag keine Frauen, die sich mir an den Hals werfen. Pack deine Sachen und verschwinde! Morgen kannst du dir von Joe deinen Restlohn abholen, aber komm mir nicht unter die Augen. Heuere in einem Hurenhäuser in der Paradise Alley an, da gehörst du hin!«

»Das ist doch nicht dein Ernst, Rick!«

»Du hast mich gehört!«

Emma verstand nicht mehr, was sie antwortete, hörte nur noch ihr wütendes Schluchzen, als Valentine sie ins Nachbarzimmer schob. »Gina! Bring mir eine Flasche Champagner und zwei Gläser!«, rief er durch den Flur.

»Was fällt Ihnen ein?«, wehrte sich Emma. »Wie können Sie es wagen, mich hier festzuhalten?« Sie riss sich von ihm los, aber er packte sie erneut und stieß sie in den Sessel vor dem Schminktisch. »Lassen Sie mich gehen, oder ich melde Sie der Polizei. Sie wissen, wie streng die Mounties sind.«

Er baute sich siegesgewiss vor ihr auf. »Dazu müssen sie erst einmal hier sein, und auch dann müssten sie handfeste Beweise haben. Sie sind natürlich freiwillig zu mir gekommen. Welche Frau könnte auch meiner Gesellschaft und einem Glas erstklassigen Champagner widerstehen.« Die Tür ging auf, und ein anderes Tanzhallenmädchen, wesentlich schlampiger gekleidet als Belinda, brachte den Champagner herein. »Ah, das ist er ja schon. Danke, Schatz. Weißt du eigentlich, wie beschissen du in den Lumpen aussiehst?«

»Ich bin nicht im Dienst, Chef«, konterte sie kühl.

Valentine kümmerte sich nicht weiter um sie und öffnete die Champagnerflasche. Man merkte ihm an, dass er es nicht zum ersten Mal machte. Doch als er ihr ein volles Glas reichte, stelle sie es auf den Schminktisch und sagte: »Ich denke nicht daran, mit Ihnen zu anzustoßen. Sie können mich nicht dazu zwingen.« Die Wut trieb ihr die Röte ins Gesicht. »Leben Sie wohl, Mister!«

Doch bevor sie nur einen Schritt tun konnte, hatte er sie schon wieder gepackt und schleuderte sie aufs Bett. »Jetzt reicht's mir aber!«, wütete er. »Spielst mir die unnahbare Schlampe vor, dabei bist du auch nicht besser als die Schlampen, die für mich anschaffen. Höchste Zeit, dass dir mal einer zeigt, wo es lang geht. Mach die Beine breit, Schätzchen, jetzt geht es los!«

Weiter kam er nicht. Er hatte gerade erst seine Hose runtergelassen, als die Tür aufsprang, und Constable Bolton und zwei weitere Mounties mit gezogenen Revolvern ins Zimmer stürmten. »Sie sind verhaftet, Valentine! Wir haben gehört, was Sie vorhatten, und Belinda kann alles bezeugen. Mal ganz davon abgesehen, dass es sonntags auch verboten ist, Alkohol zu trinken.«

Die beiden Mounties, die mit Bolton gekommen waren, legten Valentine Handschellen an und führten ihn aus dem Zimmer. Er fluchte leise vor sich hin und warf der schadenfrohen Belinda einen bösen Blick zu. »Miststück!«

»Alles in Ordnung?«, fragte Bolton besorgt.

»Alles in Ordnung, Constable«, antwortete Emma.

28

Normalerweise hätte sich Emma nach einem solchen Erlebnis einige Tage zurückgezogen und ihre Wunden geleckt, aber ihre Verfolger konnten nicht mehr weit sein, und sie hatte es eilig. Am nächsten Morgen in aller Frühe verließ sie das Haus und atmete erleichtert die kalte Winterluft ein, bevor sie weiterlief. Wenn sie Willie vor den Killern warnen wollte, musste sie so schnell wie möglich herausfinden, aus welchem Dorf seine Indianerin kam.

Ein leichtes Mädchen, das in der Tanzhalle eines Betrügers arbeitete, der sie in vielerlei Hinsicht an Soapy Smith erinnerte, und eine Indianerin, das war mal wieder typisch für ihn. Als hätte er es darauf abgesehen, seine Verfolger auf sich aufmerksam zu machen. An seiner Stelle hätte sie sich still und leise in irgendeiner Goldgräbersiedlung versteckt und darauf gehofft, dass McSwain und Womack die Lust verloren und nach Hause zurückfuhren.

Einige Leute blickten ihr verwundert nach, als sie die Hängebrücke über den zugefrorenen Klondike River ansteuerte. Auf der anderen Seite des Flusses lag Lousetown, ein Durcheinander von Bruchbuden und Zelten, in denen vor allem Indianer, einige Inuit und Prostituierte wohnten. Eine ganze Siedlung, die für das Laster und unerwünschte Personen errichtet worden war, ohne dass es den Bewohnern von Dawson City gelungen war, die Hurenhäuser aus der Paradise Alley zu verdrängen. Die meisten Männer waren heilfroh, dass es die Paradise Alley gab, weil jeder, der sich in

Lousetown vergnügen wollte, über die Brücke gehen musste und für jeden sichtbar war.

Umso mehr fiel es auf, wenn eine anständige Frau die Brücke überquerte und nicht einmal den Versuch unternahm, unerkannt zu bleiben. Mit festen Schritten lief sie nach Lousetown hinein, ließ die Hauptstraße rechts liegen und hielt auf die Baracken und Zelte zu, in denen die Indianer wohnten. Dort versperrten ihr mehrere Männer den Weg, und ein energisch aussehender Mann im Anzug eines Weißen fragte: »Was willst du hier, weiße Frau?«

»Ich bin Emma Hansen«, antwortete sie scheinbar furchtlos. »Ich weiß, dass es bei eurem Volk üblich ist, Geschenke mitzubringen, wenn man ein Dorf oder eine Familie besucht, aber es ist noch früh, und alle Läden haben zu.« Sie kramte einige Münzen aus ihrer Jackentasche. »Alles, was ich habe, ist etwas Geld. Ich hätte euch lieber Tabak gebracht, weil ich von einem guten Freund weiß, dass er bei euch heilig ist, hoffe aber, dass ihr euch über die Münzen genauso freut.« Sie reichte ihm die Münzen, ungefähr fünfzig Dollar.

»Das ist viel Geld«, sagte der Indianer. Er trug seine Haare zu Zöpfen gebunden, das einzige Zugeständnis an die Tradition seines Volkes. Das feindselige Glimmen war aus seinem Blick verschwunden. »Wer ist dieser gute Freund, von dem du erfahren hast, dass Tabak bei unserem Volk heilig ist?«

»Er heißt Paul Corbett. Ein Fallensteller.«

»Wir kennen Paul. Was willst du wissen?«

»Ich suche meinen Bruder«, antwortete sie. »Er heißt Willie Hansen und soll mit einer Indianerin unterwegs sein. Sie heißt Nasnana. Wisst ihr, in welchem Dorf die Indianerin lebt? Ich muss meinen Bruder unbedingt finden.«

»Willie ... von ihm haben wir auch gehört. Kein guter Mann.«

»Er ist etwas ... leichtsinnig.«

»Wenn er Nasnana betrügt oder ihr falsche Versprechungen macht, wird er nicht mehr lange leben. Nasnana hat zwei Brüder, die auf sie aufpassen. Sie wollen nicht, dass sie hier in Lousetown oder in der Paradise Alley endet.«

»Mein Bruder muss nach San Francisco zurück und vor Gericht aussagen. Das Verbrechen, das man ihm vorwirft, hat er nicht begangen, aber er hat gestohlen, und dafür muss er büßen.« Sie wusste selbst nicht, warum sie dem Indianer gegenüber so ehrlich war. »Aber es sind zwei gefährliche Männer hinter ihm her. Wenn ich ihn nicht rechtzeitig warne, werden sie ihn töten.«

Der Indianer überlegte kurz, blickte seine Begleiter an und nickte. »Nasnana und ihre Leute leben in einem Dorf am Twelve Mile Creek.« Er zog mit dem rechten Stiefel eine Linie in den Schnee, markierte eine Verbindungslinie und bohrte seinen Absatz hinein. »Über den Klondike River zwölf Meilen nach Osten und dann weiter nach Norden. Das erste Dorf nach der Mündung. Der Häuptling des Dorfes heißt Isaac. Sag ihm, du kommst von Jeremiah.«

Emma bedankte sich und kehrte über die Brücke nach Dawson zurück. Wieder folgten ihr neugierige Blicke, und wieder schenkte sie ihnen keine Beachtung. Ihre einzige Aufmerksamkeit galt dem Yukon, in der Angst, auf dem zugefrorenen Fluss ihre beiden Verfolger zu entdecken, aber die Killer waren nicht zu sehen. Sie kehrte in ihr Quartier in die Paradise Alley zurück, zog ihre Wollhose unter den Rock und packte ihre Sachen in den Rucksack. »Mein Bruder ist mit einer Indianerin unterwegs. Wahrscheinlich sind sie in ihrem Dorf am Klondike River. Ich muss so schnell wie möglich dort hin.«

»Und wie wollen Sie das anstellen ohne Schlitten?«

»Ich finde schon jemand. Zur Not frage ich Constable Bolton.«

»Keine gute Idee.«

»Aber besser, als von zwei Killern erschossen zu werden«, erwiderte sie. Sie schnallte ihren Rucksack um und umarmte ihre Gastgeberin. »Ich bin Ihnen zu großem Dank verpflichtet«, sagte sie. »Sie haben mir sehr geholfen.«

»Warten Sie«, sagte Mary Beth, als sie schon an der Tür war. »Ich hab noch ein paar Vorräte hier, die können Sie gerne haben.« Sie brachte ihr Brot, Käse und Schinken und füllte ihre Wasserflasche mit heißem Tee. »Behalten Sie uns in guter Erinnerung, falls Sie Ihren törichten Bruder gleich nach San Francisco zurückbringen. Wenn nicht, schauen Sie nochmal bei uns vorbei.«

»Bis bald, Mary Beth.«

Emma verließ das Etablissement und kehrte zur Front Street zurück. Um einigermaßen vor dem stärker wehenden Wind geschützt zu sein, blieb sie unter einem Vorbaudach stehen. Hätte sie Jeremiah fragen sollen, ob er oder einer seiner Stammesbrüder bereit war, sie für einen entsprechenden Lohn zu ihrem Bruder zu bringen? Oder sollte sie Constable Bolton die volle Wahrheit verraten und riskieren, dass Willie in einem kanadischen Gefängnis landete?

Sie ging ein paar Schritte und blieb wie versteinert stehen. Ungefähr zwei Querstraßen von ihr entfernt stand ein Hundeschlitten im Schnee. Er war nicht verankert, das sah sie selbst aus der Entfernung, und die Huskys verharrten mit hängenden Köpfen im Schnee, als hätten sie eine lange und anstrengende Fahrt hinter sich. Die Hunde kamen ihr bekannt vor, besonders der Leithund, der auch sie zu erkennen schien und in ihre Richtung blickte.

»Das ist doch ... das ist doch Captain! Pauls Leithund!«

Sie raffte ihren Rock und hastete wenig damenhaft die Straße hinab. Bei dem Schlitten angekommen, sah sie, dass es sich tatsächlich um den Schlitten des Fallenstellers handelte. Sie begrüßte Captain, der freudig an ihr emporsprang, und wandte sich an einen Mann, der vor einem nahen Drugstore stand. »Haben Sie gesehen, wer mit dem Schlitten gekommen ist, Mister?«

»Niemand«, antwortete er, »die Hunde kamen allein die Straße rauf. Müssen sich irgendwo losgerissen haben, oder der Besitzer ist vom Schlitten gefallen. Die meisten Huskys laufen einfach weiter, wenn so etwas passiert.«

»Sind Sie sicher? Es war niemand auf dem Schlitten?«

»Ganz sicher, Ma'am. Die Hunde kamen vom Klondike hoch, und es war niemand bei ihnen, als sie mir entgegenkamen. Kennen Sie den Besitzer?«

»Ja ... ich sehe gleich mal nach. Er ist bestimmt nicht weit.«

Sie schnallte ihren Rucksack auf die Ladefläche und drehte den Schlitten. Von der Angst getrieben, Paul könnte mit seinem gebrochenen Bein auf die Kufen gestiegen und irgendwo in der Wildnis verunglückt sein, feuerte sie die Hunde an. »Vorwärts, Captain! Zurück zum Klondike! Bringt mich zu Paul!«

Die Hunde schienen sie zu verstehen und rannten los.

Vorbei an einigen Fuhrwerken und zwei Männern, die nichts Besseres zu tun hatten, als sich mitten auf der Straße zu unterhalten, zogen sie den Schlitten zum Ende der Straße. Emma hatte alle Hände voll zu tun, ihn über den schmalen Pfad neben der Brücke auf den zugefrorenen Klondike River zu lenken, ohne das Gleichgewicht zu verlieren und von den Kufen zu fallen. »So ist es gut«, machte sie sich auch selbst Mut, als sie es geschafft hatte, »und immer dem Fluss nach.«

Noch war sie nicht in Panik. Wenn Paul auf dem Fluss gestürzt war, würde er nicht lange auf Hilfe warten müssen, dazu waren zu viele Goldgräber und vor allem Indianer auf dem Eis unterwegs. Die Flüsse waren die Straßen des Hohen Nordens, so war es schon immer gewesen, im Sommer wie im Winter. Sie schlug den direkten Weg zu seiner Hütte ein, so wie sie ihn in Erinnerung hatte, und hoffte sehr, dass sie ihn noch auf dem Fluss fand, und er nicht irgendwo in der abgelegenen Wildnis gestürzt war. Sie verließ sich auf die landschaftlichen Merkmale, die sie auf der Hinfahrt gesehen hatte, und den Instinkt der Huskys, die sich daran erinnern mussten, wo Paul gestürzt war. »Ich verlasse mich auf euch!«, rief sie ihnen zu. »Hörst du mich, Captain?«

Sie gab den Hunden keine Richtung vor, ließ sie selbst die Richtung bestimmen. Noch war das Schneetreiben so schwach, dass sie sich einigermaßen orientieren konnte, und die Helligkeit reichte aus, um rechtzeitig Hindernisse auf dem Eis zu entdecken. Doch ihre Zuversicht schwand mit jeder Meile. Das Wetter wurde ständig schlechter, und wenn Paul tatsächlich irgendwo im Schnee lag, musste er mit seiner Verletzung um sein Leben fürchten. »Wir müssen ihn unbedingt finden!«, rief sie den Hunden zu. »Jede Minute zählt!

Ihr wisst doch, wie schlecht es ihm geht. Warum seid ihr weitergefahren?« Warum war auf den Schlitten gestiegen? Er musste doch wissen, welches Risiko er damit einging.

Sie blickte hoch und entdeckte einen dunklen Schatten am jenseitigen Ufer. Ein Husky, der parallel zu ihnen am Ufer entlanglief. Mit weiten Sätzen hielt er Schritt. »Shasta!«, rief sie erleichtert. »Shasta! Du musst uns helfen!«

Der Husky regierte nicht, rannte einfach weiter, als könnte er es sich nicht leisten, auch nur eine Sekunde innezuhalten. Anscheinend wusste er genau, welchen Weg er einschlagen musste. Später würde sie behaupten, Paul ohne seine Hilfe niemals gefunden zu haben, denn der Fallensteller hatte eine Abkürzung genommen und lag so versteckt, dass sie ihn wahrscheinlich übersehen hätte. Seine Spuren lagen längst unter dem frischen Schnee verborgen.

Shasta wartete auf sie, bevor er den Fluss hinter sich ließ. Wie ein Kundschafter, der einen neuen Trail gefunden hatte und auf seine Leute wartete, stellte er sicher, dass sie ihm noch folgten, und gab erneut den Rhythmus vor. Der Trail war jetzt beschwerlicher, anscheinend ein selten befahrener Jagdtrail der Indianer, der in die Ausläufer der Berge führte und sie dazu zwang, sich mit allen Sinnen auf das Lenken des Schlittens zu konzentrieren. Immer steiler ragten die Fels-wände im Osten empor, sie waren in dem zunehmenden Schneetreiben bald nur noch als bedrohliche Schatten zu er-kennen.

Wie sollte Paul in dieser Eiseskälte und in diesem Schnee-treiben überleben? Auch wenn es noch kein Blizzard war, konnte er mit seiner Verletzung doch niemals durchhalten. Im Schnee würde er sich nicht bewegen können.

Sie bremste vor einem steilen Abhang und suchte nach Shasta, doch der war plötzlich verschwunden und nirgendwo zu sehen, auch als sie den Schlitten verankerte und die Gegend nach ihm absuchte. Sie stapfte einige Schritte durch den Schnee und blickte den steilen Abhang hinab, stöhnte entsetzt auf, als sie Paul ungefähr dreißig Schritte weiter unten im Tiefschnee liegen sah.

»Paul!«, rief sie in ihrer Angst so laut, dass die Huskys erschraken.

Ohne weiter nachzudenken, stieg sie den Abhang hinab. Mit den Beinen voraus und ständig nach einem festen Halt suchend, kletterte und rutschte sie bis zu ihm und sah, dass er bei Bewusstsein war. Sein Gesicht war von der Kälte gerötet, und er zitterte leicht. »Paul! Mein Gott, Paul! Was ist passiert?«

»Emma!« Seine Stimme gehorchte ihm kaum. Emma! Mein Bein!«

»Ich bin mit dem Schlitten hier, Paul. Shasta hat uns hergeführt, stell dir vor. Ich bringe dich ins Krankenhaus nach Dawson.« Sie räumte den Schnee, der auf ihn gefallen war, von seinem Körper und drückte ihn liebevoll an sich. Seine Wangen waren kalt, unsagbar kalt. »Wenn ich nur wüsste, wie ich dich nach oben bringen soll. Du musste mir helfen, auch wenn es wehtut.«

»Wir … schaffen … das«, flüsterte er.

Sie schob beide Arme unter seine Achseln und hob ihn an, bewegte ihn keine Hand breit nach oben, bevor sie vor lauter Anstrengung den Halt verlor und beinahe mit ihm noch tiefer rutschte. Sie begann zu weinen, fluchte wütend und gab sich einen Ruck. »Eins, zwei drei!«, zählte sie. »Hilf mir, Paul!«

Er stemmte sich mit seinem gesunden Bein in den Schnee, und sie kämpften sich nach oben, gruben sich schnaufend durch die weiße Masse, die ihnen den Weg zum Trail versperrte. Der Hang war so steil, dass sie nur schrittweise vorankamen und bei jeder noch so kleinen Bewegung in Gefahr liefen, den Halt zu verlieren und wieder nach unten zu rutschen. Alle paar Sekunden mussten sie innehalten und neue Kräfte sammeln. Paul stöhnte vor Schmerzen, schien nach jeder Anstrengung das Bewusstsein zu verlieren, wenn auch nur für einen Augenblick. Emma war schnell außer Puste, brauchte immer länger, bis sie wieder die Kraft fand, ihn eine weitere Handbreit nach oben zu ziehen. Wie zwei Bergsteiger, die hilflos in einer Felswand hingen, kletterten sie der Anhöhe entgegen, nur dass sie ungesichert waren und kein Seil hatten, das es ihr erleichtert hätte, ihn nach oben zu ziehen. Viel zu selten fanden sie einen hervorstehenden Felsbrocken, an dem sie sich beide festhalten konnten.

Wie lange sie nach oben brauchten, hätte keiner von ihnen sagen können. Es schien eine Ewigkeit zu dauern, bis sie endlich die Anhöhe erreichten, und Emma ihn mit einer letzten Kraftanstrengung auf den Trail hievte. Erschöpft blieben sie liegen, einige Minuten, vielleicht sogar länger, bis sie die Kraft fand, sich vom Boden hochzustemmen. Sie hielt sich eine Weile am Schlitten fest, bis sie wieder klar denken und sehen konnte, und machte sich daran, noch einmal alle Kräfte zu mobilisieren und ihm auf den Schlitten zu helfen. Mit allen Decken, die sie im Schlittensack finden konnte, deckte sie ihn zu.

Sie ließ ihn vorsichtig von dem heißen Tee trinken und blickte ihn aufmunternd an. »Im Krankenhaus kümmern sie sich um dein Bein«, versprach sie. »Warum hast du das getan? Warum bist du auf den Schlitten gestiegen?«

»Ich hatte Angst um dich«, sagte er. Der heiße Tee tat ihm gut. »Diese Killer sind gefährlich. Ich wollte in Dawson sein, falls Skoo sie nicht lange genug aufhalten kann, und sie früher auftauchen.«

»Constable Bolton und einige andere Mounties sind in der Stadt.«

»Ich hab's allein nicht mehr ausgehalten, Emma. Den ganzen Tag im Bett liegen und daran denken müssen, dass dir jeden Augenblick zwei gefährliche Killer auf den Leib rücken könnten … ich wollte dich nicht allein lassen.« Er stöhnte vor Schmerzen und brauchte eine Weile, bis er wieder sprechen konnte. »Ich weiß, dass es falsch war. Ich hätte niemals losfahren dürfen.«

»Im Krankenhaus lass ich dich ans Bett binden.«

»Sind die Killer schon in Dawson?«

»Nein.« Sie erzählte, was sie herausbekommen hatte. »Aber weit können sie nicht mehr sein. Ich muss so schnell wie möglich in dieses Dorf. Willie benimmt sich wie ein Elefant im Porzellanladen. Eine deutlichere Spur als er kann man nicht hinterlassen. Er muss so schnell wie möglich nach San Francisco zurück. Ich dachte, hier draußen wäre er sicher, aber das stimmt leider nicht. Für meinen Bruder gibt es überhaupt keinen Ort, an dem er sicher ist.«

»Es wird alles gut, Emma.«

»Und das sagt einer, der gerade dem Tod entronnen ist.«

»Noch bin ich nicht in Dawson.« Er konnte schon wieder lächeln.

Sie stieg auf die Kufen und feuerte die Huskys an. »Genug

gefaulenzt, ihr Lieben! Wir haben einen kranken Passagier an Bord. Paul geht es nicht besonders, und wir müssen so schnell wie möglich nach Dawson zurück. Also legt euch gefälligst in die Riemen. Und immer schön vorsichtig! Vorwärts!«

Die Hunde stemmten sich in die Geschirre und rannten los. Den Trail zum Klondike River hatten sie selbst geebnet. Der Wind wehte in teilweise heftigen Böen über das Land und trieb ihnen den Schnee ins Gesicht. Emma hatte ihre Wollmütze weit in die Stirn gezogen und ihren Schal bis über die Nase geschoben. Immerhin hielt sich der Wind einigermaßen im Zaum und artete nicht in einen Sturm aus, ein Blizzard wäre gefährlich für sie beide geworden.

Auf dem Fluss kamen sie schneller voran. Der Wind blies jetzt in ihrem Rücken und half ihnen, die Stadt in Rekordzeit zu erreichen. Wegen des starken Schneetreibens hielt sich kaum jemand im Freien auf, als sie den Schlitten über die Uferböschung und zum St. Mary's Hospital am anderen Ende der Stadt lenkte. »Ein Verletzter!«, rief sie schon von Weitem. »Ich habe einen Verletzten! Er hat sich das Bein gebrochen und braucht dringend Hilfe!«

29

»Du hast mir das Leben gerettet«, sagte Paul, als ihn der Arzt versorgt hatte, und er in einem der zahlreichen Betten im Krankensaal lag. Die anderen Patienten schliefen oder beachteten sie kaum. »Wenn du nicht gewesen wärst, läge ich noch immer dort draußen im Schnee und wäre jämmerlich erfroren.«

»Vergiss die Huskys nicht«, erinnerte ihn Emma. »Captain und die anderen Hunde des Gespanns und vor allem Shasta. Er hat mir den Weg gezeigt, sonst wäre ich an der Abzweigung vorbeigefahren. Die Spuren waren längst verwischt.« Sie beugte sich zu ihm hinab und küsste ihn auf die Stirn. »Hauptsache, du wirst bald gesund. Du brauchst jetzt vor allem Ruhe, sagt der Arzt.«

Paul griff nach ihrer Hand. »Ich hab mich wohl überschätzt. Ich hatte Angst um dich und wollte unbedingt zu dir. Geschieht mir ganz recht, dass ich auf die Nase gefallen bin. Dürfte einem Fallensteller eigentlich nicht passieren.« Er blickte sie schuldbewusst an. »Du erzählst es doch nicht weiter?«

»Damit sie unser Abenteuer im *Nugget* breittreten? Niemals!«

Er lächelte schwach und stöhnte leise, als er seine Lage verändern wollte und Schmerzen verspürte. »Was hast du jetzt vor? Willst du wirklich wieder los?« Er deutete aus dem Fenster. »Das könnte ein Blizzard werden, und ich möchte nicht, dass es dir wie meiner ...« Er bremste sich gerade noch rechtzeitig.

»Ich meine, so lange steuerst du noch keinen Hundeschlitten, und ich möchte nicht, dass dir etwas passiert. Ich will … ich brauche dich, Emma.«

Sie küsste ihn noch einmal, diesmal auf den Mund. »Mach dir keine Sorgen um mich, Paul. Ich komme zurück. Ich weiß nur noch nicht, wann.«

»Du weißt, wo du mich findest«, erwiderte er.

»Ich liebe dich«, flüsterte sie, »von ganzem Herzen.«

»So sehr, dass du es mit einem sonderbaren Waldläufer in der Wildnis aushältst? Dieser Goldrausch wird irgendwann vorüber sein, und dann gibt es hier nur noch Indianer und wilde Tiere. Es wird so kalt, dass einem die Nase zufriert, der Schnee reicht einem bis zum Bauch, und die längste Zeit des Jahres ist es so dunkel, dass man die eigene Hand nicht vor Augen sieht.«

»Vor allem gibt es dich«, erwiderte sie sanft.

»Ich liebe dich auch, Emma.«

»Und es gibt Shasta, den klügsten Hund von Nordamerika.«

»Vielleicht sogar der ganzen Welt.«

Emma hatte Tränen in den Augen, als sie das Krankenhaus verließ. Vor ihr lagen die beschwerliche Fahrt zu dem Indianerdorf und die Begegnung mit ihrem Bruder, die wahrscheinlich neuen Ärger bringen würde. Jedes Zusammentreffen mit Willie brachte Probleme. Sie hatte keine Ahnung, was er Nasnana versprochen hatte und ob er bereit war, dieses Versprechen auch einzuhalten. Wie würden die Indianer reagieren, wenn er ihr versprochen hatte, sie zu heiraten, und er sich aus dem Staub machte? Hatte er nicht behauptet, sich auch in Florence Forester verliebt zu haben? Und wäre er bereit, sich den Behörden zu stellen, wenn sie ihn gehen ließen, und zur Gerichtsverhandlung nach San Francisco zurückzukehren? Immerhin konnte sie bezeugen, dass John Forester zwei Killer auf ihn gehetzt und sogar seinen Skalp verlangt hatte.

Vor dem Krankenhaus blieb sie einen Moment stehen und blinzelte in den treibenden Schnee. Für die Fahrt in das zwölf Meilen entfernte Indianerdorf hätte sie sich besseres Wetter gewünscht. Wie stets in diesen Breiten und um diese Jahreszeit war es bereits am späten Nachmittag dunkel. Nur das Licht, das aus den erleuchteten Läden und Kneipen fiel, setzte sich gegen den Flockenwirbel durch. Auf den Gehsteigen waren kaum Menschen zu sehen.

Für einen Augenblick dachte sie daran, am nächsten Morgen loszufahren, entschied sich aber dagegen. Das Risiko, ihren Verfolgern in die Arme zu laufen, war zu groß. Sie hatte schon zu lange gewartet. Nur die Suche nach Paul hatte sie daran gehindert, bereits vor einigen Stunden aufzubrechen. Sie durfte keine Zeit mehr verlieren. Sie musste so schnell wie möglich zu ihrem Bruder. Sie wagte gar nicht, sich vorzustellen, was sonst passieren könnte.

Doch um Häuptling Isaac günstig zu stimmen, brauchte sie dringend etwas Tabak. Auch konnte ein kleines Geschenk helfen, falls Willie ihn verärgert hatte, womit sie fast schon rechnete, oder die Killer auftauchten, solange sie sich noch in seinem Dorf aufhielt. Wie wichtig der heilige Tabak für die Indianer war, hatte sie von Paul, vor allem aber von Skookum Jim erfahren: »Der Rauch, der von heiligem Tabak aufsteigt, beschwichtigt die Geister, so wie der Weihrauch der Missionare, bei denen ich gelebt habe.«

Der nächste Gemischtwarenladen lag nur zwei Querstraßen entfernt. Sie versprach den Huskys, in wenigen Minuten zurück zu sein, und hielt sich unter den Vorbaudächern, um einigermaßen vor dem Schneetreiben geschützt zu sein. Als sie die Straße überquerte, zögerte sie einen Moment, als sie einen Hundeschlitten mit zwei Gestalten auf der Ladefläche näher kommen sah. Sie hatte plötzlich Angst, dass es sich um die Killer handeln könnte, und beeilte sich umso mehr, die andere Seite zu erreichen und den Laden zu betreten.

Hinter dem Tresen wartete ein blasser Mann mit Schnauzbart und Nickelbrille, sichtlich erfreut, auch bei diesem Wetter einen Kunden begrüßen zu können. »Womit kann ich dienen, meine Dame?«, fragte er, während er seine Hände an seiner Schürze abtrocknete. »Wir haben eingemachte Pfirsiche da.«

Nichts hätte Emma lieber gegessen, doch ihre Zeit war knapp, und nicht einmal süße Pfirsiche konnten sie verleiten, ihren Aufbruch zu verschieben. »Eine Dose Tabak bitte«, verlangte sie. »Sie brauchen sie nicht einzupacken.«

Sie hatte gerade bezahlt, einen Wucherpreis, für den man in San Francisco zehn Dosen bekommen hätte, als sie polternde Schritte hörte und einen der beiden Killer am Fenster vorbeigehen sah. Ihr Glück war, dass sie kaum eine Schrecksekunde brauchte, um zu reagieren. »Verraten Sie mich nicht!«, flehte sie den Ladenbesitzer an, während sie durch eine offene Tür in den Nebenraum verschwand.

Sie lehnte sich mit dem Rücken gegen die Wand und hielt den Atem an, als die Ladentür geöffnet wurde und jemand vor den Tresen trat. An seiner arroganten Stimme erkannte sie McSwain, den jüngeren der beiden Killer.

»Zwei Dosen Tabak«, verlangte er. »Und Karamellbonbons.«

»Die große Tüte?«

»Was denn sonst? Ich hoffe, das Zeug ist nicht zu teuer.«

»Wir haben unsere festen Preise, Sir.« Die Stimme des La-
denbesitzers zitterte. »Wenn Sie drei Tüten nehmen, kann
ich Ihnen etwas Rabatt geben.«

»Meinetwegen. Hey, warum sind Sie denn so nervös?«

Emma fürchtete, dass dem Ladenbesitzer der Schweiß
über die Stirn lief. Er klang heiser und schien kurz vor einer
Panik zu stehen. »Es ist … es ist nur wegen Ihres Revolvers.«
Wahrscheinlich hatte McSwain seine Waffe hinter dem Gür-
tel stecken, um immer einsatzbereit zu sein. »Das Tragen von
Feuerwaffen … es ist nämlich verboten, Feuerwaffen in
Dawson City zu tragen.«

»Lassen Sie das mal meine Sorge sein.«

»Die Mounties lassen … sie lassen nicht mit sich spaßen.«

Sie hörte, wie der Ladenbesitzer den Tabak und die Bon-
bons einpackte und dafür erstaunlich lange brauchte. »Was
haben Sie denn?«, fragte McSwain misstrauisch. »Warum
sind Sie denn so nervös? Ist noch jemand hier?«

Emma hörte Schritte und versteckte sich rasch hinter einigen aufgestapelten Kisten. Sie musste sich tief auf den Boden
kauern, damit sie ihr Schatten in dem flackernden Lichtschein einer Petroleumlampe nicht verriet. Mit angehalte-
nem Atem erlebte sie, wie McSwain in den Raum blickte, irgendetwas sagte, was sie nicht verstand, und vor den Tresen
in den Laden zurückkehrte.

»Kennen Sie einen Willie?«, fragte er. »Willie Hansen oder
Swenson.«

»Nein … nie gehört«, antwortete der Ladenbesitzer.

»Vielleicht nennt er sich auch anders.« Er beschrieb ihren

Bruder so genau, wie sie es selbst nicht besser gekonnt hätte, und fügte hinzu: »Seine Verwandten in San Francisco suchen ihn. Ein blasser Bursche, der sich gern in Saloons und Spielhallen herumtreibt. Er soll in Dawson City gewesen sein.«

»Sind Sie von der Polizei oder so was Ähnliches?«,

»So was Ähnliches«, erwiderte McSwain.

Emma erinnerte sich daran, den Ladenbesitzer auch selbst nach ihrem Bruder gefragt zu haben, und hoffte inständig, dass er sich nichts anmerken lassen würde. Wenn McSwain sie hier fand, war alles verloren. Dann würde er den Aufenthaltsort von Willie aus ihr herauspressen und ihn umbringen, bevor die Mounties ihn daran hindern konnten. Sie wagte kaum zu atmen.

»Ich weiß nicht, wo er ist. Die Beschreibung passt auf viele Männer.«

»Was ist mit seiner Schwester? Haben Sie die schon mal gesehen? So viele Frauen gibt's doch hier gar nicht, außer den bemalten Täubchen, meine ich. Emma Hansen. Mitte zwanzig, einigermaßen hübsch, lange blonde Haare.«

»Nein … nein … die kenne ich nicht. Das … das wüsste ich.«

»Sind Sie sicher, Mister? Sie schwitzen ja?«

»Ich … ich bin erkältet … der Hals … Halsschmerzen.«

»Dann stecken Sie mich bloß nicht an! Eine Frechheit, sich mit so was in den Laden zu stellen.« Emma hörte, wie einige Münzen auf den Tresen fielen. »Ich werde mich mal in den Saloons umhören, da kennen sie ihn bestimmt.«

Die Tür fiel ins Schloss, gefolgt von sekundenlanger Stille.

»Vielen Dank«, sagte sie. »Der Mann ist ein gefährlicher Verbrecher. Er und sein Komplize wollen meinen Bruder töten.«

Sie sah dem Ladenbesitzer an, dass er ihr kein Wort glaubte. »Haben Sie einen Hinterausgang, Mister?«

»Durch den Nebenraum und dann links. Kommen Sie nicht wieder!«

»Tut mir leid, Mister. Und nochmal danke.«

Emma schlich aus dem Laden und durch die schmale Gasse, die hinter den Häusern verlief. Geduckt stapfte sie durch den knöcheltiefen Schnee bis zur nächsten Querstraße und verließ zögernd ihre Deckung. Ganz in der Nähe jaulten Huskys, und vom Krankenhaus schräg gegenüber tönte die Antwort ihres Gespanns herüber. Ob Shasta auch in der Nähe war? Er schien nur dann aufzutauchen, wenn er wirklich gebraucht wurde. Ein vierbeiniger Schutzengel, der auf sie achtete und sie bewachte. Bei dem Vergleich musste sie lachen. Das Lachen verging ihr jedoch, als sie die Front Street erreichte und beobachtete, wie die beiden Killer vor einem der Saloons hielten, dem Indianer, der sie fuhr, wohl befahlen, auf sie zu warten und darin verschwanden. Lange würde es nicht dauern, bis sie erfuhren, wo sich Willie versteckte.

Emma verlor keine Zeit mehr. Sie rannte quer über die Straße zu Pauls Schlitten, verstaute den Tabak im Schlittensack und rief den Hunden mit gedämpfter Stimme zu: »Vorwärts, ihr Lieben! Seid so leise wie möglich, und wundert euch nicht, wenn wir durch die Nebenstraßen fahren. Die Killer sind ganz in der Nähe! Sie dürfen uns auf keinen Fall sehen. Vorwärts, Captain!«

Die Huskys schienen sie zu verstehen und beeilten sich, über die Außenbezirke der Stadt möglichst ungesehen zum Klondike River zu kommen. Ihnen kam zugute, dass es schon dunkel war und das Schneetreiben immer dichter wurde. Nur eine Närrin brach in der Dunkelheit und bei so einem Wetter in die Wildnis auf, aber sobald sie auf dem Flusseis waren, sah sie genug, um die Richtung zu halten und das Indianerdorf anzusteuern.

Inzwischen kannte sie sich auf dem Klondike River aus. Sie erinnerte sich an beinahe jedes Hindernis und kam gut mit der Strecke zurecht. An das Lenken eines Hundeschlittens hatte sie sich längst gewöhnt. Ihr fehlten zwar noch die Erfahrung und die Sicherheit eines Skookum Jim, und es würde sicher noch Monate dauern, bis sie so sicher auf den Kufen stand wie Paul, aber sie hielt sich wacker und empfand große Freude daran, die Wildnis zu erobern.

Wenn der Anlass nur nicht so dramatisch gewesen wäre! Anfangs hatte sie noch gedacht, es mit der Hilfsbereitschaft für ihren Bruder zu übertreiben, ihr eigenes Leben für seinen Leichtsinn aufs Spiel zu setzen, so wie sie es schon ein paarmal getan hatte, wenn er wegen seiner Spiel- oder Wettschulden oder seinen Problemen mit einer wütenden Ex-Freundin bei ihr geklopft hatte. Doch das Auftauchen der beiden Killer hatte sie eines Besseren belehrt. Sie hatte selbst gehört, wie sie sich darüber unterhalten hatten, von Forester fürstlich entlohnt zu werden, wenn sie ihm den Skalp ihres Bruders brachten.

Den Skalp! Sie hatten tatsächlich vor, ihn zu skalpieren!

Sie lehnte sich mit beiden Unterarmen auf die Haltestange. Wie oft hatte sie Willie schon mit zehn oder zwanzig Dollar ausgeholfen, angeblich nur geliehen, aber wer wusste besser als sie, dass sie dieses Geld niemals wiedersehen würde. Eine Kleinigkeit gegenüber den Anstrengungen und Ausgaben, die ihr die lange Reise in die kanadische Wildnis abverlangten. Doch Willie war ihr Bruder. Es war ihre Pflicht, ihrem Bruder zu helfen, und wenn er sich noch leichtsinnig und dämlich benahm. Sie würde ihm ordentlich die Meinung sagen, wenn sie die Sache zu einem glücklichen Ende gebracht hatten.

Sie erreichte die Stelle, an der sie zu Paul abgebogen war, und hatte immer noch einige Meilen vor sich. Auf dem Fluss blies der Wind besonders eisig, wirbelte Neuschnee und Eiskristalle auf, die wie Nadeln auf ihren Wangen brannten. So hoch sie ihren Schal auch schob, sie fanden immer einen Weg. Die Flocken wirbelten wild durcheinander, nahmen ihr stellenweise die Sicht und zwangen sie, sich ganz auf ihr Gespann zu verlassen. Captain und seine Artgenossen ließen sich durch das Schneetreiben nicht in die Irre leiten. Apache schien sogar seine Freude daran zu haben und wäre wohl am liebsten die ganze Nacht gelaufen. Der Mond und die Sterne waren nicht zu sehen.

Shasta ließ sich nicht blicken. Sie ertappte sich immer wieder dabei, wie sie zum jenseitigen Ufer blickte und nach ihm suchte, aber er hielt sich versteckt, hatte wohl Besseres zu tun, als in diesem Schneetreiben auf sie aufzupassen. Wo er sich wohl gerade aufhielt? Unter einem Gehsteig in der Nähe des Krankenhauses in Dawson? Irgendwo im Wald, wo der Sturm nicht so heftig und das Schneetreiben nicht so dicht war? Ganz in der Nähe vielleicht?

Ungefähr zwei Meilen vor der Mündung des Twelve Mile Creek spürte Emma, dass sie nicht allein auf dem Fluss war. Noch konnte sie kein anderes Gespann entdecken, es war nur ein Gefühl, mehr ein Verdacht, dass ihre Verfolger dicht hinter ihr waren und rasch näher kamen. Der Indianer, der sie durch die Wildnis steuerte, musste ein besonders erfahrener Schlittenführer sein. Ob sie schon wussten, in welchem Dorf sich ihr Bruder versteckt hatte? Oder hatten sie nur herausbekommen, dass sie auf dem Weg dorthin war? Mussten sie ihr folgen, um ihr Ziel zu erreichen und Willie töten zu können?

»Vorwärts, Captain!«, rief sie. »Schneller! Strengt euch an!«

Als sie sich ein weiteres Mal umdrehte, sah sie ihren Verdacht bestätigt. Weit hinter ihr schälte sich tatsächlich ein Hundeschlitten aus dem nächtlichen Dunst. Noch war er so weit entfernt, dass sie nicht einmal die Anfeuerungsrufe des Indianers hören konnte, aber er war wesentlich schneller unterwegs als sie und würde sie bald einholen. Wenn sie ihm und den beiden Killern entkommen wollte, musste sie so schnell wie möglich vom Fluss runter.

Sie hob den Kopf und blinzelte in das Schneetreiben. Das nördliche Ufer war steil, und es dauerte einige Zeit, bis es flacher wurde und sich eine geeignete Stelle fand, an der sie den Fluss verlassen konnte. Sie zögerte nicht lange, lenkte das Gespann nach links und trieb es über die Uferböschung hinweg. Sie musste tief in die Hocke gehen, um nicht das Gleichgewicht zu verlieren und von den Kufen geschleudert zu werden. Der Schlitten kippte nach rechts, dann nach links, bis der Boden wieder eben wurde, und sie zwischen den Bäumen eines dichten Fichtenwaldes untertauchen konnten. Die Bäume waren nicht besonders groß, boten aber genügend Schutz vor den Verfolgern.

Im Wald war es dunkler als auf dem Fluss, und sie war

wieder auf den Instinkt ihrer Hunde angewiesen, um einigermaßen die Richtung zu halten. Das Indianerdorf lag im Nordosten, nur eine kurze Entfernung von der Mündung des Twelve Mile Creek in den Klondike entfernt, und sie hatten höchstens noch zwei oder drei Stunden, wenn sie die Geschwindigkeit halten konnten. Ihr Glück war, dass es zwischen den Bäumen kaum Gegenwind gab, und sie sogar ihren Schal lockern konnte. »Nicht aufgeben, Captain!«, rief sie. »Ihr seht mehr als ich. Lasst nicht zu, dass mich die verdammten Killer einholen.«

Selbst ihre Sprache hatte sich in der Wildnis verändert. Hier draußen sprach man anders als in den Salons von San Francisco, wo ein entsetztes Raunen laut geworden wäre, wenn sie ein Schimpfwort wie »verdammt« benutzt hätte. Die Mayfields hätten ihr gekündigt oder zumindest eine ernsthafte Verwarnung ausgesprochen. Aber wie sollte sie in ihrer beängstigten Lage anders reagieren? Sie brauchte etwas, womit sie sich Luft verschaffen konnte.

Die Husky gaben ihr Bestes, zeigten eindrucksvoll, was für ein gutes Gespann sie waren. Sie hätten wohl auch blind durch den Wald gefunden. Sie hatte keine Ahnung, ob ihre Verfolger gesehen hatten, dass sie vom Fluss abgebogen war. Sie hoffte, dass es nicht so war. Der Weg durch den Wald musste kürzer sein, da der Klondike vor dem Twelve Mile Creek eine Biegung machte, wie sie auf einer Landkarte gesehen hatte, und verschaffte ihr vielleicht den Vorsprung, den sie brauchte. Die Killer durften sie auf keinen Fall einholen. Allein der Gedanke, ihnen in die Hände zu fallen, ängstigte sie.

Nach ungefähr einer Stunde zwischen Hoffen und Bangen

erreichten sie das Ende des Waldes, und Emma sah den Twelve Mile Creek in einiger Entfernung vor sich liegen. Wie alle anderen Flüsse war er von einer dicken Eisschicht bedeckt. Am Ufer des Flusses waren ein paar Blockhütten im Schneetreiben zu erkennen, in einer Hütte brannte Licht. Ein Husky witterte sie und begann zu jaulen, die anderen fielen ein und begrüßten sie mit einem Konzert.

»Wir haben es geschafft!«, rief Emma erleichtert.

30

Vom Fluss wehte eisiger Wind herauf, als Emma vor der Blockhütte mit dem erleuchteten Fenster hielt und vom Schlitten stieg. Das Schneetreiben hatte wieder nachgelassen, und sie konnte deutlich sehen, wie ein Indianer in traditioneller Kleidung aus Karibufell nach draußen trat. »Häuptling Isaac?«, rief sie nervös. »Ich bin Emma Hansen und suche meinen Bruder. Man hat gesehen, wie er mit Nasnana auf den Fluss fuhr. Ich weiß, ich sollte erst darüber sprechen, wenn wir in der Hütte sind, aber ich werde von zwei Männern verfolgt, die Willie umbringen wollen. Wir haben wenig Zeit, Häuptling Isaac.«

»Du sagst viel mit wenigen Worten«, erwiderte der Häuptling. Er war ein korpulenter Mann mit einem zerfurchten Gesicht und schlohweißen Haaren, die ihm bis auf die Schultern fielen. Emmas Nachricht schien ihn kaum zu überraschen. »Du hast recht, dein Bruder ist hier. Ich lasse ihn holen.« Er schickte einen jungen Mann, der hinter ihm stand, mit einem Kopfnicken zu einer der anderen Blockhütten. »Komm rein, ich habe frisches Holz im Ofen.«

Emma verankerte ihren Schlitten. »Ruht euch aus!«, rief sie ihren Huskys zu. »Und kein Streit mit den Hunden der Indianer, hört ihr?« Mit der Dose Tabak folgte sie dem Häuptling in die Hütte. Sie bestand lediglich aus einem großen Raum, im vorderen Bereich gab es einen Tisch, mehrere Stühle und Hocker, einen alten Lehnstuhl, einen Küchenschrank und einen mindestens dreißig Jahre alten Herd.

Hinter dem bullernden Ofen, der ziemlich genau in der Mitte aus dem Boden ragte, stand ein breites Bett, und auf dem Boden lagen Matratzen und Decken. Eine ältere Frau stand am Herd und rührte in einem Eintopf, zwei jüngere Frauen und zwei Männer saßen am Tisch und spielten Karten. Als sie den Raum betrat, musterten sie alle misstrauisch.

Die Anspannung löste sich erst, als Emma dem Häuptling die Tabakdose überreichte und sagte: »Ein Geschenk für euch. Ich wusste nicht, welcher Tabak euch am besten schmeckt und habe den in der schönsten Dose gekauft.«

»Du bist eine gute Frau«, erwiderte Isaac. Er betrachtete die Dose und amüsierte sich über das Etikett, das einen rauchenden Indianer zeigte. »Nur wenige Weiße erweisen uns so viel Respekt.« Wie alle Indianer, die sie bisher getroffen hatte, sprach er ein fast fehlerfreies Englisch. Er reichte die Dose der alten Frau weiter, die sie im Küchenschrank verstaute. »Wer sind diese Männer, die dich verfolgen? Und warum wollen sie deinen Bruder töten?«

Häuptling Isaac hatte die Wahrheit verdient. »Willie soll sich an einer jungen Frau vergangen haben. Aber er ist unschuldig. Die Frau will sich nur an ihm rächen. Ihr Vater ist sehr reich und hat die beiden Killer auf ihn gehetzt.«

»Das hat er uns nicht gesagt«, erwiderte der Häuptling ernst.

»Willie hatte sicher Angst, dass ihr ihm nicht glaubt.« Sie sah den Zweifel in seinen Augen und fügte schnell hinzu: »Er würde so etwas niemals tun, Häuptling! Er könnte einer Frau niemals Gewalt antun.« Sie hatte ihre Jacke nicht abgelegt und behielt sogar die Mütze auf. »Wir haben nur noch wenig Zeit. Die Männer müssen bald hier sein. Es tut mir leid, dass ich euch mit unseren Problemen belaste, aber wenn wir uns beeilen, sind wir längst unterwegs, wenn sie auftauchen. Ich will nicht, dass ihr Ärger bekommt, nur weil mein Bruder bei euch im Dorf wohnt. Ihr braucht nicht für ihn zu kämpfen.«

»Du irrst dich«, erwiderte der Häuptling, »dieser Kampf ist auch unser Kampf. Wenn ein Mitglied unseres Clans in Gefahr gerät, setzen wir uns für ihn ein. Willie gehört zu unserem Clan.« Er schien zu überlegen, ob er ihr die ganze Wahrheit verraten sollte. »Willie und Nasnana … sie sind verheiratet.«

Sie glaubte sich verhört zu haben. »Sie sind … was?«

»Die beiden sind verheiratet. Sie haben einander in einer feierlichen Zeremonie geschworen, ihr Leben gemeinsam zu verbringen. Ich weiß, bei den Weißen zählt eine indianische Hochzeit nicht, aber für uns ist sie genauso wertvoll wie das Gelübde, das sich ein Paar vor einem weißen Pfarrer gibt.«

Emma wusste nicht, was sie sagen sollte.

»Aber du kannst beruhigt sein«, fuhr Isaac fort, »sie haben beschlossen, auch vor einem weißen Pfarrer die Ehe zu schließen. Sie wissen, dass viele Weiße auf sie herabblicken werden, aber ihre Liebe wird stark genug sein.«

Die Tür ging auf, und Willie und Nasnana betraten die Hütte.

»Emma!«, rief ihr Bruder in einer Mischung aus Überraschung und grenzenloser Freude. »Was, zum Teufel, machst du denn hier? Sag bloß, du bist meinetwegen um die halbe Welt gereist?« Er umarmte sie stürmisch, nahm ihr Gesicht in beide Hände und strahlte sie an. »Himmel, ich kann's immer noch nicht glauben. Du bist tatsächlich hier.« Er zog

Nasnana heran und präsentierte sie stolz. »Wir haben geheiratet, Emma, stell dir vor. Sie ist die perfekte Frau für mich. Wer hätte gedacht, dass ich mal eine Indianerin heirate.«

»Ich freue mich«, sagte Emma zu der Indianerin.

Nasnana war etwas jünger als sie und wirkte sehr kräftig, was aber auch an dem dicken Fell liegen konnte, in das sie sich gehüllt hatte. Ihre Mütze hatte sie in der Eile vergessen, und man sah ihr Haar, schwarz wie das Gefieder eines Raben und bis über ihre Schulter hängend. Ihr Gesicht war hübsch, auch nach den Kriterien der Weißen, und ihre Augen leuchteten wie Diamanten.

»Du wohnst jetzt hier?«, fragte Emma immer noch ungläubig.

»Vorerst«, erwiderte Willie. »Sobald ich Arbeit gefunden habe, wollen wir nach Dawson City ziehen. Oder in eine der größeren Siedlungen am Yukon.«

»Und als was willst du arbeiten?«

»Da gibt es genug zu tun.« Er sprühte vor Freude in seiner kindlichen Begeisterung. »Ich bin nicht mehr wie früher, Emma. Hier draußen habe ich viel gelernt, und in Nasnana habe ich endlich eine Frau gefunden, die zu mir hält.«

»Du bist dir ganz sicher?«

»Ganz sicher.«

Ihr fiel ein, dass eigentlich keine Zeit zum Reden war, und sie sich rasch etwas einfallen lassen mussten. »Wir müssen so schnell wie möglich hier weg, Willie!« Sie erzählte ihm von den Killern. »Sie wollen dich umbringen!«

»Ich soll nach San Francisco zurück?«

»Du musst deine Unschuld beweisen, Willie. Irgendwann werden die Mounties von deiner Anklage erfahren. Sie werden dich an die amerikanischen Behörden ausliefern, und dann ist die Gefahr, dass man dich verurteilt, wesentlich größer. Ich habe einen Lehrer gefunden, der ähnliche Erfahrungen mit Florence gemacht hat und gegen sie aussagen will. Und beim *Chronicle* gibt es einen Reporter, der ebenfalls auf deiner Seite ist. Du hast mehr Freunde, als du denkst. Oder willst du als Angeklagter vor einen Pfarrer treten?«

Willie kam nicht dazu zu antworten, denn genau in diesem Moment meldeten sich die Huskys, und ein Hundeschlitten tauchte vor dem Fenster auf. Ihr Bruder wollte nach dem Gewehr greifen, das über der Tür hing, und auch einer der Indianer griff nach einer Waffe, aber sie hob warnend eine Hand.

»Wartet!«, flüsterte sie. »Da sind nur zwei Männer auf dem Schlitten.«

»Ich denke, es sind zwei Killer!«

»Zwei Killer und der Indianer, der sie gefahren hat«, erklärte sie.

Im nächsten Augenblick ertönte ein verzweifeltes Schluchzen, und der fehlende Killer erschien mit einer jungen Frau im Würgegriff. Es hatte inzwischen aufgehört zu schneien, und die beiden waren in dem Licht, das aus den Fenstern fiel, deutlich zu erkennen. »McSwain«, flüsterte Emma. Der Killer drückte den Lauf seines Revolvers gegen den Kopf seiner Gefangenen. »Wo seid ihr?«, rief er. »Kommt raus, wenn ihr wollt, dass sie am Leben bleibt!«

»Bleibt hier!«, flüsterte Emma ihrem Bruder zu. »Die beiden sind gnadenlos, die kennen kein Pardon.« Noch vor dem Häuptling ging sie nach draußen.

»Sieh an, das liebe Schwesterlein!«, tönte McSwain. »Du

dachtest wohl, du könntest uns austricksen. Willst du dich für deinen Bruder opfern? Wenn ich's mir recht überlege, sollten wir euch beide umlegen. Euretwegen mussten wir über diesen verdammten Pass klettern und wochenlang durch Schnee und Eis fahren. Wir sollten euch beide skalpieren und den jämmerlichen Rest den Huskys vorwerfen.« Er blickte die Hunde an. »Das wär doch was, oder?«

Die Indianerin in seinem Würgegriff wand sich verzweifelt in seinem Arm, schluchzte und tobte und versuchte, ihn in die Hand zu beißen. McSwain fluchte laut und schlug ihr mit dem Revolverlauf gegen die Stirn. Blut sickerte aus einer Platzwunde. »Noch ein Laut, und du bist fällig, kapiert?«

Auch Womack war inzwischen von der Ladefläche gestiegen und hielt einen Revolver in der Hand. »Wo steckst du, Willie? Bist du zu feige, es mit uns auszuschießen? Du kannst dich nicht ewig bei den Heiden verstecken.«

»Bleib, wo du bist, Willie!«, rief Emma. Sie wusste selbst nicht, woher sie ihren Mut nahm. Sie war nicht einmal bewaffnet, stand vollkommen ungeschützt vor den beiden Killern. Einer von ihnen brauchte nur abzudrücken.

Häuptling Isaac und zwei weitere Männer traten vor die Tür. Einer von ihnen hatte einen Revolver hinter dem Gürtel stecken. »Damit kommen Sie nicht weit«, sagte Isaac mit erstaunlich ruhiger Stimme. »Wenn die Mounties erfahren, dass Sie einen weißen Mann töten wollen, landen Sie im Gefängnis.«

»Halt die Klappe, Alter!«, erwiderte McSwain. Er hatte Mühe, die Indianerin im Würgegriff zu halten. Obwohl sie halb bewusstlos war, wehrte sie sich noch immer. »Mit dir haben wir keinen Streit. Wir wollen nur diesen Willie.«

»Willie ist einer von uns.«

»Hat er sich in die Sonne gelegt und ist braun geworden?«

»Seine Hautfarbe spielt keine Rolle.«

McSwain grinste überheblich. »Du vergisst wohl, wer hier seine Revolver gezogen hat. Eine falsche Bewegung, und wir schießen euer ganzes Dorf zusammen! Also haltet euch gefälligst raus, und lasst uns unsere Arbeit tun.«

Womack war grober gestrickt. Er hatte mit solchem Geplänkel wenig im Sinn und wollte die Sache möglichst schnell hinter sich bringen. »Willie Hansen!«, rief er so laut, dass man ihn im Haus hören konnte. »Komm endlich raus! Wenn du in zehn Sekunden nicht rauskommst, jagen wir einem deiner roten Freunde eine Kugel in den Kopf! Wir meinen es ernst, du Frauenschänder.«

Als hätte er damit ein Signal gegeben, tauchte plötzlich Shasta auf. Aus der Dunkelheit zwischen den Bäumen stürmte er heran, viel zu schnell, um einem der beiden Killer die Gelegenheit zu geben, auf ihn zu schießen. Wie ein Wolf, der auf den letzten Metern noch einmal alles aus sich herausholt, um die Beute einzuholen und sie mit einem beherzten Angriff zu Boden zu reißen. Knurrend und fauchend stürzte er auf Womack, packte ihn am Handgelenk und riss ihn zu Boden. Der Revolver des Killers fiel in den Schnee.

»O verdammt!«, fluchte Womack. Er lag hilflos auf dem Rücken und hielt sich sein blutendes Handgelenk. »Der Köter hat mich schwer erwischt!« Er wollte nach seiner Waffe greifen, aber Shasta hielt ihn knurrend in Schach.

»Shasta!«, rief Emma, die vor lauter Aufregung erst jetzt verinnerlichte, was geschehen war. »Da bist du ja! Ich hatte so gehofft, dass du kommst.«

Aber noch war die Gefahr nicht vorüber. Shasta stand ungeschützt neben Womack und bot ein willkommenes Ziel für McSwain, der bereits den Revolver hob und auf ihn zielte. »Das haben wir gleich, du mieser Scheißköter!«

»Das würde ich schön bleiben lassen!«, ertönte eine vertraute Stimme. »Die Waffe fallen lassen und die Hände hoch!« Constable Bolton trat zwischen den Bäumen hervor, begleitet von drei weiteren Mounties, die alle ihre Revolver in den Händen hielten und die beiden Männer in die Zange nahmen.

Sofort drückte McSwain den Lauf seines Revolvers wieder gegen die Stirn der Indianerin. »Verschwindet, oder ich jage der Kleinen hier eine Kugel in den Kopf. Ich mach keine Witze. Eine falsche Bewegung, und es kracht!«

»Und dann?«, fragte Bolton unerschrocken. »Ich sollte Ihnen vielleicht sagen, dass Constable Lindsay … das ist der große Mountie, der Ihnen am nächsten steht und gerade seinen Revolver auf Sie richtet … dass Corporal Lindsay zu den besten Schützen der North West Mounted Police gehört. Erst vor zwei Wochen wurde er mit einer Medaille ausgezeichnet. Es heißt, dass er einem laufenden Coyoten ein Auge ausschießen kann. Bevor Sie auch nur daran denken, der Indianerin etwas zu tun, haben Sie eine Kugel im Hirn!«

McSwain überlegte nur kurz, dann ließ er seine Gefangene frei und seinen Revolver fallen. Sofort stürmten die Mounties auf ihn und Womack zu und legten den beiden Handschellen an. Die Indianerin lief weinend davon. Auch der Indianer, der die beiden Killer gebracht hatte, machte sich aus dem Staub.

»Das war knapp«, sagte Emma, »vielen Dank, Constable.«

»Sam«, verbesserte er.

»Ist Lindsay wirklich ein so guter Schütze?«, wollte sie wissen.

»Lindsay? Der trifft nicht mal ein Scheunentor.«

»Aber?«

»Er stand McSwain am nächsten.« Bolton grinste.

»Und jetzt?«, fragte sie, als Boltons Begleiter ihre beiden Gefangenen zu den abseits wartenden Hundeschlitten brachten. »Verhaften Sie meinen Bruder? Ohne einen Haftbefehl oder so etwas wären Sie doch sicher nicht hier.«

Bolton zog ein Schreiben aus seiner Manteltasche und ließ es wieder verschwinden. »Einen Haftbefehl habe ich dabei … gegen Rufus McSwain und Billy Womack. Die beiden werden in den Vereinigten Staaten wegen mehrerer ernsthafter Verbrechen gesucht, und wir haben den Befehl, sie an die Amerikaner auszuliefern. Ihr Bruder kann gehen. Eine gewisse Florence Forester hat gestanden, sich die Vorwürfe gegen ihn nur ausgedacht zu haben, um sich an ihm zu rächen. Außerdem soll sich ein gewisser Albert Hunnicut bei der Polizei in San Francisco gemeldet und sie belastet haben. Sie muss sich wegen der Falschausgabe vor Gericht verantworten, und ihrem Vater wird es wohl nicht anders ergehen, wenn McSwain und Womack auspacken. Die Anzeige wegen eines Diebstahls wurde fallengelassen.« Er lächelte. »Steht alles in dem Schreiben, dass wir von den Amerikanern erhalten haben. Die Kommunikation zwischen Amerikanern und Kanadiern klappt sehr gut.«

Willie, der ungeachtet der eisigen Kälte inzwischen ebenfalls nach draußen gekommen war, strahlte über beide Backen. »Ich wusste doch, dass dieses Jahr mein Glücksjahr wird«, sagte er. »Ihr kommt doch zu unserer Hochzeit?«

»Wer weiß? Vielleicht bin ich noch eher dran«, erwiderte Emma.

»Du? Aber … wie meinst du das? Hast du etwa …«

»Ich gebe euch rechtzeitig Bescheid.«

Die Mounties verabschiedeten sich und fuhren mit ihren Gefangenen davon. Emma nahm die Einladung der Indianer an und trank noch einen Tee mit ihnen, paffte sogar an der Pfeife des Häuptlings mit ihrem Tabak, bevor sie sich von ihnen verabschiedete und auch ihren Bruder nochmal umarmte.

»Du meinst es hoffentlich ernst mit Nasnana«, flüsterte sie ihm ins Ohr.

»Sie ist meine große Liebe.«

»Denn wenn nicht, werden dich diese Indianer in Stücke reißen und an die Wölfe verfüttern. Und ich werde ihnen dabei zusehen, Bruderherz. Das war das allerletzte Mal, dass ich dir aus der Patsche geholfen habe.«

Vor der Hütte tauchte Shasta wieder auf. Er sprang jaulend an ihr hoch, und sie schloss ihn in die Arme und drückte ihn liebevoll. »Du bist ein Teufelskerl«, sagte sie. »Weißt du das? Ein Prachthund, wie man sich keinen besseren wünschen kann. Die North West Mounted Police sollte dir eine Medaille für vorbildlichen Einsatz verleihen. Kein Mountie hätte das besser hinbekommen. Aber jetzt wird's Zeit, dass wir zu Paul zurückfahren. Ich hoffe, er ist noch auf, denn ich muss ihm unbedingt was sagen. Du kommst doch mit?«

Liebe Leserinnen, liebe Leser,

ich hoffe, Ihnen hat das romantische Abenteuer mit Emma, Paul und Shasta gefallen. Den Goldrausch am Klondike hat es übrigens wirklich gegeben. Über 500 Tonnen Gold im Wert von damals schon über zehn Millionen Dollar wurden aus der Erde gegraben und aus dem Klondike und seinen Nebenflüssen gewaschen. Ich habe nicht nur für dieses Buch lange in Dawson City, der immer noch existierenden Boomtown des Goldrauschs, recherchiert und bin dem Weg der Goldsucher durch Skagway und über den White Pass bis zum Yukon River und durch die Wildnis nach Norden gefolgt. Ich war mit der Eisenbahn, dem Geländewagen, mit dem Hundeschlitten, dem Snowmobile und zu Fuß unterwegs, habe mit den Nachfahren der Goldsucher und Indianer gesprochen. Abseits der Straßen hat sich die Wildnis kaum verändert. Ich durfte mit Musherinnen trainieren, lernte Huskys kennen und erfuhr, wie viel Können notwendig ist, einen Hundeschlitten durch Schnee und Eis zu steuern.

Schon jetzt möchte ich Ihnen verraten, auf welches Buch Sie sich dieses Jahr noch freuen dürfen. Im Herbst erscheint »Ein Husky zum Verlieben«, natürlich wieder exklusiv bei Weltbild. »Ein Willow Creek-Roman« wird unter dem Titel stehen, denn Willow Creek heißt auch die fiktive Siedlung in den Ausläufern der Alaska Range, in der diese Geschichte angesiedelt ist. Die Hauptrolle spielt Marla Dawson, eine junge Husky-Züchterin, die in Willow Creek heimisch ist und auf der Suche nach der großen Liebe so manchen Rückschlag erleiden muss, bevor endlich ein Happy End lockt. Ihr stehen schillernden Figuren zur Seite: der alte Goldgräber mit seinem Bucket of Gold Saloon, die Zwillinge Sally und Ally Gibson in ihrem Pioneer Café, der Indianer John Running Deer auf dem Campingplatz, C-Promi Rosalind Roberts in ihrem Friseursalon, die überzeugte Junggesellin Laura King, der tollkühne Pilot Jerry Lambert und ein geheimnisvoller Fremder.

Ich möchte mich an dieser Stelle ganz herzlich für Ihre Treue bedanken und hoffe, ich habe Sie mit dieser Vorschau ein wenig neugierig gemacht.

Mit lieben Grüßen
Christopher Ross